大汉高祖 刘邦

千古人物

刘素平 ◎ 著

中国书籍出版社
China Book Press

图书在版编目(CIP)数据

大汉高祖:刘邦/刘素平著.——北京:中国书籍出版社,2024.9
ISBN 978-7-5068-9754-9

Ⅰ.①大… Ⅱ.①刘… Ⅲ.①汉高祖(前256–前195)—传记 Ⅳ.①K827=341

中国国家版本馆CIP数据核字(2024)第016003号

大汉高祖:刘邦

刘素平　著

责任编辑	王志刚
责任印制	孙马飞　马　芝
封面设计	东方美迪
出版发行	中国书籍出版社
地　　址	北京市丰台区三路居路97号(邮编:100073)
电　　话	(010)52257143(总编室)　　(010)52257140(发行部)
电子邮箱	eo@chinabp.com.cn
经　　销	全国新华书店
印　　厂	北京睿和名扬印刷有限公司
开　　本	710毫米×1000毫米　1/16
印　　张	17.75
字　　数	219千字
版　　次	2024年9月第1版　2024年9月第1次印刷
书　　号	ISBN 978-7-5068-9754-9
定　　价	52.00元

版权所有　翻印必究

序 言

大风起兮云飞扬，

威加海内兮归故乡，

安得猛士兮守四方！

这是一首抒怀诗。全诗虽然只有三句，读来却令人荡气回肠，诗的作者是汉高祖刘邦。

刘邦本名为刘季。刘邦这个名字，是当上皇帝以后改的。邦，就是国，有经邦治国的大名，才担当得起统治天下的大任。

刘邦出生在战国时期楚国沛县丰邑中阳里，祖上也曾是贵族，但到了刘邦父亲这一辈，就彻彻底底成为平民了。

尽管关于刘邦的出生时间，后世人有两种说法，但与秦始皇是同一时代的人，这一点是确定无疑的。与秦始皇那惊鸿一瞥，直接影响了刘邦对自己人生奋斗目标的确定，并且，为了达到目标，刘邦积极地储备着能量、调整着方向……

少年刘邦，也是一位积极向学的孩子，只是受当时大环境的影响，使他中断了学业。有父兄在，家中的生计和勤劳耕种的活儿，他这个老三干与不干，不影响大局，所以，青年刘邦就放任自流了。刘邦生来讲义气，又好结交朋友，所以终日里与朋友吃吃喝喝，不事劳作。刘邦十分崇拜信陵君，遗憾的是，此时信陵君已经去世，他就转投入信陵君的弟子张耳门下。

刘邦最初的一份工作是泗水亭长，在泗水亭长任上，刘邦因释放囚徒获刑而藏匿于芒砀山中。在陈胜起义后，刘邦也在沛县起兵，自称沛公，然后又投奔项梁，被封为武安侯。在砀郡长任上，率领砀郡兵马屡立战功，因此被推任西路军主帅，一路挺进灞上，接受秦王子婴投降，灭亡秦朝。然后又返回灞上，实行"约法三章"，从而取信于民。在历经鸿门宴之后，刘邦受封为汉王，统治巴蜀及汉中一带，他知人善任，从谏如流，积极整合力量，还定三秦。在楚汉相争中，刘邦积极整合反对项羽的力量，历尽艰难险阻，终于战胜项羽，一统天下。

君临天下的刘邦，及时总结成败得失、善用人才，并采取择劣封赏的办法稳定人心，对有功人士更是大加纪念，同时，也不忘祖宗，能够祭祀和尊孔。

成功后的刘邦，能够从秦朝的灭亡中吸取经验教训，在政治、经济、文化等多方面采取与民休息的政策，尽全力使国家稳定，人民安居乐业。

刘邦陆续消灭臧荼、韩信、彭越、黥布等异姓诸侯王，削弱相权，积极缓和汉匈关系，稳定统治秩序，安抚人民生活。

当病入膏肓之际，刘邦对自己的身体、后妃、功臣都给予了相应的交代，特别是对汉室江山的稳固做了极富智慧的安排。虽然对自己的身后之事，不能也无法掌控了，但至少刘邦是做出努力了。

可以说，每一任上，刘邦都一步一个脚印，打不倒，击不垮，豁达大度，从谏如流，知人善任。他不仅仅让自己走上了人生巅峰，并且还为子孙后代思虑，费尽心机留下江山永久稳固之计。

一代帝王刘邦，谥号高皇帝，庙号太祖，葬于长陵。他是中国历史上杰出的政治家、战略家和军事指挥家，是汉朝的开国皇帝，汉民族和汉文化的奠基者和开拓者，对汉族的发展和中国的统一作出了重大贡献！

本书共分九大章，计五十四个小节。每大章的标题都引自司马迁所著《史记卷八·高祖本纪第八》，每小节是以时间为序，按照历史的进程和发展，力争以史料为依据，还原刘邦所走过的人生历程，以及围绕他而发生的人和事，不妄加猜测，不做过多评论。

目录
Contents

序　言 ··· 1

第一章　蛟龙其上，已而有身 ································· 1
　　1. 刘媪梦孕 ··· 1
　　2. 模范少年 ··· 5
　　3. 游侠青年 ··· 9
　　4. 从张耳游 ··· 13
　　5. 泗水亭长 ··· 17
　　6. 娶妻吕雉 ··· 21

第二章　大丈夫者，当如此也 ······························ 26
　　1. 得见始皇 ··· 26
　　2. 亡命芒砀 ··· 30
　　3. 沛县起兵 ··· 35
　　4. 初识张良 ··· 40
　　5. 从属项梁 ··· 45
　　6. 任砀郡长 ··· 53

第三章　仓粟非乏，不欲费人 ······························ 59
　　1. 西路主帅 ··· 59

— 1 —

2. 收服郦氏 ………………………………………… 65
　　3. 宛城受降 ………………………………………… 71
　　4. 秦二世亡 ………………………………………… 76
　　5. 先入关中 ………………………………………… 81
　　6. 约法三章 ………………………………………… 87

第四章　驱之鸿门，汉中为王 ……………………… **94**
　　1. 赴鸿门宴 ………………………………………… 94
　　2. 被封汉王 ………………………………………… 102
　　3. 前往巴蜀 ………………………………………… 109
　　4. 筑坛拜将 ………………………………………… 113
　　5. 明修栈道 ………………………………………… 119
　　6. 人才尽归 ………………………………………… 125

第五章　运筹帷幄，决胜千里 ……………………… **131**
　　1. 哭悼义帝 ………………………………………… 131
　　2. 彭城得失 ………………………………………… 138
　　3. 稳固关中 ………………………………………… 144
　　4. 赵灭燕降 ………………………………………… 150
　　5. 从谏如流 ………………………………………… 155
　　6. 荥成相持 ………………………………………… 160

第六章　伤胸扪足，日中脚趾 ……………………… **166**
　　1. 齐国归汉 ………………………………………… 166
　　2. 分我杯羹 ………………………………………… 172
　　3. 跨过鸿沟 ………………………………………… 176
　　4. 乘胜追击 ………………………………………… 179
　　5. 四面楚歌 ………………………………………… 182

6. 霸王自刎 ······ 186

第七章　成败未知，何治宫室 ······ **191**

1. 君临天下 ······ 191
2. 承袭秦制 ······ 197
3. 亲征平叛 ······ 201
4. 白登脱险 ······ 207
5. 何治宫室 ······ 212
6. 孰与仲多 ······ 216

第八章　大风起兮，威加海内 ······ **221**

1. 亲征陈豨 ······ 221
2. 败也萧何 ······ 226
3. 平定梁淮 ······ 229
4. 欲改太子 ······ 234
5. 削弱相权 ······ 239
6. 回归故里 ······ 241

第九章　剑取天下，命乃在天 ······ **245**

1. 善待功臣 ······ 245
2. 剑取天下 ······ 250
3. 白马之盟 ······ 255
4. 病榻问相 ······ 258
5. 庙号太祖 ······ 261
6. 江山归刘 ······ 266

第一章　蛟龙其上，已而有身

> 高祖，沛丰邑中阳里人，姓刘氏，字季。父曰太公，母曰刘媪。其先刘媪尝息大泽之陂，梦与神遇。是时雷电晦冥，太公往视，则见蛟龙于其上。已而有身，遂产高祖。
> ——《史记卷八·高祖本纪第八》

1. 刘媪梦孕

在潍河之北，古泗水之西，黄淮平原的中部，地势平坦，西南高，东北低，自古以来，境内就有许多沼泽湿地，因此，取有水有草的地方和充盛的样子之意，而得名"沛"。

在沛县的西北，由于地势低洼，池塘水洼更是不计其数。取丰沛之意，得名为"丰"。丰地附近有一片大的沼泽地，当地人称为"大泽"。每到雨季，大泽里水量增多，俨然成了一片一眼望不到头的大水塘。水面上，时常雾气缭绕，浓重得化不开，挤不散。

古人靠水而居，慢慢地，在丰地定居的人口越聚越多，丰地便成为一个比较大的城镇型聚居地——丰邑。由于城镇内的房屋比较多，为了便于分辨自家的具体方位，人们便根据习惯，将众多的居住区分片命名。比如中阳里，就是丰邑内众多的居住区之一。

有一天，从中阳里走出了一位叫刘媪的妇人，不知她因何事来到大泽的坡上，突然感觉到有些疲乏困顿，就依坡倚坐下来休息，没想到，不知不觉地竟然睡着了。睡梦中，她遇到了一位神仙。神仙跟她说话，但她只看到神仙的嘴在动，却听不清神仙在说什么？她正想追问，却被人推醒了。她睁眼一看，推她的人正是自家夫君刘太公。再看此时的大泽坡上，天色昏暗，雷电交加，预示着一场暴风雨就要来了。

刘媪赶紧起身，并问刘太公："你怎么来了？我怎么睡着了呢？"

刘太公一边搀扶起刘媪，一边回答道："我听到外面电闪雷鸣，看到天色昏暗，担心你的安全，所以跑来寻你。奇怪的是，远远地，我看到有一条龙在你的身上盘旋呢！"

刘媪一听，失声叫道："刚才我在梦中，还遇到了一位神仙呢！"

雨点落下来了。两口子一边互相搀扶着往家奔，一边喃喃低语：难道这是什么征兆吗？此后不久，刘媪就有了身孕，十月怀胎之后，于秦昭王五十一年（前256年）①，刘媪生下了一个男孩儿。

这个男孩儿就是后来的汉高祖刘邦②。

---

① 关于刘邦的出生时间，史书中有两种说法：一种说法认为是公元前256年，另一种认为是公元前247年。本书引用了前者。

② 刘邦这个名字，是刘邦当上皇帝以后改的。邦，即国，有经邦治国的大名，才担当得起统治天下的大任。刘邦之父刘太公，即刘煓，字执嘉。刘太公，是司马迁著《史记》时，对太上皇的一个尊称。为了便于阅读，本书以下均直接采用刘邦和刘太公来称呼。

刘氏的祖先起源于三皇五帝中的尧帝。尧帝长子监明受封于"刘"邑。监明早亡,其子式继封,以邑为氏。传到夏朝时,有先祖刘累。再传到秦国的士会一支,士会归入晋国,成为晋国的大夫,但他的一支后裔留在了秦国,并沿用了刘氏。战国时期,刘氏族人刘清(刘邦的曾祖父)随秦军征战,被魏国俘虏,留居魏地,成为魏国的大夫。

秦昭王二十一年(前286年),秦昭王伐魏,魏国割让都城安邑给秦国,而秦国将原来安邑的魏国居民迁往大梁,这其中就包括刘氏一族。而就在这一年,宋国灭亡了。

又过了两年,魏国获得了旧宋国丰地一带,设立大宋郡,并从大梁迁移原魏民到丰地建立城邑,这其中就包括刘氏一族,并且刘仁(刘邦的祖父),还担任了丰邑令,被魏国封为丰公。就这样,刘氏一族就作为魏国人,在丰邑繁衍生息。只是刘氏传到了刘太公这一辈,已经彻彻底底成为编户平民。虽然刘太公兼顾农商,又善于理财置业,在丰邑也算得上是家境殷实、有头有脸的人物,但刘家子孙离天赋异禀、龙颜龙种之事,还差着十万八千里。

彼时的刘太公,望着龙颜隆鼻,左股上还天生长着七十二颗黑痣的儿子,说不上自己是什么心情。对于那个雷雨交加时,自己所亲眼得见的蛟龙盘旋在刘媪的身上,而后刘媪就怀有身孕之事,刘太公对外人也是只字未提。

刘太公想得很长远,也很实际。因为,他要为刘氏家族考虑。

刘太公想:他可不能让那些不切实际的梦想毁了现有的小康生活,搭上家人的性命不说,甚至还有可能遭遇灭门之灾。现在这种沽酒卖饼、斗鸡蹴球的市井生活挺好,日子过得有滋有味,他很满足,很幸福。

因为大儿子已取名为刘伯，二儿子已取名为刘仲，刚刚出生的这是第三个儿子，刘太公就按照惯例，给这个三儿子取名为刘季。

想到大儿子和二儿子，刘太公也是满心欢喜。两个儿子都是老实本分的人，能够勤劳耕作，就专心等着三个儿子长大成人娶妻生子成家立业！

不求大富大贵，但求平平安安，这就是此时刘太公所追求的幸福生活。

说来也巧。刘家有一个邻居姓卢，卢媪也几乎和刘媪同一时间怀有身孕。刘太公和卢太公两个人意气相投，经常在一起聊天、喝酒，酒过三巡，面红耳赤之时，免不了就谈到将要出生的两个孩子，然后两个人就约定：如果是两女或两男，就让她们或他们结为姐妹或兄弟，如果是一男一女，两家就结为亲家。

事也凑巧，刘媪这边的孩子刚刚呱呱坠地，那边卢媪的产房里也传来了婴儿的啼哭声。同邑同里的两家，在同年同月同日，并几乎是同时，各自生了一个男孩儿，父辈又是志趣相投的朋友，因此两个孩子顺理成章地结拜为兄弟。

父老乡亲们知道这两家喜得贵子的巧合，纷纷牵羊带酒地前来祝贺，一时间，邻里乡亲却也是其乐融融。

卢太公按照自己的喜好和原则，给自己的儿子取名为卢绾。从此，两个同年同月同日生的人，就形影不离了。

就在刘邦出生的这一年，秦国灭掉了东周，天下失去了挂名的天子。当时正处于战国时代的晚期。主要诸侯国有秦、楚、齐、魏、韩、赵、燕等七国，史称"战国七雄"。此时，天下是一强六弱的形势。

一强为秦国，灭亡六国，统一天下的大势已经成形。为了割断六国之间的联盟，秦国分别与六国联盟，对于处于守势的六国，实施又打又拉的策略，这就是当时"连横之策"的基本方向。

其他六国势弱，都没有力量单独抗衡秦国，为了阻止秦国的侵攻，六国组织南北同盟共同抵抗秦国，这就是当时"合纵之策"的基本方向。

当然，由于七国间的利害关系错综复杂，不论是"合纵"还是"连横"，都充满着许多的变数，令人目不暇接。

当刘邦出生时，一位对刘邦的人生产生重大影响，也是对中国的历史进程影响巨大的人物——秦始皇，刚刚四岁，正与他的母亲一道在赵国的都城邯郸做人质。

2. 模范少年

刘邦的出生地，是沛县丰邑中阳里①。丰地与沛地相邻，同属于淮泗地区，但是天下动荡，社会时常大变迁，在秦始皇统一天下前的战国时期，丰地与沛地的归属时常发生着变化，甚至在相当长的时期内，两地曾分属于魏国和楚国两个不同的国家。在丰邑属于魏国的时候，与丰邑相邻的沛地，则纳入楚国版图。在此后的十多年时间里，沛地属于楚国春申君的食邑之地。

因为刘邦的祖父是魏国的丰公（丰邑令），因此严格来说，

---

① 刘邦的出生地——沛县丰邑中阳里（今江苏省北部的丰县一带），秦始皇统一天下后，设置郡县制后的地名。

在丰邑出生的刘邦，当时是属于魏国人。

刘邦的童年，是在无忧无虑的游戏玩耍和与小朋友的打闹中度过的。他与那个同年同月同日生的卢绾，意气相投，时常，两人一碰头，眼珠一转，一个好玩儿的主意就诞生了。

两个人的玩法，在当时是属于新奇那一类的，因此，能吸引众多同龄孩子们羡慕的目光。他们俩也会十分高兴地欢迎其他小伙伴加入他们的游戏。久而久之，他们俩就成了孩子王。刘邦与卢绾相比更有主见，自然就成为大王，而卢绾则心甘情愿地为二王。

刘邦和卢绾一起长大，到了十来岁，两人已经到了开始学习认字、写字的年龄。刘太公和卢太公两人一商量，就把刘邦和卢绾送进了丰邑最有名的"马公书院"，师从马维先生读书识字。

少年刘邦，聪明伶俐。在学院中，能够尊师向学，很快就在同学中脱颖而出，深得先生马维的赏识，也让包括卢绾在内的同学，对他更加崇拜。当然，卢绾也不算太差。

此时，刘邦和卢绾两个人，都是大人们口中"别人家的孩子"，是其他家大人教育自己孩子的模范。甚至有一天，这些乡邻们再一次相约，纷纷牵羊持酒到刘、卢两家来，一是祝贺刘卢两家教子有方；二是感谢刘邦和卢绾为他们的孩子树立了榜样。

刘太公和卢太公自然是口中说着客气话，心中却是乐开了花。

特别是刘太公更是欣喜。他的大儿子刘伯和二儿子刘仲都是守本分的人，如今都已经结婚生子，成家立业，靠着勤劳耕作，挣下了一份家业，自立门户了。唯独这个三儿子，似乎对于务农经商置业等一概没兴趣。现在看来，能够向学友爱，在读书识字上受到乡邻们的称赞，照此发展下去，三儿子靠学问入仕能在丰邑做个小吏还是不错的出路。

在刘太公内心深处，对自己没能像父亲一样成为丰邑邑令感到有一些愧疚，如果三儿子能当上小吏，虽然还比不上丰邑邑令，还是弥补一下他的遗憾和对父亲的愧疚之心了。

受父亲的影响，刘太公对于入仕为丰邑小吏的渠道是门儿清的。首先得有乡里的推荐，其次再通过丰邑的考试选拔。

乡里的推荐。一是要家境富裕，财产达到一定标准；二是被推荐人要品学兼优，声誉良好。在刘太公看来，这两条三儿子都符合。

至于丰邑的考试选拔，主要考的是读写会算等基本技能，这些正是他对三儿子从小就开始培养的技能。

因此，刘太公很开心，也充满了期待。当然，此后刘太公对三儿子的培养也更加严格了。

而此时的刘邦，没有衣食困乏的忧虑，也没有天灾兵祸的苦愁，其乐融融地在丰邑，接受着尽可能好的教育。他也按照家庭和社会所期待和规范的那样，尽可能地尊师向学，读书识字，亲情友爱。

然而，丰邑实在是太小，也太封闭了。

与外面世界几乎隔绝的生活，让渐渐成长的刘邦，感觉到了一种令他无法控制的窒息感。也许，刘邦的天性中就有桀骜不驯、叛逆不安的因子。如果一生都像父兄那样平平淡淡地生活，刘邦从内心深处觉得，这就等于白活了。

刘邦想：男儿不应该是志在四方的吗？怎么可以囿于丰邑这个小圈子里，碌碌无为地度过一生呢？

然而，刘邦知道自己的想法，是超出父辈的期待和规范的，社会的大环境也是不允许他有如此出格的想法的。因此，他压抑着、克制着……

终于有一天，那种被压抑、克制的情绪，不受刘邦地控制了，像脱缰的野马一样，冲破缰绳，爆发了。

让刘邦爆发的导火索和他的出生有关。

尽管刘太公对三儿子出生前异兆讳莫如深，不愿提及，但难免家人在闲聊时会有流露，不知怎么地就流传了出去。封闭的乡邑市井间本没有多少大事发生，有一点儿异况就会成为人们茶余饭后的说笑谈资。

对于妇人们没有恶意的，近乎玩笑般的谈论此事，刘邦也有耳闻，但是他听到了，也就一笑了之，因为，大丈夫还跟女人一般见识不成。

然而，有一天，一位儒生竟然用此事来侮辱刘邦。这一回，是踩到刘邦的底线了，无论如何，他不能再压抑自己了。于是，他就爆发并开始反击了。

事情大概是这样的。

一位儒生，估计大概是刘邦入仕为吏的竞争对手。为了获得乡里的推荐，就当着众乡里的面，用刘邦的出生传闻来诋毁打击刘邦。大意是，刘邦既然是蛟龙显现所生，那这个丰邑小吏就是太小了，整个丰邑也装不下他这个大人物，诸如此类的话。关键是，这位儒生还话里话外，都在用儒家思想和行为规范来评价刘媪梦孕这件事，用暗示的语言侮辱刘邦的母亲刘媪行为不检点，刘邦是野生等。是可忍，孰不可忍。听到这样的侮辱言语，是个丈夫都不会无动于衷的，何况刘邦还是个天性的桀骜性子。

儒生的话音未落，刘邦就冲了上去。见此，儒生不知道刘邦要做什么，本能地往后躲闪，可是刘邦就似一只下山的猛虎，一下子就扑倒了儒生。先是拳打脚踢，后来又解下儒生的帽子。围观的人，一时都没能明白刘邦解帽子做什么？而就在人们都迷惑之际，只见刘邦邪恶地一笑，公然就在大庭广众之下解衣往儒生的帽子里撒尿……那一刻，在场的所有人都被惊呆了。

刘邦此举，让原本的模范少年形象轰然倒塌了，同时也让他通过乡里推荐而入仕为吏的出路被堵死了。

对此，刘太公当然很失望。可对于刘邦来说，却长长地出了一口气。压抑克制已久的心，终于可以放飞了。

刘邦想：儒生有一点说得没错，他确实不能把自己的一生搭在丰邑的小吏上，他要走出去，看看外面的世界。

3. 游侠青年

一次冲动之举，改变了刘邦的生活轨迹，使得原来的模范少年变成了一个浪荡公子哥儿。就这样，少年刘邦在父亲刘太公的叹息声中，在乡里近邻的白眼相看中，告别了少年，进入了青年时代。这一时间点的标志年龄是十七岁。

在战国时期，对于男子来说，十七岁是一生中的重要时间点。男子十七岁算是成年了，必须开始承担国家的赋税徭役，称为傅，也叫傅籍，即身为适龄的服役者要登记在户籍册上的意思。入了户籍册的人，才可以入仕为吏，征兵从军。

秦王政七年（前240年），刘邦正好满十七岁。这一年，秦始皇二十岁，在秦国当秦王已经七年了。

十七岁的刘邦，虽然入了傅籍，却与入仕为吏擦肩而过了。

同时，丰邑处于魏楚两国的交界，相对比较封闭和稳定，没有征兵，自然也无法从军了。两条路都走不通，那么，刘邦整天干什么呢？答案只有一个，那就是游荡闲逛。

毕竟入仕为吏的名额是有限的，大环境如此，那么，家境相对优裕，不用劳作也吃穿不愁的青年，比如刘邦之流，也就成了无业游民。

曾经的模范少年刘邦，尚且只有游荡闲逛的份儿，更何况其他人了。刘邦还有与他形影不离的好兄弟卢绾，少年时就是孩子王，豪爽仗义的他们身边，很快就聚集起一群兄弟。一群正值青春期的男青年，又没有正经营生，闲极无聊时就想起了童年时那些恶作剧，然后就无事生非地做一些讨人嫌弃的事儿。他们毕竟已经是成年人了。儿时做了这些事，人们不会太计较，成人还这样子，就不免招人烦了。

刘邦俨然以老大自居，带领一帮人玩儿累了，就得吃饭。那么，去哪儿吃呢？刘邦不敢把一帮"不务正业"的人带回家吃饭，刘太公见着他总是训斥："既然不能入仕为吏，那你就学学你两个兄长，下地劳动，耕耘养家，干一些正经营生。在这一点上，你可比你两个兄长差得远了。"

为了听不见父亲的训斥，刘邦是能躲多远就躲多远，根本不让刘太公看着他的人影儿。

这时，刘邦就想起了他的两个兄长来了。

两个兄长早已经成家立业，独立门户。此时，刘邦的长兄刘伯已经因病去世，留下长嫂和侄子，母子俩相依为命。于是，刘邦就带一帮兄弟到长嫂家蹭饭。刚开始的一次两次，虽然孤儿寡母的生活很艰难，但碍于情面，大嫂也没说什么，反正刘邦他们也不挑，有啥吃啥。可是，久而久之，大嫂就有些承受不了了。因为，刘邦这个小叔子，自己来蹭饭也就罢了，却还时常带一帮人来，这谁家能受得了啊！

有一天中午，刘邦又带了几个兄弟向大嫂家走来。大嫂正要做饭，米还没下锅，就看见他们来了。大嫂赶紧将米藏起来。待刘邦他们刚一进门，大嫂就拿着刷子，在空锅中刷起来，并且敲锅打灶，弄得叮当乱响。

"看来今天我们来晚了，大嫂已经吃完饭了，都开始刷锅了。"兄弟们说着，纷纷离去。刘邦也悻悻地跟着往外走。

大嫂看见人都走了，就拿出藏起来的米，继续做饭。

刘邦一边走，一边看看日影儿，心想：这天刚到中午，平常这个时候，大嫂也就刚开始做饭，怎么今天吃完了呢？刘邦越想越不对，干脆就转回头再次来到大嫂家察看。

这一看，刘邦明白了。

大嫂还在锅边忙碌，炉火正旺，而锅盖上正腾腾地冒着热气，很明显，锅里的饭刚刚开锅，还未煮熟，哪里是吃完饭了啊！看到刘邦去而复返，大嫂的脸红一阵白一阵地愣在了当地。刘邦怨恨地看着大嫂足足一盏茶的时间，最后，长叹一声，不顾大嫂的挽留，转身离去。

从此，刘邦再也没有走进大嫂的家门。

其实，刘邦带着一帮兄弟游荡，到处蹭吃喝，并不是完全的游手好闲的无赖行为，他给自己的行为定义为游侠风范①。这一思

---

① 《史记·高祖本纪第八》记载：仁而爱人，喜施，意豁如也。常有大度，不事家人生产作业。

想的形成，也是受当时社会大环境影响的。

商周以来的古代社会是世袭的氏族社会，一切关系都是以血缘氏族为基础。而到了战国时代，由于列强之间的战争及兼并，自古以来的国家社会崩溃，政治经济关系瓦解，迫于压力，各国都纷纷变革，以官制法制维系国家和社会，并重新规范人与人之间的关系。这样，在新旧交替的社会变革中，有一部分武士，从旧的氏族血缘关系网中解脱出来，却没有被编入新的官制法制里去，就形成了一个新的民间社会阶层——游民。

游民中的强者，被称为游侠。

游侠，任气节，行侠义。他们这些人不事生产，却崇尚武力，行武用剑，轻生死，重承诺。游侠者之间，是基于知遇之恩的相互依托。讲究的是有取必予，有恩必报，"士为知己者死"，是他们的理想极致。

游侠间，没有严密的组织，却有上下尊卑关系；没有国籍的限制，却有不成文的等级。和官阶相似，按品论侠，也有国侠、县侠、乡侠、里侠等差异。

丰邑虽然封闭，由来已久的游侠之风，还是不可避免地传进刘邦等人的耳中。最初听到游侠们的故事时，刘邦还是一位模范少年，虽然心向往之，却只能压在心底，继续做他的模范少年。战国时代的游侠风气，从贵族社会一直渗透到了平民百姓。游侠者既有许多不法亡命之徒，当然也有王公贵族。在战国七雄中，秦国对游侠是明令禁止，严加镇压的。而其他六国相对宽松，游侠们游走于各国之间，寄托于贵族门下，促成了各国的养士之风。战国时代名重一时的四君子——楚国的春申君、赵国的平原君、齐国的孟尝君、魏国的信陵君，就是以养士著名的。他们的府邸是游侠们聚集的地方。

从某种意义上来说,四君子也是游侠,而且是最高级别的国侠。因为他们是王族公子,身居豪门,有自己的领地封邑,是势力足以敌国的游侠养主。

刘邦是丰邑的富裕子弟,围绕在他身边的人大约有数十人,因此,刘邦可以称得上是乡侠。而刘邦手下的卢绾等人,就相当于里侠了。

在丰邑,刘邦可以呼风唤雨,但出了丰邑就没有那么大的力度了。

丰邑离沛县最近,因此刘邦走出丰邑的第一步肯定是到沛县。当然,沛县也有游侠,于是,生性随和的刘邦就加入沛县游侠的队伍当中。

4. 从张耳游

沛县地区在春秋时原本是宋国的领土。到了战国末期,宋国只能在各大国的争夺间苟延残喘,公元前286年宋国被齐国所灭,领土并入齐国。两年后,燕、秦、韩、赵、魏五国联合进攻齐国,使得齐国差一点儿灭国,而后齐国的领土被瓜分,原属宋国的领土,一部分被西邻魏国攻占,一部分被趁火打劫的楚国兼并,而沛县最后被并入楚国。

刘邦来到沛县时,沛县的县侠是王陵。

王陵,是沛县的富裕之家的子弟,王陵为人仗义疏财,出言耿直，在沛县地界颇有名望，是公认的有头有脸的人物。因此沛县及周边乡侠、里侠都纷纷归附到王陵的门下。

当然，这里面也包括初来沛县的刘邦。

刘邦与其他乡侠、里侠不同，他是有远大抱负的人。不论是丰邑还是沛县，对于刘邦来说，世界都太小了。刘邦一直向西眺望着魏都大梁，景仰着信陵君。虽然关山重重，却阻隔不了他的思想。

在刘邦的思想深处，他人生的最高境界，就是跟随信陵君作天下游。虽然对他来说，信陵君遥不可及，但是身不能至，心却向往之。

信陵君去世了。刘邦对信陵君的景仰不仅没有减弱，反而增强了。如果能去到大梁，哪怕是瞻仰一下信陵君曾经住过、走过的地方就好，焚香祭祀一下信陵君就好。

有一天，一个好消息传到了刘邦耳朵里，不禁令他欣喜若狂。

这个好消息就是：信陵君的门客张耳，接续了信陵君的遗风，正在外黄结交天下豪杰，刘邦心动了，决定前去跟从。

信陵君有门客三千，在历史上留下名字的，只有三个人，张耳是其中之一。张耳是魏国都城大梁人。张耳从小就耳闻信陵君的事迹，十分崇拜信陵君。

信陵君窃符救赵以后，一直留在赵国，侨居赵国都城邯郸十年。直到秦庄襄王三年（前247年），魏国受到秦军的猛烈攻击，陷入危机，在魏王的一再请求下，信陵君回到魏国都城大梁，接受魏王任命出任上将军，然后利用自己的名望，联络各诸侯国合纵抗秦。魏、楚、赵、韩、燕五国联军，在河东打败秦军，迫使秦军退守函谷关。这一胜利，使信陵君更加名扬天下，门客更加趋之若鹜。

　　这时，对信陵君景仰已久的张耳，如愿投入到信陵君的门下做了宾客。然而，仅仅过了不到四年，在秦王政四年（前243年）时，信陵君去世了，门下宾客便各自散去。张耳失去了主人，也散落民间成了游侠。

　　张耳无职无业，又没有富裕的家族根基，在大梁实在混不下去了，只得离开大梁，外出闯荡。当张耳流落到大梁东一百公里的外黄县时，意外得了一份美满姻缘。

　　外黄城中有一位富家美女，此女心高气傲，出嫁后才发现，所嫁之人是一位平庸的粗俗汉子，实在不能忍受，就逃婚到了其父的一位宾客那儿寻求帮助。正好这位宾客和张耳交好，就大夸张耳是做夫君的最佳人选。美女一听，很乐意，就请宾客当媒人。张耳流落异乡，孤身一身且穷困潦倒，遇到此等美事，岂有不同意的道理。

　　于是，美女了结了原有的婚姻关系，重新嫁给了张耳。

　　娶了外黄富家美女的张耳，不仅获得了美妻，而且还得到女家重金厚财的资助，得以继承信陵君仗义疏财网罗游士之风，从游侠变成了门主。张耳不仅在此站稳了脚跟，而且还在女家及宾客们的帮助下，当上了外黄县令。

　　从此，张耳成为闻名遐迩的名士。

　　因为生不逢时，已经错过了信陵君，刘邦可不想再错过张耳了。于是，闻听消息，刘邦毫不犹豫地踏上了追随张耳之路。

　　丰邑（今江苏丰县）到外黄（今河南民权县）究竟有多远？刘邦不是很明确。他只是听说，中间隔着单县、蒙县、甾县等地，总得有个数百里吧！但是，不论有多远，他都要用脚丈量过去。

这对于刘邦来说，是第一次出门远游。历尽千辛万苦，刘邦终于到达外黄，如愿拜在了张耳门下做宾客。这一次，刘邦在外黄住了数月，形影不离地随同张耳活跃于江湖。这使得刘邦的眼界更宽，为人处事更加老练和豁达。

从十七岁至三十二岁，刘邦一直追随着张耳的脚步，行走在沛县、丰邑和外黄的游侠世界里。

与此同时，秦始皇开始亲政，统一天下的脚步加快了。

在依次攻灭了韩国、赵国、燕国之后，秦王政二十二年（前225年），秦军水灌大梁，大梁城塌，魏王投降。秦在魏国故地上设置了东郡和砀郡，外黄县归属于砀郡。

秦国一直对游侠阶层是采取打压政策的。长期以来，战国四君子就是以游侠为主的门客力量与秦国抗衡，致使秦国统一天下的脚步至少推迟了四十年。

秦军进入外黄以后，就开始整顿秩序，打击民间不法势力。因此不久，游侠名士、原外黄县令张耳，首当其冲地就上了秦军抓捕通缉的名单。

张耳当然不能坐以待毙，闻讯立即逃离外黄，再次踏上了逃亡之路，最后在原属于楚国的陈郡隐姓埋名潜伏下来。

这样一来，刘邦跟随张耳的主从关系也从此中断，刘邦的游侠生涯，由此也告一段落。

秦王政二十三年（前224年），秦军攻取淮北，沛县也开始归入秦国版图，成为秦国泗水郡的属县。

此时的刘邦已经三十二岁。

三十二年间，刘邦主要生活在丰邑和沛县。由于长期以来，丰邑属于魏国，沛县属于楚国，因此生活在魏楚两国交界地带的刘邦，受到了两国文化氛围的熏陶，使他的性格中，即有楚国人轻歌曼舞式的潇洒大度，又有魏国人英勇无畏式的豪爽仗义。

已过而立之年的刘邦，回过头审视自己的人生，他感觉似乎是很失败的。既无缘仕途，也没有从军；既没在官府任职，也不曾农耕商贩；虽然能读能写能算，却没有一样精通；虽然上下结交豪杰，却不为父兄所喜爱，也不为乡里称道认可。

信陵君死了，张耳逃了；国家灭亡了，制度改变了。那么，接下来的路该如何走？

刘邦陷入了沉思中……

5. 泗水亭长

秦王政二十四年、楚王熊启元年（前223年），秦将王翦、蒙武统领60万大军进攻楚国，楚军兵败，楚王熊启死，楚将项燕自杀，楚国灭亡。

此时，在丰邑和沛县两地游走的刘邦，不再是生活在魏楚两国交界的边缘人，而正式成为秦国人。

秦国是法治国家，严密的法律和高效率的官僚机构是其战胜六国、一统天下的法宝。秦军占领淮北以后，立即按照历年来推行的政策，设置泗水郡统领淮北。泗水郡又迅速按照秦的什伍户籍制度，重新编制乡里社会。

这样一来，刘邦的户籍就成为：秦泗水郡沛县丰邑中阳里。

户籍什伍制度，即，五家一伍，十家一什，以小家庭为单位，登记人口财产，征收赋税、兵役和劳役，人人固定在户籍所在的土地上，不得随意脱离户籍流动，邻里间互相监督连坐。

显而易见，在这种制度下，受影响最大的就是无业游民，特别是那些游侠，几乎是失去了任何生存的空间。

沛县所在的魏楚交界地区，历来是吏治松弛、游侠盛行的三不管地区。归秦以后，秦对这一地区的治理，特别是对游侠不法之徒严厉地进行打击。好在刘邦虽然是游侠，却最多是无业闲逛，为父兄乡里所不喜而已，但也并没有做什么不法之事，因此，在时局变迁之下，刘邦还有两种选择的余地。

一种是放弃游侠身份，纳入新的体制当中，固定居所职业，重新做人；另一种是像张耳一样逃亡，离开原居住地，成为秦法之外的亡命罪人。

刘邦选择了前一种。秦法按章办事，一视同仁，也给了刘邦选择前一种生活的机会。按照秦的官制，每一郡县的郡县令及主要官吏是由朝廷直接任命，而属下的其他官吏，则有军吏转任，以及在当地人中采取推荐、考试等多种途径选拔任命。而通过考试取得当小吏的机会，是刘邦唯一的选择，当然也是他最佳的选择。

秦的考试选吏，分文武两种途径。文吏考读写计算，这是刘邦从小就练下的技能本事；武吏考剑术武艺，这是刘邦十多年来游侠生活的立身之本，也是绰绰有余。

刘邦于是信心满满地走进了选拔地方小吏的考场，并顺利通过，被任命为沛县下属的泗水亭的亭长[①]。

[①] 《史记·高祖本纪第八》记载：及壮，试为吏，为泗水亭长，廷中吏无所不狎侮。

此时，刘邦三十四岁。

亭，是秦国官僚机构的末端组织之一，主要设置在交通要道处，大约三公里设置一亭，是兼具军事交通和治安行政的基层机构。亭的设置遍布全国，每亭设亭长一人，下属有求盗一人，亭父一人。亭是准军事机构，亭内配备有弓弩、刀枪剑戟、盾牌铠甲等。亭由县主吏直接管辖。

泗水亭在沛县的东部，地处县城东郊的要道，与丰邑东西相隔百十里路程，因此当刘邦被任命为泗水亭长之后，便来与父亲刘太公告别。

此时，刘邦的生母刘媪已经去世多年。父亲刘太公再娶，并生有四儿子刘交。刘太公看到三儿子回归正途，自是十分欣喜宽慰。父子两人挥泪告别。然后，刘邦就独身一人，去泗水亭赴任。

亭长的行头是着冠、披甲、带剑。一手持竹简，可以下命令；一手持绳索可以捆人捉人。手下还有两三个丁卒可以使唤。

刘邦还将自己的行头做了改进。他特意让手下的捕盗卒吏到薛县给他制作了一顶竹皮帽子，并经常戴着它。一直到刘邦显贵发达了，他仍然戴着这顶帽子，因此人称刘邦所戴的帽子为"刘氏冠"[①]。

刘邦对亭长这个角色还是很满意的，他不仅很快适应了这个角色，而且交友圈子也由民间的哥们儿弟兄，扩展到了沛县中的中下级官吏。

与刘邦交往最早的，当数萧何。

[①] 《史记·高祖本纪第八》记载：高祖为亭长，乃以竹皮为冠，令求盗之薛治之，时时冠之，及贵常冠，所谓"刘氏冠"乃是也。

萧何，也是沛县丰邑人，与刘邦是同乡。萧氏是丰邑的大姓氏，有宗族数十家，祖上就是丰邑本地的旧族。而萧何又是萧氏一族的杰出人物，他办事谨慎稳重，深受乡里内外的喜爱。此前一直在管理家族事务。入秦以来，萧何入仕为吏，以精于文法吏事，受到赏识，很快升任到了沛县主吏掾的位置，主管人事，县下的属吏考核升迁进退等，都在他的管辖之中。

萧何是刘邦的上司，因为萧何的年纪比刘邦稍长，两人又是同乡，特别是萧何很欣赏刘邦敢作敢为，有事能够担当的个性，因此对于刘邦的桀骜无礼和狂言妄为，都尽可能地替他遮掩过去。

然而，刘邦和萧何虽然是同乡，但性格却差异很大。两人之间始终保持着一定的距离，但都在对方的身上，找到了自己的不足之处，因此，两个人互相欣赏着，也互相戒备着，但又互相协作着……

刘邦在泗水亭长任上，还结识了一位好兄弟——夏侯婴。

夏侯婴是沛县人。此时的夏侯婴是沛县的厩司御，也就是沛县马车队的车夫。因为经常驾驶马车接送使者客人、传递文书邮件经过泗水亭。这样一来二去的不仅和刘邦熟悉了，并且两人很投缘，有一种相见恨晚的感觉。

后来，夏侯婴也通过考试，正式当上了小吏。两人的关系更加亲密了。一件意外，更是让两人的关系进一步升华，竟成生死之交。

事情是这样的。刘邦和夏侯婴两个人都是佩剑的小吏，谈兴正欢时，免不了说要比试一下剑法。然而，刀剑不长眼睛，两人的剑术也没有到收放自由的境界，因此，一个不留神，刘邦的剑就把夏侯婴刺伤了。

如果是放在游侠时代，这种事根本就是不值得一提的小事。刘邦与夏侯婴两个人也是哈哈一笑，停止比试进行包扎伤口，然后接着继续谈笑风生。然而，此事却被好事之人告发了。按照秦法，官吏伤人，要严厉追责定罪。为了避免重罪，刘邦否认了伤害夏侯婴，而夏侯婴也否认被伤害。这一下子，两人又都犯了互相包庇、狼狈为奸罪。为此夏侯婴因受伤不指认凶手，以包庇罪而获刑入狱一年。在狱中，夏侯婴被鞭笞审问数百次，也没有供认出刘邦，因此被无罪释放，而刘邦也逃脱了罪责。

刘邦在泗水亭长任上，结识的另一位有深交的好兄弟叫任敖。

任敖也是沛县人。当时，任敖是在沛县监狱做小吏。他为讲义气，敢为朋友两肋插刀，因此和刘邦很快就成为志气相投的好兄弟。

日子就这样一天天过着。泗水亭长刘邦，除了在任上履职，业余时间最大的爱好就是喝酒交友。

由于是单身赴任，没有家室的刘邦只能到酒馆去喝酒，为此，还流传下来许多轶事。

6. 娶妻吕雉

秦朝法律严苛，动辄就会被处罚，幸好喝酒还没有被明令禁止。于是，刘邦就把业余时间大部分花在喝酒上。

泗水亭附近有两家酒肆是刘邦常去的地方。

这两家酒肆老板，一个叫武负，一个叫王媪。酒是自酿的米酒，菜是家常小菜，客人也大体上是附近的熟人。酒客们时常是有钱直接付钱，无钱记账，月末或年终一起结算。

刘邦到两家酒肆喝酒也是记账，他是亭长，在泗水亭一带也可以说是一方人物。他能经常光顾酒肆，是求之不得的，别说是记账了，就是不给钱，两家也不能说什么。

说来也怪。自从刘邦上任泗水亭长并到酒肆喝酒以后，他到哪家喝酒，哪家的客人就多。于是，武负和王媪都把刘邦当财神似的热情招待着，恨不能天天都到自家店里来。

喝酒嘛，自然就有喝醉的时候。刘邦就经常喝醉。醉酒之后，就横卧在酒肆中呼呼大睡。刘邦这一睡不打紧，伴随着他的呼噜声，武负和王媪都曾隐约听到了龙吟，而再看熟睡中的刘邦头顶上，似有蛟龙盘旋……①

种种怪异现象让武负和王媪是又惊又喜。不约而同地，两家酒肆都将记录刘邦酒账的竹片折断销账。

在泗水亭长任上，刘邦还完成了他的人生大事——结婚。嫁给刘邦的女性是吕雉。当然，这里也有一段佳话②。

吕雉的父亲，史称吕公。吕公有两儿两女，一共四个子女，吕雉是长女，总排行第三。

吕公本为单父县人。单父是沛县西部的邻县。单父古为宋国领土，宋灭归魏，归秦时属砀郡。吕公在单父县也算是个人物，和沛县县令交往很深。后来，吕公在单父因事结了仇家，为了躲

---

① 《史记·高祖本纪第八》记载：好酒及色。常从王媪、武负贳酒，醉卧，武负、王媪见其上常有龙，怪之。高祖每酤留饮，酒雠数倍。及见怪，岁竟，此两家常折券弃责。

② 《史记·高祖本纪第八》中所记载。

避仇家的纠缠和麻烦，就举家迁徙到沛县。

初来时，先投奔到沛县令府上暂时客居。沛县令以上宾相待，沛县父老也很好相处，这让吕公感觉到很舒服，于是，决定在沛县定居下来。

吕氏原本家境殷实，又有沛县县令的关照，因此，很快选定了宅邸，并修缮一新。在搬家入住的那天，吕公备酒答谢相关人士的照拂，沛县县令不仅欣然接受邀请亲自出席，还让县主吏掾萧何主持操办相关事宜。如此一来，场面就大了。几乎沛县的大小官吏、富裕人家等有头有脸的人物，都争相备礼前来祝贺。

客人来得多了，座席位次的安排就有讲究了。萧何吩咐手下，按送礼多少分等，礼多者上席，礼少者下席，不满一千钱的，在大堂外侧席。

这是刘邦任泗水亭长以来，头一回遇到这样的大场面，他大小也是一亭之长，沛县属吏出席的场面，刘邦岂能落下。于是，刘邦兴冲冲地到了吕氏新宅邸。然而到门口一看，刘邦蒙了。因为他没带钱啊！

只是踌躇了片刻，刘邦就整了整衣冠，信步走上前，向账房大声说道："泗水亭长刘季，贺礼一万钱。"然后，就径直往大堂上席走去。

也许是刘邦自报礼金的喊声音和数额都太大了，总之，他此举成功吸引了所有人的目光，当然也包括吕公。

吕公看人喜好相面。此时，他上下打量刘邦，见刘邦高鼻宽脸，须髯飘逸，气度不凡，立即心神一振。然后，只见吕公笑迎刘邦入席并请到上位入座。

此时，管事的萧何是太了解刘邦了。知道他不可能拿得出一万

— 23 —

钱来当贺礼，肯定是虚报的。为了避免尴尬，萧何赶紧给打圆场，对吕公说："刘季这个人豪气仗义，好面子，但他确实很穷，他的话请别当真。"

吕公冲萧何点点头，笑而不语，只是将目光一直停留在刘邦身上。

吕公但见这位泗水亭长，虽然虚报了贺礼，坐在了上席，却没有半点儿不安之意，反而，谈笑风生，神态自若。纵然是吕公见多识广，却也是心里暗暗称奇。

酒席将散，吕公走近刘邦，用眼神示意他留下。刘邦会意，待客人散去后，唯独刘邦留了下来。

刘邦仍然气定神闲，完全没有虚报贺礼吃了酒的心虚，也没有主人单独留下他会不会是让他兑现承诺的紧张。

刘邦继续喝茶，没有说话，最后还是吕公先开口问："亭长年轻有为，敢问可否有家室？"

刘邦："独身一人，尚未娶妻。"

吕公一捋须髯，长身大笑道："好，好，好，独身好啊！老夫有一女，刚好也尚未婚配。如不嫌弃，许配给亭长如何？"

闻听此言，刘邦的内心简直要欣喜若狂了。因为吕公的财势是明摆着的，如果能娶到吕家女儿，那他就有财大气粗的后台了。

刘邦内心狂喜，表面上却很镇静地问："吕公此话当真？吕公何以高看我这个小小亭长？"

吕公意味深长地说："当真，老夫我虽然不敢自称为大丈夫，却也是说话算话。至于为什么是你，老夫我自小喜欢给人看相，虽然相面无数，但面相如亭长你的，老夫我还从来没见过。"

既然被有财势的老丈人看中了，刘邦当然立即答应了。

吕公是看中刘邦了,可吕公的夫人却没想通。她埋怨道:"沛县令与你深交多年,一直有意想娶雉儿,我们吕家在沛县还得仰仗他的照拂。你怎么就将雉儿许给一个小小的亭长了呢?"

吕公自信地训斥夫人道:"你那纯粹是妇人之见。我行事自有分寸,雉儿的婚事就这么定了。你不用管了。"

吕夫人还要刨根问底,吕公挥手打断夫人的絮叨,以十拿九稳的语气告诉夫人:"此人的将来,即使是沛县令也是无法与他站在一起的。我吕氏一族的希望,就在此人身上。"

吕夫人虽然不信,但也阻拦不了,只好听从夫君的安排。

自古女子婚配,都是听父母之命,媒妁之言来定,吕公的长女吕雉,想来也是没有反对,也不能反对。

因此,在吕公的一手操持下,刘邦娶了吕雉为妻,从此结束了单身生活。

实际上,早在刘邦为游侠的时候,就与一位有夫之妇的曹夫人有染,并生有一子。只是这个儿子,生下来是不能公开的,一直生活在曹家。

当刘邦发迹之后,曹夫人已经去世。刘邦便将儿子恢复了刘姓,取名为刘肥,并追加了曹夫人的称号。后来,刘邦当上皇帝后,长子刘肥被封为齐王。

第二章　大丈夫者，当如此也

高祖常繇咸阳，纵观，观秦皇帝，喟然太息曰："嗟乎，大丈夫当如此也！"

——《史记卷八·高祖本纪第八》

1. 得见始皇

秦王政二十六年（前221年），秦军攻齐，齐王被俘，战国时代的最后一个诸侯国齐国灭亡，秦国统一天下。秦王嬴政自称"始皇帝"。

此时，秦始皇三十九岁，刘邦三十六岁。

按照秦朝律法的规定：年满十七岁的成年男子，都要服兵役和劳役。每人每年需在本县服役一个月，是常年的徭役。另外，每个人一生必须要服两次大役。一次是在本县服役一年，另一次是在外地服役一年。外地是指都城咸阳、边郡或是他郡。

秦始皇三十五年（前212年），秦始皇嫌咸阳人口多，宫殿小，于是，就下令大兴土木，抽调大批各地的民工，在都城咸阳的南郊修建阿房宫。

修建阿房宫，就需要几十万的民工，到咸阳服一年的外役。在这几十万民工中，有一个人最值得一提，这个人就是时任泗水亭长的刘季，也就是后来的汉高祖刘邦。

此时，刘邦四十五岁，秦始皇四十八岁。

此前，刘邦最远到过外黄，对于刘邦来说，这一回去咸阳，是一次真正意义的远行。

毕竟在泗水亭长任上多年，刘邦又为人豪爽仗义，因此在他即将远行之际，亲朋好友加上沛县的属吏都纷纷前来饯行。当然，不能空手来送，每个人都得帮着掏点儿盘缠钱。按照惯例，大家都以三百铜钱包一个红包赠送给刘邦。刘邦逐一接过红包，并拱手致谢。当接到萧何递过来的红包时，刘邦立即感觉分量与别人给的不一样。

刘邦没有说话，只是向着萧何深施一礼。萧何赶紧挽住刘邦的臂膀，平静而语重心长地说道："此去路途遥遥，一定要保重身体，我们后会有期！"

刘邦郑重地回道："兄弟我是知恩图报之人，这份情，我领了，也记下了。"

这样，刘邦告别家乡父老，踏上了新的征程。途中，刘邦打开萧何给的红包，里面果然整整齐齐地码放着五百铜钱。于是，刘邦便深深地记下了萧何这份人情。

而正当刘邦跋山涉水地一步步奔向咸阳之时，一统天下的秦始皇已经完成了当皇帝以来的第四次巡游。

秦始皇第一次巡游，是在秦始皇二十七年（前220年），即秦始皇统一天下的第二年。这次巡游的方向是奔向西北，目的是祭祖、告庙。

行走路线是追寻秦的先祖的足迹而行。

首先，秦始皇从咸阳出发，顺渭河向西直达秦国的旧都雍城。雍城有二十二代秦公的陵墓和宗庙。

其次，雍城祭祀之后向北行，翻越陇山，再前往秦国的第一座都城西县，祭祀秦国的开国之祖秦襄公。

然后，巡行陇西郡和北地郡，沿途祭祀山川神祇，最后，回到咸阳。立即着手宗庙祭祀等一系列的改革。

秦始皇二十八年（前219年），即第一次巡游的第二年，四十一岁的秦始皇就开始了第二次巡游。这一次巡游的方向是泰山，目的是泰山封禅。

从咸阳出发，出函谷关，经洛阳、荥阳、大梁、定陶，当抵达薛郡邹县的峄山时，刻石颂扬功德，并着手做着封神的准备工作。择定日子后，秦始皇不避风雨，冒雨顶泰山，行封禅告天大祭。

封禅之后，秦始皇心情大悦，走临淄，到黄县，再过睢县，到达山东半岛东角的成山，继续沿海西南行，在芝罘山刻石纪功后，抵达琅琊。也许是黄海的波涛、琅琊台的奇幻，给秦始皇带来了如入仙境的愉悦。总之，在琅琊，秦始皇竟然乐而忘归，停留长达三个月之久。期间，下令将三万户人家移居琅琊，又修筑宫殿高台以作离宫。

作为皇帝，秦始皇不得不回到都城咸阳，然而，仅仅过了不到一年，即秦始皇二十九年（前218年），秦始皇又启动了第三次巡游，而这一次巡游，与第二次走的是完全相同的路线。

由于接连遭遇行刺事件，虽然都是有惊无险，但秦始皇巡游的脚步还是被阻碍了。直到又过了三年之后,即秦始皇三十二年(前215年),四十五岁的秦始皇,才又启动了第四次巡游。

这次巡游,大概秦始皇想要寻找到一种令人长生不老的仙药,此事不宜张扬,再加上为了避免刺客再次寻机行刺,随行仪仗和阵势小了许多。不料,恰巧匈奴入侵,巡游没多远就无功而返,草草收场。

时光在悄然流逝,秦始皇也一天一天地老了。身体上的力不从心让秦始皇很恐慌。他自称"真人",相信术士,渴望长生不老。他期待着能在阿房宫中将自己修炼成"真人",因此,他对阿房宫等宫殿早日修建完成的渴望,也就更加迫切了。

到秦始皇三十五年(前212年)的时候,刘邦终于来到了都城咸阳,并且在咸阳郊外的建筑工地上开始服役了。

此时,四十五岁的刘邦和四十八岁的秦始皇,终于同城而居了。只不过,一个生活在工地,一个生活在皇宫。

虽然近在咫尺,此时的刘邦也没敢想能有机会见到皇帝,然而,他却见到了。

那一日,秦始皇出行,并且允许老百姓观瞻,刘邦就挤进人群,远远地向那一个神祇一般存在的方向眺望……

刘邦挤在观瞻的人群中,目睹了盛大的车马仪仗和精锐的步骑警卫,远远地仰望到了秦始皇的身影……

那一刻,刘邦身心受到极大震动,他呆立在原地一动不动,不由自主地感叹道:"嗟乎,大丈夫当如此也!"

2. 亡命芒砀

在咸阳结束了一年的徭役之后,刘邦回到了家乡,继续当他的泗水亭长。虽然生活又回归了老样子,但见过了世面。

秦始皇三十七年(前210年)的上半年,刘邦的夫人吕雉,在生了一个女儿之后,又生了一个儿子。刘邦高兴地给儿子取名为刘盈。

人逢喜事精神爽。中年得子的刘邦自然是喜不自禁。刘邦整天乐呵呵地在心里谋划着未来,然而,未来究竟是什么样的?不要说别人了,实际上就连此时的刘邦自己也不是很清楚。

刘邦继续做着他的亭长。有一天,当刘邦回到家里时,吕夫人便和他说了一件事。原来,刚刚吕夫人带着两个孩子在田间锄草,有一位老人路过,要讨些水喝。吕夫人便请老人吃了一顿饭。吃饭时,老人给吕夫人相面说:"夫人是天下的贵人。"吕夫人一听很是高兴,便让老人也给一儿一女两个孩子相面。老人看了儿子刘盈,说:"夫人所以显贵,就是这个孩子的缘故。"看看女儿也是贵相。

刘邦没等吕夫人说完,就急忙问:"那位老人去哪儿了?"吕夫人说:"刚走,应该走不远。"刘邦按夫人所指的方向去追,果然追上了老人,问道:"老人家,您看看我的面相如何?"老人说:"刚才相过夫人和孩子,他们都跟你相似,你的相貌贵不可言。"

刘邦闻听很高兴,说:"如果真像老父所言,绝不忘记您对我的恩德。"老人笑了笑,再没多言,转身走了。刘邦久久地凝望着老人越走越远的背影,陷入了沉思中……多少年以后,当刘邦显贵之时，却早已经不知道老人的去处了。

时间一天天过去了，到这一年岁尾的时候，所有人都感觉到大秦王朝的空气中，飘荡着不安定的因素。初时只是坊间的传闻，刘邦也是在王媪、武负的酒馆中听到了一些人们的小声议论，也没太当真。而当始皇驾崩的确切消息传到泗水亭时，在刘邦的心里着实激起了不小的涟漪，看来这一切都是真的。刘邦心想：那位君临天下的大丈夫，就这样消失在尘埃里了吗？

刘邦有一种惺惺相惜的悲哀和失落。

秦二世元年（前210年）十月①，秦二世继位，大赦天下，以安定民心。等到二世皇帝的诏令正式下达到各郡县时，人们才意识到：始皇帝驾崩，王朝已经进入秦二世的时代了。

很快，普通乡间的人们照常日出而作，日落而息。对皇位之争、手足相残、朝臣自危的事，似乎不关心，也关心不了。然而，也有老百姓需要关心，也必须要关心的大事，这就是已经停工的阿房宫又重新开工了，并且，骊山皇陵必须尽快完工。这一切说明，需要服徭役的人工要增加了。

沛县开始征发长年外出的徭役。刘邦刚刚服役一年回来，他自己不用再服徭役了，可是作为亭长，他又接到一个差事——押解服役民工去咸阳，而且还要即日启程，不得有误。

此次不比上次了，上一次，刘邦是怀着见世面的心情去的，而且还没有太多家室的拖累。可是如今他已经有儿子了，同时，

---

① 按秦律，每年以十月为岁首，九月为首尾，即每年从十月起，然后为十一月、十二月、一月、二月……九月为一年结束。因此，每年的十月、十一月、十二月所对应的公元纪年应为上一年，即秦二世元年十月，应为公元前210年10月……而秦二世元年一月，为公元前209年1月，以下以此类推。

咸阳没了始皇帝，似乎也对他失去了吸引力。总之，刘邦从心理上不想去。然而，命令下来了，违令就是死罪。于是，刘邦只得告别妻儿，押解着百十号人起程西行。

临行前，父老乡亲们哭哭啼啼送别亲人的一幕，让刘邦也是叹息不止。这一批服役的民工，大部分是家境比较殷实的手艺人、商贩，也有一部分编户农民，都是有家有口的壮劳力，家里的顶梁柱，他们这一走至少一年多，家里的老小怎么办？而且，这一走，天灾人祸的，还能不能全身回来，也是个未知数啊！

刘邦只能说些宽慰的话，表示会尽最大努力照顾这些乡亲们。

刘邦押解服役人员西去，刚出沛县县城不远，就有几个人借机跑了。刘邦一看，这几个人家里都是老的老、小的小，确实是真的困难。要不然，谁敢冒着被处罚的风险逃跑啊！

到了丰邑一带又跑了几个人。这些人更都是乡里乡亲的，刘邦也就睁一只眼闭一只眼，当作没发现。

当晚夜宿丰邑之西的一处馆驿。第二天早上一清点人数，又跑了几个人。队伍又启程了，刘邦心想：还没出沛县地界呢，就跑了一半人，如果是到了咸阳，人还不得跑光了啊！

刘邦很清楚国家的刑法，服役者逃脱，要受罚，而押解的吏官也是要受连带责罚的。如果是跑了一两个人，他最多自己服役顶替来受罚。可是如果人跑多了，甚至是都跑了，那所有人，包括他自己，所受的刑罚就严重了，搞不好都得掉脑袋。因此，刘邦边走边思考，其中有纠结有决绝，到最后，他终于下定了决心：都是乡里乡亲的，与其大家一起死，不如就让他一个人承担了吧！

于是，当夜晚再一次来临，全体留宿在泽中亭的馆驿时，刘邦备下酒菜，款待留下没跑的所有服役人员。酒过三巡，刘邦对众人说:"目前的状况,我不说你们也都明白,我也不难为诸位了,你们也都散了吧!各安天命,好自为之。如果朝廷怪罪下来,由我一个人顶着。"

见刘邦如此说,许多人在确认是真的以后,酒也不喝了,马上就散去了。当然,还有十几个人留了下来。其中,有一个人必须提到,他就是沛县城里杀狗卖肉的汉子樊哙。此时的樊哙,是一位没有家庭拖累的年轻人。闻听刘邦此言,感激之余问道:"亭长以后做何打算?"

刘邦回道:"沛县是肯定回不去了。只能亡命天涯,走一步看一步了。"此时,刘邦想起了张耳,不知道他现在到了哪里,看来他如今也只能步张耳后尘了。

樊哙拱手说道:"不当亭长,那就当大哥吧,小弟不才,如不嫌弃,愿跟随在大哥左右,有难同当,有福同享。"

留下的十几个人,都是和樊哙一样的年轻人,也纷纷表示愿意跟随刘邦。

刘邦举杯一饮而尽,然后把酒杯一蹾,拿出当年游侠的气势,说:"既然如此,那我就认了你们这些兄弟。虽然现在这世道是想循章守法都难,但兄弟们也不必太过悲观,也许,我们会闯出一片新天地呢!"

樊哙等人更加振奋,纷纷用仰慕加崇拜的目光看向刘邦。樊哙也将杯中酒一饮而尽后问:"大哥,你就说吧,下一步我们怎么办,我们听你的。"

刘邦果断地说:"好。由此向西,进入砀郡,再南下,进入芒砀山。"

在泗水郡与砀郡的交界地带,一南一北,有相距七八里地的两座山，北为芒，南为砀，合称为芒砀山。芒砀山区内，还有大大小小十多座山冈，整个地区山围连绵数十里，山虽不高，却也林深树密。最主要的是，山外还沼泽密布，使那一地区更加地牢固隐蔽。

樊哙等人击掌叫好。于是，刘邦等人酒足饭饱之后，连夜向芒砀山赶去……

当走到林间小路上时，一行人一字排开，鱼贯而行。突然走在前面的一个人，惊慌地退回来，战战兢兢地对刘邦说："前面有一条碗口粗的大蛇挡住去路，我们还是改道吧？"

是时，刘邦因喝了很多酒，已经醉意朦胧，闻听此言，一边拔剑出鞘，一边说："大丈夫，岂能被大蛇挡住去路的道理。"

然后，刘邦拨开前面的众人，提剑向前冲去。来到前面，果然见一条巨蛇挡在道路的中间。只听刘邦一声大吼，提剑向巨蛇挥去，只见手起剑落，再看那巨蛇，一下子就从七寸处被斩成两段。于是，众人惊魂未定地跨过断蛇继续前行。没行多远，刘邦就醉卧在路边呼呼大睡。众人也是就地倒卧歇息了。

第二天早晨，有一个此前选择散去的人，也折转身决定追随刘邦而来。当他来到刘邦斩蛇的地方，看到一位老妇人在哭，便好奇地询问缘由。老妇说："我儿子是白帝的儿子，化成巨蛇挡在路上，却被赤帝的儿子给斩杀了，所以我才哭。"这个人刚想细问，一转身，老妇人就不见了。

这个人更觉得离奇，待追上刘邦一行人之后，便把路遇老妇之事说了。此时刘邦等人刚刚从醉梦中醒来。闻听此人之言，刘邦心中大喜，其他人则对刘邦更加肃然起敬了。

这样，刘邦等人就成了朝廷通缉的要犯，而刘邦更是知法犯法的首犯。为此，夫人吕雉被连带问罪，拘捕入狱。好在，沛县乡亲父老都明白刘邦这是替大家受难。由于有萧何等人的庇护，有任敖等人的维护，吕雉在监狱没吃大苦头，不久就被释放了。

对于古代人来说，芒砀山距沛县说远不远，说近也不近，沛县之人，很少有人能去过。其实，此前刘邦也没有亲身去过。他对芒砀山地区的了解，大概是游侠时代或者是去咸阳服役时偶然得知的。

芒砀山地区林深树密，地形复杂，刘邦带人藏匿期间，可以说是神龙见首不见尾，很难被别人发现。然而，夫人吕雉却一找一个准。刘邦感到奇怪，就问吕夫人："你是怎么找到的？"

吕雉说："你所在之地，天上时常有云气存在，向着有云气的地方去找，常常就可以找到你。"

刘邦心里非常高兴。沛县的子弟有人听到了这件事，很多人都想归附刘邦。

无独有偶，秦始皇也没有去过芒砀山，却常说：东南有天子气。秦始皇还巡游东方，一来印证自己的想法，二来主要是想镇住东南的天子气。刘邦曾经怀疑秦始皇东巡镇伏天子气这件事与自己有关，于是，他藏匿在芒山与砀山之间的山泽岩石之间，等待着时机……

3. 沛县起兵

秦二世继位后，面对有增无减的徭役和强征民工，不只是沛县，在全国范围内都已经怨声载道,群情难抑。除了服役的民工逃逸之外,甚至连戍边的兵卒,也不时在逃亡。这些人聚集山林沼泽,与官府周旋。各地各级官吏,也是上下为难,大多睁一眼闭一眼,得过且过。

刘邦所选择的隐匿之地芒砀山地区,由于地势复杂,加上是两郡县的交界,属于两不管地界。两郡自己辖区内的一堆烂事还没处理好呢,谁也不愿意再去管交界的闲事了。久而久之,芒砀山地区竟然成了走投无路者的避难所。

刘邦隐匿在芒砀山地区之后,沛县及周边地区的人,也有慕刘邦之名前来投奔的,因此没过多久,刘邦的手下就聚集了近百人。

时间在不知不觉地流逝。到秦二世元年(前209年)七八月间,从泗水郡蕲县大泽乡方向,传来一个消息:陈胜和吴广率众反了!

据说,这本是一支前往北方边境渔阳驻守的部队,因大雨被阻断在湖泊沼泽泛滥的大泽乡地区。眼见着限定抵达的日期一天天逼近,可部队却寸步难行。按秦律,不能率部如期抵达指定地点,将受到"失期罪",而犯此罪者当斩。左右是个死,于是,陈郡阳城县人陈胜和陈郡阳夏县人吴广,就在楚国十万大军的国殇之地蕲县大泽乡揭竿而起。

早在十五年前,即秦王政二十四年(前223年)时,末代楚王熊启和楚国大将项燕统领楚军,与秦将王翦率领的六十万秦军,在蕲县进行了激战,结果楚军战败,项燕自杀,楚国由此而亡。

秦二世元年(前209年)七月,陈胜吴广在大泽乡起义之后,进而攻占了蕲县城。在蕲县,陈胜做出了东西分进的军事部署。陈胜率领的西路军主力,很快攻下了第一座郡县大城陈县。在陈县,陈胜召集父老豪杰、有影响的人士,共同商议今后的反秦大计。

大家纷纷建议陈胜立国，称王复兴楚国。

于是，陈胜采纳建议，立国称王，取"张大楚国"之意，定国号为"张楚"。

有了"张楚"的旗帜，从这年的八月开始，天下响应，以原燕、赵、齐、魏等国的王族、将相的后人为主，纷纷起兵，陆续复国。

八月，楚国的吴广围攻荥阳，周文攻入关中，宋留攻南阳。同时，赵国的武臣宣布为赵王，以邯郸为国都，赵国复国。

九月，秦楚在戏水一战，秦将章邯击退楚将周文，整军关中，周文军退出函谷关。同时，楚国的大将项燕的后代项梁和项羽叔侄在会稽起兵。

九月，田儋在狄起兵，称齐王，宣布齐国复国。韩广到达蓟，称燕王，燕国复国。

除了王公贵族的起兵复国，秦王朝的各郡县也纷纷有人带头呼应起义，主要的做法就是杀了当地的郡、县令，然后，或各自攻城略地，或择主而投。

这时沛县令慌了。他不待别人反他，就先宣布他也率领沛县一干人等响应起义了。沛县令召集原来的手下萧何、曹参等人商议。萧何、曹参在表示支持县令的举措的同时，建议县令将本县原来流亡在外的人都召集回来，这样，一是可以壮大队伍，二是将有可能反的人都收编了，不就将隐患消除了嘛！

沛县县令一听，觉得很有道理，就采纳了。

当然，从沛县流亡出去的人中，属刘邦这支队伍人最多，收编刘邦等人就成为首选之事。那么，派谁去与刘邦沟通呢？

萧何和曹参又举荐了樊哙。因为萧何知道：樊哙是群雄并起后回到的沛县，公开身份继续在市集卖肉，其实是刘邦派到外界的眼线。

樊哙连夜赶往芒砀山报信儿。刘邦闻讯立即率众向沛县奔来。然而还没等刘邦到达沛县，沛县令就后悔了。

沛县令越想越不对。刘邦在沛县父老乡亲们中的威望沛县令是知道的。先不说刘邦有吕公的财力支撑，仅仅是刘邦在沛县父老乡亲中的人缘，就不是他这个县令可比的。让刘邦回来，等于是引狼入室，沛县令觉得肯定控制不了刘邦，搞不好还得被刘邦所杀。沛县令越想越觉得萧何和曹参和刘邦是一伙的，于是，就下令让手下的衙役逮捕萧何和曹参。

萧何和曹参在沛县也是多年为官，沛县令手下的衙役，不仅没抓捕，反而还向萧何、曹参通风报信。两人一听，赶紧逃到城外。正好与刚到城外的刘邦会合。刘邦一听沛县令所为，当然很生气。就将一封信用箭射进城中，鼓动守城的吏卒和城中的百姓杀了出尔反尔的县令，大家一起守卫家乡。

刘邦在信中对沛县的父老说："天下人已经被秦朝的苛政折磨得很久了。如今诸侯并起，而沛县居然还在县令的管控之下，父老任其屠戮。父老们，让我们共同奋起，杀掉县令，再推选出一个能人带领大家，响应各地诸侯的义举，那么我们一家老小就能完整地存活，否则父子妻儿都将被杀戮，一个人也活不了。"

沛县令原来就不体恤民情，百姓们对他已经很不满，如今得到刘邦的书信，整个沛县便一下子群情激愤了。吏卒和百姓一起拥进县衙，一哄而上，将县令斩杀，然后，打开城门，迎接刘邦等人进城。

曹参，原是沛县的狱掾。曹参虽然与刘邦的关系比不上萧何，但他一直对刘邦也是很佩服。曹参和萧何一样都属于文吏。两个人虽然起事了，但自认为魄力不足，又担心举事不成，全家都得被秦朝诛灭九族。于是，萧何与曹参两人异口同声地推举刘邦为沛县令，带领沛县父老起事。众人也纷纷推举刘邦。

刘邦说："如今天下诸侯刚刚起兵，一切都还没理清头绪，如果没有选择好领头人，将会一败涂地。我不敢说自己行，恐怕能力有限，不能完成父兄子弟们对我的期望。这是一件大事，希望大家能推选出一个更有能力的人出来。"①

父老乡亲们都纷纷劝说刘邦："从出生传闻到吕公相面，这些怪异难得之事，都充分证明你是一位大福大贵之人，并且卜筮之人也说了，最吉者莫如刘季也。"

刘邦数次谦让，看到所有人都不敢为之，刘邦也就不再推辞了。

众人立刘邦为沛公。刘邦顺从民意，建黄帝祠，设祭坛祭祀蚩尤，并且擂起战鼓，挑起赤色的旗帜，宣布沛县起义。又因刘邦此前曾斩杀巨蛇时，有仙人指示杀蛇者为赤帝子，所以刘邦以赤帝子自称。

于是，沛县的少年豪吏如萧何、曹参、樊哙等人，以及沛县的子弟二三千人，都服从刘邦的号令。

此时是秦二世元年（前209年）九月，刘邦四十八岁。

---

① 《史记·高祖本纪第八》记载：刘季曰："天下方扰，诸侯并起，今置将不善，一败涂地。吾非敢自爱，恐能薄，不能完父兄子弟。此大事，愿更相推择可者。"

4. 初识张良

刘邦在沛县起兵后，立即开始进攻周边郡县。刘邦率领沛县子弟首先进攻的是胡陵（今山东鱼台县东南）和方与两地。在夺取胡陵和方与之后，刘邦又回军固守出生地丰邑。

秦二世二年（前209年）十月，陈胜的将领周文（周章）所率领的军队西至戏水，遭遇了秦军的顽强抵抗，失败而还。此时，燕、赵、齐、魏都自立为王，项梁与项羽叔侄也在吴地起兵反秦。

秦泗水郡郡监平率军围攻丰邑。丰邑是自己生长的地方，刘邦不能拱手让人。如果连自家的地盘都守不住，还何谈征战天下呢？因此，两天后，刘邦出兵应战，与秦军在丰邑展开了大战，结果是刘邦获得大胜，守住了丰邑。这时，原为泗水郡卒吏的周苛和周昌两兄弟前来归附，刘邦的队伍便进一步扩大了。

秦二世二年（前209年）十一月，刘邦令和他在沛县一起起兵的雍齿驻守丰邑，而刘邦自己则亲自率领主力军进入薛郡（今山东滕州市南），与驻守薛郡的秦军展开激战。薛郡郡守壮，战败逃到戚地。刘邦麾下的左司马追击并将薛郡郡守壮斩杀。接着，刘邦率军返回亢父（今山东济守城南）和方与两地，并让曹参率部驻守方与。

与此同时，陈胜"张楚"国的将领周文（周章）战死在渑池，吴广在荥阳因能力不足以服众，被部将所杀。首先复国赵国的赵王武臣，也因为李良的叛变而被杀，当时响应赵王武臣的张耳和陈馀得以逃脱。

秦二世二年（前209年）十二月，秦将章邯攻破了"张楚"国的都城陈县。陈胜先退到汝阴（今安徽阜阳），随即又退到下城父（今安徽涡阳县东南）。不料，为陈胜驾车的驭手庄贾被秦军收买叛变，将陈胜击杀。"张楚"国就此灭亡。

陈胜从起事称王到被杀害，虽然不过短短六个月，但他所发动的反秦起义，已经形成燎原之势，势不可挡。

当初陈胜在陈县分兵进攻的另一路人马，是由魏国人周市为将军，目标是向北进入砀郡和东郡，夺取原魏国的地区。

周市率部来到方与，曹参率部迎战。然而，周市却不战而退。周市没有在方与和刘邦军正面交战，却私下里联络驻守丰邑的雍齿。周市派人对雍齿说："丰邑，是迁徙魏国大梁人而建的，是属于魏国的。如今魏地已经收回数十城。你现在如果降魏，那么魏国将任命你为侯，继续驻守丰邑。如果不降，那么魏国就将屠戮丰邑。"雍齿本来就不太想归属刘邦，现在魏国人来招降，他立即就叛变，为魏国来驻守丰邑了。

刘邦闻讯率部来进攻丰邑，没能夺取。刘邦为此大病一场，只得率军又回到了沛县。

而此时攻城略地的周市，尊魏咎为魏王，自己为相国，宣布魏国复国。

秦二世二年（前208年）端月①，陈胜兵败下落不明后，曾名义上归属陈胜的起义军头领秦嘉，拥立占据彭城的楚国贵族景驹为楚王。

而此时在沛县的刘邦听说东阳的宁君和秦嘉在留县（今山东微山湖县西南）拥立景驹为楚假王，于是刘邦立即率所部去投奔

---

① 端月，即正月，一月，秦时为避秦始皇的名讳，改正月为端月。

景驹，期望能向楚假王借兵来夺回丰邑。

刘邦在去留县的途中遇到了另一队投奔景驹的人马，为首者为张良。

这是刘邦与张良两人的初见。

刘邦和张良两人一见如故，便兵合一处，边行军边聊天。这一深入交谈，张良对刘邦便有了相见恨晚之感。因此张良便主动放弃投奔景驹，而是直接转投到刘邦的麾下，听从刘邦的号令行事。能得到张良如此推崇，刘邦真是受宠若惊，而当进一步了解了张良的过往经历之后，刘邦更是感觉能得到如此良将，真是上天对自己的眷顾。

张良是何许人也呢？

张良是韩国贵族的后人，并且与韩国王室同姓。张良的祖父名为韩开地，父亲名为韩平，一家父子两代为韩国丞相，辅佐五世韩王。张良的父亲去世时，张良年纪还小，到韩国灭亡时，张良二十多岁。多少年来，张良天天生活在秦军压境、国势一天天衰微的苦难和心酸之中。也就是说，张良还没有像祖上一样进入韩国的政界，秦军已经攻入国都新郑，而他身不由己地成为亡国之人。

张良作为韩国的贵族，又是聪明智慧的热血青年，在他的内心深处，埋藏着对秦国的仇恨，一心一意要为韩国复仇。

秦统一天下后，一系列的镇压和法制政策双管齐下，使得政权日趋稳定，张良眼见着复国无望，便决心以个人之力，仿效燕国太子姬丹派遣荆轲刺杀秦王嬴政，以报秦国灭韩的深仇大恨。

国破之后，又有弟弟不幸早逝，张良草草埋葬了弟弟，遣散了家僮，并将全部家产变卖，然后仗义疏财，广交天下豪杰，四处寻求像荆轲那样的勇士。张良先在陈县一带游走，后来又追寻着燕人的足迹，上穷碧下黄泉，终于寻得一名可以挥动一百二十斤铁椎的仓海力士，然后着手开始实施刺杀秦始皇的计划。

在秦始皇二十九年（前218年）时，秦始皇开始他人生的第三次巡游。这次路线仍然是向东，希望能重温第二次巡游时的欢愉，然而，当浩大的车队经过阳武县博浪沙（今河南原阳县）时，秦始皇遭遇了他人生的第三次行刺。

博浪沙在阳武县南，正位于由洛阳到大梁的东西大道上。密切关注秦始皇动向的张良，预判到秦始皇必定会再经过博浪沙，于是，就与雇佣的仓海力士早早地潜伏在博浪沙，专门等候秦始皇的到来。

秦始皇再次奔博浪沙而来，车马仍然浩大，护卫依旧森严。那一刻，风沙骤起，纵然仓海力士力大无穷，强力的铁椎也只是击中了秦始皇乘舆的副车。一击不中，张良便在秦始皇的盛怒之中迅速撤离。当然，张良早就计划好了退路，因此，秦始皇下令搜捕十天，连刺客的影子也没找到。从此，那个刺杀秦始皇的韩国贵族青年在东海郡下邳县（今江苏睢宁县）隐居下来。

有一天，在下邳隐居的张良到城中闲逛，当他来至沂水桥头时，迎面走来了一位身穿布衣的老者。当两人擦肩而过时，老者一个趔趄，身体就向张良扑过来，张良眼疾手快地扶住了老者，可是老者的鞋子却飞起来，直接落到桥下去了。

老者倚老卖老，叫喊着让张良去桥下给他捡鞋子。张良明知老者是自己摔倒的，和他无关，然而看到老者已经年迈，也不与老者计较，什么也没说，径直走下桥去给老者捡回了鞋子。

没想到，鞋子捡回来了，老者却坐在地上，直接将脚一伸，对张良说:"蹲下,把鞋子给我穿上。"

张良虽然隐姓埋名成了平民,但骨子里还是贵族,他何时干过这样伺候人的事啊!然而,不知道为什么,张良竟然真的蹲下来给老者穿上了鞋子。

鞋子穿好后,老者站起身,拍拍身上的尘土,一言不发,微笑着就走了。反而是张良呆立在原地,不知所措。

好在老者走出去大约五百步,又折返回来了,对张良说:"你小子还可以,五天以后,天亮时,在这里等我。"说完,老者也不待张良有反应,又走了。

老者已经走出很远了,张良才回过神来,知道自己是遇到高人了。

五天以后,天亮时,张良如约前来,不料,老者已经等在沂水桥头了。老者怒斥:"与老人有约,反而后到,成何体统!"然后转身走了,只留下一句:"还是五天后见。"又过五天,张良提前了一个时辰,可是他还是比老者晚到。如上次一样,老者临走又是以五天为期。再过五天,张良半夜就到了桥上等候。老者到了以后,很满意。然后就见老者从怀中掏出一个丝绸包袱递给张良说:"这是一部帛书,读懂后可以成为王者之傅。十年以后你可以兴事发迹,十三年后来济北相见,谷城山下的黄石就是我。"①

老者来去匆匆,不待张良多言,老者又消失了。如果不是手里握着的包袱,张良都以为自己是在梦游。天亮了。张良打开包袱,展开里面的帛书,映入眼帘的一行字,让张良欣喜若狂,不禁惊呼:

---

① 此段张良与黄石老者的轶事选自《汉书·张陈王周传第十》中的记载。

"《太公兵法》啊！"太公者，姜子牙也。张良见老者给他的是姜子牙的《太公兵法》，于是向着老者离去的方向，躬身拜了下去，耳畔一直萦绕着老者最后说的话……

5. 从属项梁

刘邦和张良一起前往留县投奔景驹，希望从景驹那里得到增援，然后重新夺回丰邑。然而这时秦将章邯在攻打陈县的同时，又另派将司马夷率军向北平定楚地。司马夷率秦军从相县开始大肆屠杀，一直攻到了砀县。

秦军压境，形势就急转直下，因此还没等刘邦向楚假王景驹提出借兵攻打丰邑之事，刘邦就被楚假王景驹派出与东阳人宁君一起领兵南下萧县阻击秦军。在萧县西部，刘邦和宁君所率的楚军与司马夷所率的秦军展开激战，两军交战的结果是楚军兵败，刘邦和宁君退回留县。

秦二世二年（前208年）二月，秦将章邯率军在陈县应对陈胜的属下吕臣和黥布军，趁此时机，刘邦率领本部人马离开留县，脱离了不能助力他夺回丰邑的楚假王景驹，而是南下独立进攻砀县。经过三天的围攻激战，刘邦攻破了砀县，得到了砀县的六千人马。再加上原有的人马，此时刘邦的手下已经有了九千人。

秦二世二年（前208年）三月，刘邦率本部人马又乘胜攻占了下邑（今河南砀山）。然后回军进攻丰邑，仍然没有攻下来。为此刘邦十分苦闷，但是也别无他法，只得在砀县、下邑一带伺机而动。

以项梁为首的项氏家族的起兵给了刘邦一线生机。

以楚国大将项燕的名义反秦复楚,是在蕲县大泽乡起义的陈胜和吴广所举的义旗之后。在各地纷纷举义旗响应起义之后,秦二世元年(前209年)九月,项燕的后人项梁和项羽叔侄,也在江东地区起兵,史称项氏江东起兵。

项氏一族,祖上本是楚国的王族,世代为楚军的将领,因军功受封于项地,建立封国,取地名项为氏族名。项氏的封国原来在颍水南(今河南项城一带)。战国中后期以来,由于楚国受到秦国东进的压迫而节节败退。项氏一族跟随一起东迁到了泗水东岸的下相县(今江苏宿迁一带)。

秦始皇统一六国之后,将六国的王族和贵族大部分迁徙到僻远之地或关中咸阳附近,而项氏一族幸运地没有被迁徙,仍留在了下相故地,只是失去了旧有的封地特权,成为秦王朝的普通编户平民。

虽然沦为平民,但项氏一族作为贵族和王侯将相的意识并未泯灭。

项梁是项燕的第四个儿子。项燕战死后,项梁就成了项氏一族的主心骨和顶梁柱。项羽是项燕的孙子,项梁的侄子。项羽,名籍,字羽,楚幽王六年(前232年)出生于下相县。项燕战死时,年仅九岁的项羽一直跟随在叔父项梁身边,慢慢长大。

一方面,项梁操持项氏家务,抚养项羽;另一方面,项梁四处游历,广泛结交志士和游侠,立志恢复故国旧土。

项梁曾游历到了关中,因触犯了秦律被逮捕,关进栎阳县(今西安阎良区东北)监狱。后来请托蕲县狱掾曹咎修书一封给栎阳县狱掾司马欣，才得以出狱。此后项梁又因杀人与人结仇，便带着项羽离开下相，到了江东地区，最后定居在会稽郡的吴县（今江苏苏州）。

江东地区，原为吴国领土。越王勾践卧薪尝胆灭亡吴国之后，江东成为了越国的领土。楚怀王二十三年（前306年），楚国灭亡越国，江东成了楚国的领土。秦始皇灭亡楚国后，江东又成了秦王朝的领土，并在江东设置会稽郡，郡治在吴县。

吴中人士对项氏一族十分景仰，当项梁来到吴县后，纷纷依附在项梁门下，使客居吴县的项梁俨然成了头面人物，甚至成了会稽郡府和吴县县令的座上客。吴县上下凡是遇到诸如徭役征发或丧葬祭祀等类事情，项梁就常常被推举出来主事。项梁也不推辞，而是充分利用自己的身世和深谙兵法的才能及组织能力，在受托办事时，暗中考察人才和结交朋友。不知不觉间，吴中地区人力物力的调配使用情况，就在项梁的掌握之中了。

秦二世元年（前209年）七月，由于陈胜和吴广首先在大泽乡起义，致使群雄并起，天下大乱，会稽郡当然也不可避免地受到了波及。

到九月份时，一直处于观望状态的会稽郡代理太守殷通，意识到秦王朝大势已去，于是也决定起兵。殷通深知自己不是会稽郡人，要想在会稽郡起兵必须得借助当地有名望人的声望，因此殷通经过冥思苦想之后，首先就将目标锁定在了项梁和桓楚的身上。

桓楚，不仅是吴县的名门大族之后，而且本人在吴县也有一定的声望和地位。然而，当殷通想利用桓楚为自己所用时，桓楚却因避祸早已经隐匿了踪迹，不知所踪，此时并不在吴县。因此殷通就只请来了项梁到郡府商议大事。

项梁也在密切关注着时局的变化，闻听郡守召见，立即来到郡守府。见到项梁，殷通摆出一副居高临下的姿势对项梁说："如今已经天下大乱，我决意率郡起兵，并以你和桓楚为部将，共同成就大业，不知你意下如何啊？"

闻听殷通之言，项梁心中暗喜，但表面上似乎对殷通的颐指气使并不在意，反而极尽恭维地回应道："桓楚逃亡在外，隐藏了起来，没有人知道他的踪迹，但是在下的侄儿项籍与桓楚有些交往，或许他能找到桓楚。可否允许在下现在去喊项籍前来回话？"

得到殷通的同意之后，项梁折转身走出郡守府，找到早就严阵以待的项羽，叔侄两人一番密谋之后，一起来到郡守府。手执宝剑的项羽在郡守府门前被拦住，只得在门外等候，而项梁则再次进入郡守府迈入厅堂，对殷通说："项籍已经在门外听候召见。"殷通回说："好吧！"项梁就传郡守之令宣项羽进来。

项羽来到郡府的大堂上，一边与殷通见礼回话，一边借机向殷通身边靠近，待得到叔父项梁的行动暗示，便迅速地拔剑向殷通刺去。项羽出手果断而坚决，因此正在讲话的殷通，嘴还在张开着就已经身首异处了。

项羽将殷通的血淋淋的头颅交给项梁，又将殷通贴身佩戴的郡守印绶取下，挂在项梁身上。随后，项梁就提着殷通的头，佩戴着郡守的印绶，向郡守府中人发号施令。因为事发突然，郡守府中群龙失首，一时大乱。有百十来人不听从项梁的号令，都被项羽借机给斩杀了，一直到没有人再胆敢反抗项羽才罢手。余下的人纷纷表示愿意服从项梁。

项梁立即召见此前熟悉的且有胆识的府吏以及会稽郡与吴县的地方豪杰，把自己起兵反秦的事向大家讲清楚，动之以情，晓之以理，得到了众人的支持。这样一来，项梁就顺理成章地被推为会稽郡太守，项羽为裨将，协助项梁统领军队，镇抚下属县邑。然后，项氏叔侄开始在会稽郡征兵。在各县的配合下，报名应征者十分踊跃，经过挑选，组成了一支八千人的精兵队伍，成为后来项氏楚军的核心力量，史称"江东子弟兵"。

项梁任命吴中豪杰为校尉、侯、司马。期间有一个人没有得到任用，这个人就向项梁申诉。项梁说："前些时候曾经让你主办一件事，而你不能办，因此不再任用你。"项梁一句话就说得这个人面红耳赤，羞愧地离开了，从此大家都很佩服项梁。

此前广陵（今江苏扬州）人召平曾奉陈胜之命在广陵一带攻城略地，艰难地与秦军进行周旋，一直没有降服。然而，当听说陈胜战败逃走的消息，又闻报秦军大队人马向广陵地区杀来，面临腹背受敌的召平，在情急之中想到一计，于是他渡江来拜见项梁。召平对项梁说："陈胜王让我传达他的命令，拜你为楚王的上柱国。现在江东已经平定，请上柱国尽快引兵西进攻打秦军吧！"[①]

实际上，此时的项梁对周边的局势是了如指掌的，对陈胜战败的消息也是略有耳闻，因此对召平向他传达的陈胜王之命的真伪也是心知肚明，然而项梁并没有点破，而是将计就计地接受了任命。因为项梁敏锐地意识到，是到自己该出场的时候了。于是，项梁就率领已经组建完成的八千江东子弟兵渡江向西进发。

项梁首先联合已经攻下东阳（今江苏盱眙）的陈婴一起西进，

---

① 《史记·项羽本纪第七》记载：广陵人召平于是为陈王徇广陵，未能下。闻陈王败走，秦兵又且至，乃渡江矫陈王命，拜梁为楚王上柱国。曰："江东已定，急引兵西击秦。"

正好陈婴听从母命并不想独立称王，于是就将自己的军队归附在项梁的麾下。项梁渡过淮水以后，黥布和蒲将军也率军前来归附。因此当项梁引兵到达下邳（今江苏睢宁北）时，在他的周围已经聚集了六七万人。

与此同时，秦嘉已经立景驹为楚王，驻扎在彭城的东面。项梁以楚王上柱国的名义，而景驹是以楚王的名义，实际上两人都是打着"张楚"国的旗号。俗话说，一山不容二虎，因此双方的对立冲突一触即发。

从项梁进军下邳时开始，楚王景驹就下令大将秦嘉屯兵在彭城东部，意图很明显，就是阻止项梁军的西进。项梁对军吏们说："陈王首先起事，作战不利，不知道下落。如今秦嘉背叛陈王而立景驹为楚王，大逆不道。"

项梁军西进对秦嘉军发起攻击，秦嘉不敌，战败向北撤退。项梁军乘胜追击到薛郡的胡陵县（今山东鱼台），再败秦嘉军。秦嘉战死之后，所部投降项梁，而楚王景驹逃向梁地，死于乱军之中。于是，项梁收编景驹和秦嘉的旧部，暂时驻扎在胡陵。

秦二世二年（前208年）二月，秦将章邯率军进入砀县东部的栗县（今河南夏邑）。项梁派部下朱鸡石和余樊军南下迎击章邯军。结果是楚军战败。余樊军战死，朱鸡石退回胡陵。

秦二世二年（前208年）四月，项梁引军北上到达薛郡的薛县（今山东藤县）。

刘邦闻听项梁在薛县，便毫不迟疑地率领一百多随从骑兵前去见项梁。刘邦真心归附但恳请项梁借兵先去攻取丰邑。项梁答应了刘邦的请求，给刘邦增拨了五千士兵，五大夫一级的将领十人。

刘邦将项梁的五千人马和自己的九千人马兵合一处，向丰邑展开进攻，这次刘邦终于得偿所愿让丰邑回到了自己的手中。

在刘邦追随项梁一个多月后，项羽攻克襄城之后回到了薛县。

项羽是在叔父项梁的教导呵护下一天天长大的，当叔侄俩来到江东吴县时，项羽已经长成了一个身高八尺有余的汉子。项羽继承了项氏一族武将的体魄和勇武，不仅力能扛鼎，而且才气超越常人，但凡见过他之人都心生畏惧之心。项梁有意让项羽学习读书写字和学剑术，项羽却说："学习读书写字，只能会写名字而已；学习剑术，也不过是一对一的对打而已。我要学，就学习与万人对敌的本事。"于是，项梁就亲自教授项羽兵法，但项羽也只是学习到粗浅的知识，就无意再深入下去了。

项梁对项羽的培养是尽心竭力的，对项羽的表现也算是满意的，但有一件事却也着实让项梁吓得是灵魂出窍。那是秦始皇三十七年（前210年），一天，秦始皇第五次巡游天下，路经会稽郡吴县，项梁与项羽叔侄便和人们一起前去观瞻。

遥遥远望着秦始皇盛大的车马行列，项羽冷哼一声："彼可取而代也。"

此言一出，吓得项梁出了一身冷汗。项梁环顾左右，迅速掩住项羽的嘴，低声呵斥道："不要妄言，以免招致灭族之祸。"

然而从此，项梁却对侄子项羽另眼相看，感觉项氏一族后继有人了。

那一年，项羽二十三岁。

项梁在侄子项羽的辅佐下不仅顺利起兵，而且很快扩大了战果。当项羽来到薛县回到项梁身边时，项梁以"张楚"国上柱国的名义，把楚国各地的起义军都召集到了薛县。这时，项梁也得到了陈胜已死的确切消息，项梁便杀了败军之将朱鸡石，并为陈胜王祭祀发丧。然后项梁又在薛县与各路起义军共同议事，商讨复兴楚国的大计，史称"薛县会议"。

到薛县参加议事的人员，除了以项梁、项羽为首的项氏家族成员之外，还有陈婴、黥布、蒲将军、范增、桓楚、吕臣、吕青等人。当然，刘邦和张良也参加了此次议事。在会上，已经七十多岁的谋士范增向项梁谏言要拥立楚王之后为王，恢复楚国的天下，才是发展之路。

项梁接受了范增的建议，令人寻找楚王的后人，结果已经成为羊倌的楚怀王之孙熊心，在民间被项梁找到。

秦二世二年（前208年）六月，在薛县，熊心被项梁与各路楚国起义军拥立为楚王。为了顺应民意，怀念楚怀王，熊心仍被称为楚怀王，以盱台（今江苏盱眙）为都城，宣告楚国复国。盱台紧靠东阳县，而东阳又是陈婴的家乡，于是，项梁认命陈婴为上柱国，辅佐楚怀王熊心南下盱台建都。而项梁自号武信君，出任楚军的最高将领，而此时的楚军人数已达十万余人。可以说，此时的楚军名副其实地成了六国反秦的主力军。

薛县议事，还商议了韩国复国的问题。因为自陈胜起兵以来，原六国中的楚、齐、赵、魏、燕国都已经复国，只有韩国还未复国。

恢复韩国的建议是韩国的贵族张良提出来的。在得到了项梁的同意后，张良在民间找到了韩王的后代韩成，拥立为韩王，张良任司徒。于是张良与刘邦话别，与韩王成领兵前往原韩国的领地颍川一带，为复兴韩国积极努力着。

6. 任砀郡长

薛县议事以后，刘邦作为楚将继续跟随和听命于武信君项梁的统一指挥。

秦二世二年（前208年）七月，连日来大雨倾盆，因军情紧急刘邦领命冒雨率本部人马向北攻打亢父。

六国的复国，使得秦军分散了攻击的目标，因此秦将章邯继续北上，向刚刚建国的魏国进攻，并将魏王魏咎和前去救援的齐王田儋破杀在了临济（今河南封丘县东）。

在临济危在旦夕之时，魏王魏咎匆忙派相国周市出使齐国，王弟魏豹出使楚国，请求援救。周市和魏豹不辱使命，齐、楚两国分别派田巴和项佗两位将军，分别领兵随周市和魏豹来援魏。齐、楚两国援军与章邯军遭遇，一番激烈而残酷的战斗厮杀，结果是章邯军大胜。魏国的相国周市，在此次战斗中战死。齐王田儋亲率齐军到临济援魏。秦将章邯命令士兵口中衔枚夜袭齐、魏联军，齐、魏军大败。齐王田儋战死，齐王田儋之弟田荣收拾残兵败退到了东阿（今山东阳谷县）。魏王魏咎为了城中百姓免遭涂炭，答应与秦军谈判。谈判成功后，魏国向秦军投降，而魏王魏咎则自焚身亡。

秦二世二年（前208年）八月，秦将章邯在打败了齐、魏联军之后，继续追击田荣到达东阿城下，并将城围困起来。楚国的项梁闻报田荣危急，亲自率军来增援。刘邦也在攻下亢父之后率军前往东阿救援。在东阿城下，项梁率楚军大破秦军。可以说，东阿之战是项氏楚军与秦军主力的第一次大战。

东阿之围解除后,田荣闻听齐人另立了新君,勃然大怒,立即回师攻击临济,驱逐新齐王田假。田假不敌田荣,弃城逃到了楚国,而齐相田角逃到了赵国。齐国大将田间,此前被齐王田儋派往赵国求援,也滞留在了赵国。田荣夺回临济后,立田儋之子田市为齐王,自己做相国,并任命自己的弟弟田横为大将。自此齐国重新稳定下来。

在东阿之战中落败的秦将章邯领军向西败退,项梁率楚军继续追击。两军在濮阳县(今河南濮阳)城外再次交战,秦军再败。这时,秦军已经被截断成了两支。由章邯率领的主力残部,退入濮阳城中坚守不出,而另分出一支人马由李信率领往东退入城阳。

秦军兵分两路,楚军也相应地分成了两部分。主力由项梁统领,追击章邯,围攻濮阳。另一部分由项羽和刘邦统领,继续向东追击往城阳方向撤退的秦军。

濮阳,本为东郡的郡治,是黄河南岸,紧靠白马津渡口的一座大城。章邯退入濮阳城内后,迅速修筑护城河和堑壕,并引黄河水流入护城河中,作长期固守的准备。因为章邯固守濮阳不出战,项梁只得率军向定陶(今山东定陶)逼近。

项梁攻到定陶的同时,刘邦和项羽追击秦将章邯分兵的李信军到了城阳,当攻克了城阳之后,进行了屠城,将李信军全部消灭。随后刘邦和项羽驻扎在濮阳县东,再败秦军。

此后刘邦和项羽也离开濮阳攻打定陶县,定陶县没有攻下来。刘邦和项羽又率军向西攻城略地,到达了雍丘。在雍丘,刘邦和项羽联军与秦军交战,消灭了由秦丞相李斯之子、三川守李由率领的秦军,断绝了秦王朝西南方向的增援之军。然后刘邦和项羽又乘胜回军攻打外黄县,但却未攻下。

当刘邦和项羽在各地接连取得胜利之时，项梁军中却因为几场胜利就开始慢慢滋生了轻视秦军的情绪，并且这种骄傲的情绪从上至下在军中蔓延。见此，项梁的部将宋义对项梁进行劝谏，然而，此时的项梁已经被胜利冲昏了头脑，不仅没有重视宋义之言，反而借故支走了宋义。

　　而反观秦军，在项梁一路追击秦军之际，秦国也举全部的兵力增援章邯，这使得章邯的力量又壮大起来。其中除了暗中通过黄河漕运补充装备军粮之外，章邯可以在全国各地抽调并集结援军。章邯调动河东郡和河内郡的秦军，沿黄河北岸向西进攻，同时章邯还奏请朝廷，抽调正在河北攻击赵国的王离军渡河南下，加入对楚军作战。与此同时，由外黄方向驰援而来的秦军带来了李由军被歼灭的消息，使得章邯对军事部署更加小心谨慎了。

　　秦二世二年（前208年）九月，王离军秘密集结南移，与河东和河内军一道在濮阳附近渡过黄河。这样一来，秦军的几路人马就全部到位，并在濮阳集结完毕，秦军军势大振。得到了增援的秦军主力，由濮阳秘密向定陶方向运动，趁项梁小胜后的麻痹轻敌之时，借夜色的掩护，突然袭击项梁军大营。定陶城内的秦军也呼应出击，里应外合。

　　秦军突然发起攻击，让项梁楚军猝不及防。许多士卒还在睡梦中就被秦军击杀。项梁虽然想极力稳住阵脚，但兵败如山倒，士卒们已经完全不听从指挥，仓皇四处溃散。就连项梁近身的侍卫们也是乱作一团，反击没有章法，项梁也在这次战斗中战死。

　　秦二世二年（前208年），这一年，连绵的阴雨从七月一直下到九月。

　　冒雨围攻外黄县的项羽和刘邦联军，突然收到了项梁军战败的消息，这一坏消息使得项羽和刘邦都无心再战，便率军离开外黄转而攻打陈留（今河南开封）。陈留坚兵固守，没有攻下来。这时刘邦和项羽又听到了项梁战死的噩耗。项羽自然是悲愤欲绝，刘邦的心情也是极为沉重，士卒们更是惊恐万分。

刘邦对项羽说："如今武信侯的军队垮了，士卒恐惧，战斗力大打折扣了。再打下去，很难打胜仗的。我们两人领兵与吕臣将军一起东归，向盱台靠拢，如何？"项羽此时也没有更好的选择，便同意了。于是刘邦和项羽商议之后，便联合将军吕臣一起率兵东归向楚怀王靠拢。

当项梁阵亡的消息传回到楚国都城盱台之时，楚国上下极为震惊，然而，此时楚怀王熊心却反而很冷静。楚怀王深知，他虽然被立为楚王，但实际上除了拥有旧王族的身份之外，在楚国特别是楚军中，他只是没有一点儿权力的傀儡而已。因此项梁的身死，让楚怀王认为他亲政掌握实权的最佳时机到了。

秦二世二年（前208年）九月，楚怀王立即作出了迅速北上，移都①彭城的决定。在移都彭城之后，楚怀王命令各路楚军全都作战略撤退，向彭城方向集结。首先到达集结地的是最早向楚怀王靠拢的刘邦、项羽和吕臣的队伍，甚至楚怀王由盱台迁都彭城就是由这三支队伍来完成的。

待各路楚军全部在彭城附近集结完毕之后，楚怀王又对各路楚军进行了重新部署。楚怀王令吕臣军屯驻在彭城东侧，令项羽

---

① 《汉书·高帝纪第一上》记载：时连雨自七月至九月。沛公、项羽方攻陈留，闻梁死，士卒恐，乃与将军吕臣引兵而东，徙怀王自盱台都彭城。吕臣军彭城东，项羽军彭城西，沛公军砀。后九月，怀王并吕臣、项羽军自将之。以沛公为砀郡长，封武安侯，将砀郡兵。以羽为鲁公，封长安侯。

军屯驻在彭城西侧，令刘邦军屯驻在砀县，对其他各支楚军也都作了相应的安排。楚怀王此举将骤变的局势先稳定了下来。随后，楚怀王要着手直接掌握楚国的军政大权，但对于项羽他不得不防。因为虽然项梁兵败战死，但项氏的影响力确实是太大了，而实际上，项梁死后，项羽就成了项氏的领军人物。

面对项氏家族的巨大权势，楚怀王采取了借助和抑制相结合的策略。

秦二世二年（前208年）闰九月，楚怀王首先将驻守彭城的两支楚军主力吕臣军和项羽军合并，由自己亲自担任主帅。楚怀王又将项羽封为长安侯，以鲁县为食邑领地，号称为鲁公。虽然从地位上来看，项羽算是楚国的一方诸侯，但是实际上军权却被楚怀王收回了。

楚怀王任命一直辅佐自己的陈婴为上柱国，全面负责楚国的政务，同时又任命吕臣为司徒、吕青为令尹，让吕氏父子两人共同出任辅政的要职。吕臣本来是陈胜的近侍大将，在陈胜兵败被杀后，组成"苍头军"，不仅为陈胜报了仇，还百折不挠地多次夺回失地。吕氏父子两人是项梁薛县议事时的主要参与者。熊心被拥立为楚怀王之后，吕氏父子两人又奉命成为协助楚怀王立国的近侍大将，深得楚怀王的倚靠和信任。

楚怀王对待刘邦的态度与对待项羽的态度截然不同，作为平民出身的刘邦，被楚怀王划入了可以信任和重用的大将之列。

楚怀王封刘邦为武安侯，任命为砀郡长，令其继续统领本部兵马，驻守砀县，并负责彭城西侧外围的防务。

砀县，位于砀郡的东南，是夹在砀郡和泗水郡之间的边县。砀在丰邑之南，和丰邑一样，原来是魏国的领地。

这样一来，刘邦就由民间推举的沛公，正式升任为楚怀王所封的砀郡长。同时，刘邦也已经由一介布衣，成了楚怀王所封的武安侯。可以说，此时的刘邦社会地位和影响力都大大地增强了。

第三章 仓粟非乏，不欲费人

乃使人与秦吏行县乡邑，告谕之。秦人大喜，争持牛羊酒食献飨军士。沛公又让不受，曰："仓粟多，非乏，不欲费人。"人又益喜，唯恐沛公不为秦王。

——《史记卷八·高祖本纪第八》

1. 西路主帅

薛县议事之后，韩国复国，至此战国时期的六国都已经复国，天下再一次出现了秦与六国对抗的局面。虽然六国在复国的过程中充满了波折，但总的来说，当项梁战死，楚怀王亲政之后，六国中除了偏远的燕国以外，其他五国都实现了由旧王族出身的人为王的王政复兴。

实现王政复兴的五国国王分别是：楚怀王熊心、赵王赵歇、齐王田市、魏王魏豹、韩王韩成。

然而楚怀王清楚地意识到：六国虽然复国，但是单打独斗仍然抵抗不了强秦。王政虽然复兴，但是陈胜所开创的平民王政已经崭露头角。群雄并起，各路英雄豪杰都有了立功求进的愿望，特别是那些实力人物更有了擅自称王的野心。因此楚怀王经过和朝臣们商议，决定有必要制定一个盟约，将相关事项固定下来。

秦二世二年（前208年）后九月（闰九月），楚怀王以盟主的身份主持制定了史称为"怀王之约"的盟约。

"怀王之约"的主要内容有三个方面：一是六国以楚国为盟主联合作战，共同诛灭暴秦；二是六国政权的建立，以王政复兴为正统；三是将来新秦国的王政，由先攻入关中者出任。

从"怀王之约"的主要内容上来看，一方面是对于已经形成的天下政局的肯定和确认，另一方面也对陈胜所开创的平民王政采取了先肯定后修正的态度，力图通过扶持和肯定各国的王政复兴，从而杜绝各种实力人物擅自称王的野心，同时对于英雄豪杰争相立功求进的愿望，也作了富有诱惑性的正面引导。

"怀王之约"的诱惑性就是：不论国别，不分出身贵贱，只要是先攻入关中并灭亡秦国者就当秦王。

可以说，"怀王之约"相当于是反秦阵营的行动纲领，将作为天下公约向天下公布，并在各国各路英雄互相监督、互相见证下实施。这样一来就极大地调动了各国各路英雄的积极性，同时也强调一定要汲取战国末年各国互不相救被秦国各个击破的教训。

正当"怀王之约"制定之时，秦军中的章邯军和王离军两大主力会师河北，开始围攻赵国。

秦二世元年（前209年），刚刚即皇帝位的秦二世胡亥，就以莫须有的罪名杀害了蒙恬、蒙毅兄弟俩，致使秦王朝整个军事防务一下子失衡了。然而秦二世胡亥一边以东巡之名游玩享乐，一边听信赵高的谗言杀戮大臣，甚至假借罪名，致使文臣武将们互相株连，使得满朝震惊，人人恐惧不安。同时，凡是进谏的人，都被认为是在诽谤朝廷，造成了大臣们只知谄媚讨好，没人敢和秦二世据实禀报的局面。

秦二世元年（前209年）九月，当陈胜派遣的周文（又名周章）率领的几十万大军已经到达戏水（今陕西临潼东），秦二世胡亥大为震惊，才想起和群臣们商议。然而朝堂上下已经很难找出如蒙氏兄弟那样的将才了。大军压境，秦二世手下已经无可用的大将军，群臣更是人人自危不发一言。

关键时刻，时任少府的章邯站了出来，说："盗贼已到达骊山东面的戏水，且兵众势强，现在调配军队为时已晚。骊山有很多刑徒，不如就近赦免骊山的刑徒，发给他们兵器，让他们出击盗贼。"

章邯，字少荣，年轻时入伍从军。在秦始皇统一天下时，他曾在与赵国和韩国的战争中立有军功。秦始皇统一六国后，他步入政界，一步步晋升为少府。少府，在秦朝是属于文官，位列九卿之一，是专门负责一些特殊的财政收入和皇家的手工业的职位。少府是担当宫廷事务的大臣，章邯此前一直协助丞相李斯负责骊山皇陵工程。进入秦二世时期，他又受命主持骊山皇陵的收尾工程。

秦二世已经别无选择，立即诏令大赦天下，并任命章邯为大将，率领骊山（今陕西临潼东南）的刑徒及奴隶共七十余万人，在戏水摆阵迎击义军。

周文，曾经在战国四大公子之一的楚国春申君门下做过门客。他自称熟习兵法，并曾经加入项燕军中服役参战。陈胜军攻克陈县以后，他以地方豪杰的身份加入了起义军。被陈胜任命为将军后，率军绕过荥阳西进，直奔函谷关。周文以突然袭击的方式，突破洛阳、新安、渑池一线，并一举攻破函谷关。然而，当周文大军浩浩荡荡抵达骊山东面的戏水时，一支精锐的秦军已经静悄悄地在戏水西岸严阵以待了。

周文率军到达戏水岸边之后，就马不停蹄地乘势渡河，想一鼓作气攻进咸阳，然而在戏水河上却死伤惨重。此后周文便不敢轻易渡河。曾经也想引诱秦军渡河追击，然而秦军一直不为所动，只是坚守在戏水西岸。于是两军相持在戏水。

这样一来，打破了陈胜的"张楚"国一举攻入咸阳灭亡秦王朝的计划。而秦王朝则从最初的慌乱中清醒过来，开始集结军队，岌岌可危的秦二世王朝又得以苟延残喘。

除了章邯军之外，秦二世又调派王离率军东进反击。

王离，内史频阳县（今陕西富平）人，祖父王翦、父亲王贲都是秦国的名将，也是秦统一天下的功臣。可以说，王氏家族与蒙氏家族一样，都是秦王朝最为显赫的将门世家，一家三代为将，父子两代封侯。早在蒙恬讨伐匈奴，驻守北部边境之时，王离时任蒙恬军中的副将。蒙恬死后，王离继任蒙恬之职。接到支援章邯军之前，王离奉命率领北部军沿直道南下，东渡黄河，负责旧赵国和燕国地区的平叛军事活动。

秦将章邯率军从戏水之战开始，便取得节节胜利，先后攻灭了陈胜"张楚"、赵王武臣、魏王魏咎、齐王田儋、楚将项梁，收复了三川、颍川、南阳、陈郡、东郡、上党、太原、邯郸等广大地区。整个黄河以南、淮河以北地区，六国联军只退守着泗水、薛郡一线。当打垮了项梁军之后，章邯认为楚地的危机已解除，便率军渡过黄河去攻打赵地。这样黄河以南的战事暂停，才使得楚怀王全力整军，强化王政，并出台了"怀王之约"的盟约，对未来的反秦战争的整体格局，重新进行了战略性策划。

"怀王之约"出台之初，由于秦军强盛，常常乘胜追击，众将领没有人认为先入关者是有利的。唯独项羽是个例外。因为项羽本来就是勇敢无畏的战士，加上为叔父项梁报仇心切，所以项羽主动向楚怀王请缨，愿意率本部兵马，奉"怀王之约"，西进攻取关中。

楚怀王身边的老将都说[①]："项羽为人剽悍贼滑。当初项羽进攻襄城时，襄城全城百姓都被坑杀，没有放过一个人。况且楚国数次进攻，前有陈胜，后有项梁，都失败了。不如派一位年长者，以宽厚仁义之师向西推进，把道义向秦国的父老兄弟讲清楚。秦国的父老兄弟受秦的暴政统治已经很久了，如果现在真能有一位宽厚长者去关中，对他们不加欺凌暴虐，那么就应该能不战而胜，拿下关中。项羽彪悍，不可以派遣。只有武安侯自为沛公以来一直是宽厚的长者，可以派遣。"

楚怀王及身边的老将们，之所以都把西进入关的主帅锁定在刘邦身上，主要是大家一致认为，刘邦老成持重，宽怀大度，由刘邦率军西进攻秦，可以争取秦国人心，同时当大功告成之后，刘邦也可以驾驭。

因此楚怀王最终没有答应项羽西进的要求，而是派遣刘邦率领本部人马向西先收编陈胜、项梁逃散到各地的士卒，壮大队伍

---

① 《汉书·高帝纪第一上》记载：怀王诸老将皆曰："项羽为人剽悍祸贼，尝攻襄城，襄城无噍类，所过无不残灭。且楚数进取，前陈王、项梁皆败，不如更遣长者扶义而西，告谕秦父兄。秦父兄苦其主久矣，今诚得长者往，毋侵暴，宜可下。项羽不可遣，独沛公素宽大长者。"

以后，进而继续西进夺取关中，直捣秦都咸阳。

刘邦知道，从戏水一战之后，秦军在章邯的率领下，关中地区已经重新设防，再次成了易守难攻的战略要地。此次西进关中，危险重重，无异于虎口拔牙，搞不好就会像陈胜和项梁一样战败身死他乡。刘邦也知道，先入关中者为王的约定，对于他来说，具有极大的诱惑，那是一次改变他命运的绝佳机会。

于是，刘邦义无反顾地率军出发了。

与此同时，秦军的两大主力在黄河以北地区，将赵王围困在了巨鹿城。

赵国的求援使者接连不断地抵达彭城，作为反秦阵营的盟主，楚怀王迅速作出了以楚军主力渡过黄河援救赵国的决定。

对于北上援救赵国的主帅，按理应该非项羽莫属了。项羽勇武善战，他的军事才能和威望在楚军中无人能比，然而项羽年轻气盛，暴躁彪悍，又无人能够控制他。因此楚国君臣上下一致认为，对项羽决不能单独委以重任，不能让他坐大称王，必须对他进行控制。

那么由谁来控制项羽呢？

正在楚怀王一筹莫展之时，在楚国的齐国使者高陵君显向楚怀王推荐了宋义，说："宋义说武信君之军必败，数日之后，果然失败了。还没有开战就能预知失败的征兆，这可以说是了解兵法啊！"

楚怀王立即召见宋义并与他商议军国大事，宋义之言果然很有见地，楚怀王因此特别高兴，立即任命宋义为上将军。

楚怀王没有同意项羽西进入关中的请求，北上也仅仅是宋义的副将，愿望不仅没有达成，还要位居人下，项羽当然是不服，并在心里给楚怀王记下了一笔账。

这样，楚国分兵两路，为以后楚汉两大阵营的形成，埋下了伏笔……

2. 收服郦氏

秦二世二年（前208年）后九月（闰九月），刘邦以砀郡长之职，受楚怀王之命，奉"怀王之约"，成为楚国西路军主帅。

刘邦率军由砀县出发，首先向东郡的城阳、杠里方向进军。在此期间，收集散失在城阳、杠里一带的陈胜军和项梁军的残部，扩大了军队。在扩军的同时，刘邦率军攻击驻守在城阳、杠里一带的秦军营垒，并击破了两支地方秦军。

秦二世三年（前208年）十月，刘邦又率军南下，向砀郡方向回转，在东郡与砀郡之间的成武县，与秦东郡尉统领的地方军以及王离的一支别军交战，并将其击溃。然后，刘邦率军返回砀郡整编休整。

秦二世三年（前208年）十一月，北上援赵的楚军发生政变，项羽杀了宋义，自立为上将军，黥布等诸将都归属项羽，然后项羽整合人马渡河援赵。

秦二世三年（前208年）十二月，刘邦在砀郡栗县（今河南夏邑）遇到刚武侯，收编了楚军刚武侯的四千人马，然后，又与魏国将领皇欣、武满军率领的魏军联合对秦军作战，取得胜利之后，刘邦率军再次回到砀郡整编休整。

与此同时，项羽在巨鹿之战中大败秦军，俘虏了王离，赶跑了章邯。项羽的威望一下子提升上来，六国援赵的各路诸侯和大将都愿意跟随在项羽周围。

秦二世三年（前207年）二月，刘邦再一次从根据地砀郡出发，北上进攻昌邑县（今山东巨野县南）。

昌邑县在砀郡北部，是砀郡的属县。刘邦是楚怀王所封的砀郡长，因此昌邑名义上是在刘邦的管辖之下。在昌邑以北，东郡城阳以东，薛县张县（今山东梁山）以南，是一大片的湖泊沼泽地，称为巨野泽。

在昌邑，刘邦第一次遇到了彭越。

彭越，字仲，昌邑县人。彭越经常在巨野泽中捕鱼。秦朝末年，一帮渔民兄弟为躲避繁重的徭役及苛酷的法律，亡命在中巨野泽中。当然也包括彭越在内。

陈胜、项梁起兵反秦时，有一位年轻人对彭越说："如今各路英雄豪杰都竞相自立为王，反叛暴秦，您也挑头，带领兄弟们效仿他们吧！"彭越却说："现在两条龙正在相斗，姑且等待时机。"

彭越在巨野泽中蛰伏了一年多，一直不为外界所动。巨野泽中已经聚集了一百多年轻人，这些年轻人去投奔彭越，对他说："恳请您做我们的大王。"彭越拒绝了。年轻人们再三恳求，彭越才答应，却和年轻人们约定，第二天日出时集合，迟到的杀头。年轻人们点头哈哈笑着散去。

一夜无话，转眼到了第二天，日出时，有十几人迟到，最晚的中午才到。见此彭越有些遗憾地说①："我年纪大了，你们却一定要我当你们的大王。我们约定时间会齐，却有那么多人迟到。不能都按约杀死，那就只杀最晚到的一人吧！"

彭越命令一个小头目去杀掉那个最晚到的人，小头目没执行，众人却都嬉笑着说："哪能真杀头，以后不敢再犯就行了。"

彭越亲自动手把那个人拉出去斩了。然后设立祭坛，祭天盟誓，号令部下。那些年轻的部下们先是非常吃惊，然后是十分畏惧，都不敢抬头看彭越了。于是，彭越开始训练他们，待时机成熟以后，彭越率众攻取地盘、收编各国的散兵游勇，很快就达到了一千多人。彭越虽然出自草莽，却治军严谨，军中有约，违令者斩，使得在巨野泽聚集的一千余人，人人对他畏服。

此前彭越一直采取观望的态度，直到项羽在巨鹿大败秦军之后，秦王朝的败局已经明显，彭越才率众加入到群雄角逐的行列中。

彭越听说过刘邦其人，早就有了与刘邦结交的想法。当刘邦来到昌邑县城时，彭越就求见刘邦，并派兵援助刘邦进攻。虽然最后没有攻下昌邑，但是刘邦与彭越却结下了深交。刘邦率兵西去，彭越便率领部下继续驻扎在巨野泽中，收编魏国的散兵游勇，竟然也聚集兵众万余人。等到刘邦和项羽争夺天下，楚汉战争进行到关键时刻，彭越的协力出兵，竟然成了决定胜负的关键因素之一。当然，这是后话了。

秦二世三年（前207年）二月，刘邦在昌邑的进攻受阻，而此时刘邦得知项羽在巨鹿之战中已经打败了秦军，因此刘邦不在

---

① 《史记·魏豹彭越列传第三十》记载：于是越谢曰："臣老，诸君强以为长。今期而多后，不可尽诛，诛最后者一人。"

昌邑恋战，而是立即率军回师向陈留方向进军。实际上，从此刻开始，刘邦所率的西路军才真正进行的是西向攻取关中的行动。

刘邦之所以选择此时才开始西进，一是因为章邯军已经大败而逃，秦军已经无力袭击楚国的都城彭城；二是因为经过前一阶段的辗转收编、休整，刘邦的手下已经聚集了三万余众的强兵；三是因为刘邦要确保自己要先入关中，不能让项羽等其他人抢先。

刘邦军西进关中的行动路线是沿着三川东海道西去，也就是重走两年前周文（周章）军的进军路线，由陈留、开封、荥阳、洛阳、渑池方向，在夺取函谷关之后进入关中，力求尽快直接到达并攻取咸阳。

刘邦率军抵达陈留县高阳邑驻扎下来。

刘邦喜好结交天下英雄豪杰，善于与他人一起共事。刘邦军每到一地驻扎下来后都会访求贤士，网罗怪才奇人，为己所用。有一天，一位骑士向刘邦禀告，有一位叫郦食其的人求见。

郦食其，陈留县高阳邑（今河南杞县）人，虽然家境贫寒，但好读书、有辩才，蛰居乡间一直郁郁不得志。他不擅长耕耘劳作，也不能经商置业，已经年过半百还只是一位里门的门监，勉强混口饭吃。然而，虽然地位卑微，他却喜欢高冠儒服，始终保持着一副穷酸的名士相。对大户人家、强人豪杰，他也从来不喜低身逢迎。

郦食其闻听武安侯来到高阳邑，预感到自己出人头地的机会到了。

正好刘邦军中有一骑士是高阳人，当这位骑士回家探亲时，郦食其就找到了这位同乡说："我听说武安侯傲慢而看不起人，但他有许多远大的谋略，这才是我真正想要追随的人。拜托你，向武安侯引荐一下如何？"

骑士问郦食其："那我怎么向武安侯介绍你呢？"

郦食其回答："你就说，我的家乡有位郦先生，年纪已有六十多岁，身高八尺，人们都称他是狂生，但是他自己认为并非狂生，而是儒生。"

骑士说："武安侯不喜欢儒生，许多人头戴儒生的帽子来见他，他就立刻把他们的帽子摘下来，在里边撒尿。在和人谈话的时候，动不动就破口大骂。所以你最好不要以儒生的身份去见他。"

郦食其说："诸将路过此地的有很多，我看只有武安侯的度量大，你只管像我教你的那样说就行。"

骑士说："那我回去就像你教的那么说，如果武安侯不见你，可别怪我。"

郦食其自信地说："好。不怪你。武安侯肯定会召见我。"

骑士回军之后，就把郦食其说的话，原封不动地告诉了刘邦。听了骑士的话之后，刘邦果然对郦食其这个人产生了兴趣，答应可以见一见郦食其。

郦食其被召见时，刘邦正坐在床边令两位女子给他洗脚。郦食其见状，十分不满，也不叩拜，只作一个长揖，直接斥责道："武安侯是想帮助秦国攻打诸侯，还是想率领诸侯灭掉秦国呢？"①

刘邦回骂道："你个混账儒生！天下人同受秦朝的苦已经很久了，所以诸侯们才陆续起兵反抗暴秦，你怎么说我会帮助秦国攻打诸侯呢？"

---

① 《汉书·高帝纪第一上》记载：沛公方踞床，使两女子洗。郦生不拜，长揖曰："足下必欲诛无道秦，不宜踞见长者。"于是沛公起，摄衣谢之，延上坐。

郦食其说:"如果你下决心聚合民众,召集义兵来推翻暴虐无道的秦王朝,那就不应该用这种倨慢不礼的态度来接见长者。"

刘邦闻听此言,微微一笑,知道此人所传非虚,便起身道歉,整理好衣衫后,请其上座,以礼接待了郦食其。

刘邦向郦食其求问西进关中的策略,郦食其说:"目前,武安侯所有兵马不足万人,如果直接西进攻取关中,无异于虎口夺食。陈留城地处交通要道,不仅四通八达,而且城中粮食储备丰富。陈留县令是我的熟人,我愿意入陈留劝降县令。如果县令肯降,那就是大好事。如果县令不肯降,那武安侯你就举兵进攻,我在里面当内应。我们里应外合,陈留可下。"

刘邦听从郦食其的计策,封郦食其为广野君,让郦食其先进陈留县城,自己统领大军紧随其后,一举夺下了陈留,得到了大量补给。

郦食其有个弟弟名叫郦商,在陈胜起兵时,郦商也聚集了数千人响应。刘邦将郦食其收入麾下,郦商率军四千多人,也加入了刘邦的队伍。

这样,刘邦得到了一文一武的郦氏两兄弟,可以说是如虎添翼。

秦二世三年(前207年)三月,刘邦令郦商为将,统率陈留收编的人马,进攻大梁县(今河南开封西南),由于秦军顽强抵抗,未能攻下。

刘邦率军避开大梁县,向北上进入东郡,再绕道西进,并与秦将杨熊所率秦军,在白马津展开了激战。随后又追击杨熊败军到了曲遇(今河南中牟),再一次大败秦军,秦将杨熊败走。杨熊逃到了荥阳,后来秦二世派使者斩杀了杨熊。

3. 宛城受降

秦二世三年（前207年）四月，刘邦追击秦将杨熊所率领的秦军到了荥阳之后，由于荥阳城十分坚固，一时难以攻克。因此刘邦放弃进攻荥阳，又率军南下进入颍川郡。

在颍川郡，刘邦与韩王成和张良会师。

此前，张良劝项梁立韩成为韩王，并跟随韩王成西至韩地略地。然而，一年多来，所略之地每占辄失，始终没有打开局面，因此张良和韩王成一直游兵于颍川一带。刘邦之所以率军进入颍川郡，主要目的就是与张良会合。

刘邦与张良会合之后，不仅军威大振，而且最为关键的是，刘邦获得了张良这位重要的谋臣，使刘邦一下子如虎添翼，先入关夺取关中的信心倍增。果然，在张良的谋划之下，刘邦一举攻下了颍川郡治阳翟（今河南禹州），并对顽强抵抗的秦军实施了屠城。

这时，赵国别将司马卬率领一支赵军，由上党郡方向南下，进入到平阴县（今河南孟津）的黄河北岸。有动向表明，司马卬想渡河进入三川郡，走三川东海道西取函谷关，然后进入关中。

得到这个消息，刘邦立即率军由颍川北上，攻克平阴县，封锁了黄河渡口，迫使赵将司马卬放弃了渡河入关的打算。从主观上来说，刘邦军此举是不愿意攻取关中的功绩被司马卬夺去，而客观上来说，却使秦国的章邯军再一次转危为安。

随后，刘邦率军南下到达三川郡治洛阳。在洛阳东刘邦军与秦军交战失利，这也迫使刘邦不得不放弃由洛阳直接西进，经新安、渑池一线，夺取函谷关进入关中，而是迂回南下。

刘邦率军由洛阳经轩辕道（今河南偃师东）退回颍川郡，期间从沿途收集军中战马。之后，留下韩王成在阳翟留守，而刘邦则带上张良领兵往南阳郡方向移动，准备夺取南阳西部的武关，走商洛道攻入关中。

秦二世三年（前207年）六月，刘邦率军南下攻击南阳。在颍川郡和南阳郡交界的犨县（今河南平顶山西南）东，与南阳郡守齮大战，大破驻守南阳郡的秦军。南阳郡守齮率军败走，退守南阳郡治宛城（今河南南阳）。

刘邦急于西进入关，无意在宛城停留攻坚，而是想绕过宛城直接西进。

张良觉得不妥，劝谏说[①]："您虽然着急想要进入关中，但是秦军兵力还很多，并且前后据险而守。如果今天攻不下宛西就离开，那么有强大的秦军在前面围堵，宛城方面又从后面攻击，这样一来，我们就会腹背受敌，因此这是一条危险的道路啊！"

刘邦接受了张良的建议，在夜晚引兵从另一条道路向宛城返回。全军偃旗息鼓，天还没亮就将宛城团团围住。

刘邦突然大军压境，南阳郡守齮深知，此时他已经无人可以求援，也无路可退，再战也只是死路一条，还要牵连士卒和无辜百姓，因此，齮就想自杀，一人承担失败所带来的一切。

这时门客陈恢劝阻齮说道："还没到死的时候。"

南阳郡守齮眼睛一亮，问道："你难道还有活命之法吗？"

[①] 《汉书·高帝纪第一上》记载：沛公过宛西。张良谏曰："沛公虽欲急入关，秦兵尚众，距险。今不下宛，宛从后击，强秦在前，此危道也。"

陈恢说："我去楚营拜见武安侯，或许可以请求武安侯答应我们有条件地向楚军投降。"

南阳郡守齮决然地说："只要能保全宛城百姓不受屠戮，其他一切条件都可答应，有必要的话，让我赴死也在所不辞。"

陈恢出宛城，来到楚军驻扎的大营，面见刘邦说："小臣听说足下①身受怀王之约，先入关中者为王。而今足下围攻宛城。宛城及南阳诸县有数十城池，守卫的将士自以为战也是死，降也是死，因此人人都会登城拼死一搏，固守死战。足下如果整日强攻，双方伤亡一定会很大，如果放弃攻宛而引兵向西，宛地的秦兵可能会尾追于后。足下进攻宛城，则延误了先机，放弃宛城，则会留下了后有追兵之患。现在小臣为足下着想，建议足下不如允许宛城守军投降，封郡守为侯，仍然命其驻守原地，而将其兵力调出，成为足下之兵，一起向西进军。这样，前方还没有攻下的城邑，一定会闻风响应而迎接足下，那么足下便会顺利通行而无后顾之忧了。"

刘邦闻听陈恢之言，击掌大笑着对陈恢说："妙啊！"

刘邦接受了陈恢的提议，陈恢回城复命。

秦二世三年（前207年）七月，南阳郡守齮开城投降。刘邦顺利进入宛城，受降宛城。

刘邦受降宛城之后，遵守约定，安抚全城百姓，不动一草一木。封南阳郡守齮为殷侯，继续担任南阳郡守。陈恢劝谏有功，封食

---

① 《汉书·高帝纪第一上》记载：乃逾城见沛公，曰："臣闻足下约先入咸阳者王之，今足下留守宛……诸城未下者，闻声争开门而待足下，足下通行无所累。"

邑千户。

宛城受降，刘邦接收宛城之兵，使兵卒人数进一步扩充，队伍力量进一步增强。随后，刘邦立即带兵西进。

正如张良和陈恢所说的那样，有了宛城的先例，接下来，刘邦沿途所到之处，城池全部请降。

刘邦率军到了丹水（今河南淅川）时，高武侯鳃[①]、襄侯王陵此时也已经逼降了秦朝南郡的西陵县。

青少年时期的刘邦为游侠时，在沛县曾追随在县侠王陵的身边。当刘邦在沛县起兵时，王陵也同样起兵，以厩将的身份另率人马向北平定东郡的魏国旧地，然后又往西进军平定南阳郡。

在南阳郡刘邦和王陵兵合一处，顺利攻下南阳郡，之后两军又一起抵达灞上。刘邦进入咸阳时，王陵以欲搭救阳武县人张苍为由，聚集一直追随自己的几千人，驻扎在南阳郡。王陵与雍齿一样都是沛县的豪强出身，从内心深处来说，王陵也是不愿意从属刘邦的。

刘邦回军攻胡阳时，又遇到了番君吴芮的部下梅鋗，梅鋗又协助刘邦攻下了析（今河南西峡县）、郦（今河南南阳西北）两座城池，两城投降。

刘邦率军所过之处，严令禁止烧杀掳掠，秦地百姓十分高兴。

与此同时，秦二世三年（前207年）从一月至七月，北部战场，秦将章邯率秦军一直与项羽统领的诸侯国联军艰苦地进行拉锯战。对于章邯来说，诸侯国联军的强大不是最可怕的，最让他崩溃的

---

① 《史记·高祖本纪第八》记载：至丹水，高武侯鳃、襄侯王陵降西陵。另外，西晋尚书郎严灼认为"高武侯鳃"与"戚鳃"是同一个人。戚鳃，为西汉开国将领之一，后被刘邦封为临辕侯。

是来自秦王朝内部朝局的变化。

此时的秦二世王朝，左丞相李斯，右丞相冯去疾、将军冯劫等一批老臣都已经被处死，赵高出任丞相执掌朝政。章邯不仅外受项羽攻击，没有援军，而且内失依靠，开始受到怀疑、猜忌和谴责。章邯前后失据，决定派长史司马欣专程前往咸阳，一是向朝廷解释战败的原因和战场的情况；二是请求增援。

司马欣到了咸阳以后，直接前往咸阳宫求见二世皇帝，然而，请谒递进去以后，司马欣连续三天到宫廷外门等候召见。一天、两天过去了，没有消息，到了第三天时，仍然音讯皆无，司马欣心想：大事不妙啊！司马欣决定立即赶回军中。返程时，为了以防万一，司马欣放弃了大路，改走小路，绕道回章邯军大营。事实证明，司马欣的判断是准确的。司马欣回营立即向章邯汇报说："赵高专权，如今朝廷上已经没有可以担当的人了。将军如果胜，则必定遭嫉妒，如果败，将军必死无疑。何去何从，请将军深思啊！"

就在双方苦战、和战交替上演之时，项羽出了一招奇兵，帮助章邯下定决心。项羽派遣蒲将军领兵，日夜兼行，迂回从漳水上游的三户津（今河北磁县西南）强行渡过漳水。蒲将军突破秦军的防线，在漳水南岸抢滩筑工事，在交战中击败秦军，稳住了阵地。然后项羽率领全军迅速向西移动，在漳水的支流汙水（今河北临漳西）一带大败秦军，迫使章邯军放弃漳河防线，退守洹水。

就在此时，赵国将军瑕丘人申阳，统领赵军的一支别部，由孟津强行渡过黄河进入了三川郡，攻克了洛阳和新安之间的河南县，切断了章邯军往来黄河走山阳东海道连接关中的唯一通道，完成了对章邯军的战略包围。

秦二世三年（前207年）七月，走投无路的章邯向项羽投降。

项羽和章邯筑坛结盟，歃血起誓，签订约降协定。项羽许诺，待攻破关中以后，立章邯为雍王治秦。随后，章邯先被安置在楚军大营随同项羽一起行动，而任命对项氏家族有恩的司马欣为上将军，统领秦军。

4. 秦二世亡

在西进十分顺利的情况下，刘邦又下了一道命令：本部军所过之处，一律不得掳掠施暴，并且明令禁止报复秦人、残破秦土的做法。于是，秦国军民欢喜，民心所向，纷纷归附刘邦。

秦二世三年（前207年）七月，就在秦将章邯投降了项羽之时，刘邦率本部楚军进军到了关中的南大门——武关东面，并派遣魏国人宁昌为使者，去秦都咸阳出使二世朝廷，实际上就是去约见把持朝政的丞相赵高。

那么，此时的秦二世王朝又是什么状况呢？

秦末之乱以来，秦军主力共有三支：一支在南，是由任嚣和赵佗统领的南部军；一支在北，是由王离统领的北部军；一支在中，是由章邯统领的中部军。

长江以南的南部军，早在各地起兵反秦以后就归附楚国；北部的王离军，在被项羽歼灭以后，黄河以北都是燕赵旗帜；中部的章邯军，在章邯投降项羽以后，长江与黄河之间的秦地就分别归属楚、齐、魏、韩等国了。也就是说，此时的秦二世王朝，除了蜀汉关中本土以外，已经没有国土可以依托，也没有军队可以调动。

秦王朝大厦将倾，如此危急的形势，此时，也许除了只知享乐的秦二世胡亥以外，秦国人都看明白了这一点。

秦王朝瓦解之势已定，项羽以秦军为先导入关的意图也已经很明显。而尽早进入关中，占领咸阳，按照"怀王之约"可以做秦王，也是刘邦的理想和目标，因此，为了抢时间，刘邦与张良等人商议，决定派宁昌火速到咸阳面见赵高。

刘邦给赵高开出的条件与项羽给章邯的条件如出一辙。刘邦约降赵高的条件是：赵高杀秦二世，打开武关大门。刘邦军入关后，分割旧秦领土为两个国家，由赵高和刘邦分别称王统治。

赵高听了刘邦的使者宁昌给他开出的条件，心动了。然而此时的赵高还只是权臣，并不是皇帝，各位文臣武将能不能听他的，赵高还不是十分有把握，因此为了万全起见，赵高就导演了一出"指鹿为马"来进行试探。

秦二世三年（前207年）八月的一天，赵高让人将一头鹿牵进宫殿。赵高指着鹿对秦二世说："这是一匹马。"

秦二世哈哈大笑道："这是鹿不是马。丞相弄错了吧？"

赵高继续坚持说："没错啊，这就是一匹马啊！"

秦二世环顾左右的贴身近侍，问道："这明明白白是一头鹿，丞相非说这是一匹马，你们说说，这是鹿还是马？"

近侍们当然都知道这是一头鹿。然而对于丞相为什么指鹿为马的原因，搞不清状况的干脆沉默不语，而大多数人都想曲意逢迎赵高，因此就随声附和地说是马。当然也有个别刚直不阿或与秦二世胡亥贴心的人，说那是鹿。

众口一词地指鹿为马，让秦二世胡亥开始怀疑自己是不是有毛病了。当天晚上，秦二世胡亥便噩梦不断。不仅如此，此后怪事接连不断地出现，搅得秦二世胡亥简直就是寝食难安了。于是，丞相赵高提议传太卜[①]进宫来占卜，秦二世胡亥立即就让赵高宣太卜进宫。太卜解梦说："陛下奉宗庙鬼神，斋戒不明，今泾水之神作祟，才有此不祥之预兆。"

秦二世举棋不定，赵高又趁机说："鬼神不享，天且降殃，应远离咸阳宫以禳息灾难。"

一直以来，对赵高之言秦二世胡亥都是言听计从，这次更不例外。因此秦二世胡亥立即离开位于渭水之北的正宫咸阳宫，移居到了咸阳北郊的离宫望夷宫。

望夷宫，临近泾水而建，可以遥望北方夷翟，宫殿因此而得名望夷。

赵高将秦二世胡亥诱骗到望夷宫，就是想将秦二世胡亥孤立和封闭起来，进一步收紧秦二世胡亥的消息通道，从而彻底地掌控朝权。

赵高掌控朝权以后，对当初指鹿为马时敢于指认说是鹿的人，借故抓捕入狱或处死。赵高还故伎重施，以试探的方式，将有意自佩玺印称王的想法呈给众大臣和将士们，试探的结果是难以得到支持。于是赵高只得改变策略，他与弟弟赵成、女婿阎乐密谋说："陛下不听劝告，如今事已危急，想要嫁祸我们的家族，我打算废掉二世，另立公子婴为皇帝。公子婴仁爱俭约，百姓都听他的话。"

---

① 太卜，周朝称大卜，官阶下大夫，掌阴阳卜筮之法，通过卜筮帮助天子决定诸疑，观国家之凶吉。秦时沿袭周。随着人类知识见长，此类官职的等级一再下降。西汉时期，太卜仅仅是太常诸署之一。

自从秦二世胡亥移居到望夷宫以后，赵高认为皇帝已经远离朝廷被封闭起来，因此也不再时刻直接监护皇帝了。这对于秦二世胡亥来说，反而觉得是一种解脱和自由。同时，朝堂上下的一些消息，便有机会传进了秦二世胡亥的耳中。也许秦二世胡亥不论听到什么，都还和过去一样不管不问，只顾享乐快活，那么他的生命也许就不会立即终止。到这时胡亥才感觉到了前所未有的不安，并且他竟然派人去咸阳向赵高求证。可以说，秦二世胡亥此举，加速了自己的死亡，因为这等于告诉赵高，必须一不做二不休了。于是，赵高决定立即发动政变，诛杀秦二世胡亥。

秦二世三年（前207年）八月，赵高在弟弟赵成和女婿阎乐的帮助下，发动了宫廷政变。

赵成，时任郎中令，掌管皇帝的侍从内卫。阎乐，时任咸阳县令，掌管着咸阳县兵，而望夷宫就在咸阳的辖区内。

阎乐按计诈称咸阳境内有盗贼，以缉盗的名义征发一千余名咸阳兵来到望夷宫，想要强行进入宫中与赵成里应外合，杀死秦二世胡亥。当阎乐来到望夷宫门前时，受到了卫士令和卫士仆射的盘问，正交涉之际，阎乐突然下令手下兵士将卫士令和卫士仆射两人抓住，并且不由分说斩杀卫士令，强行攻入宫中。

阎乐与赵成会合之后，立即令士兵用弓箭攻击秦二世胡亥的寝宫。秦二世胡亥大怒之下，召集伺候在左右的宦官进行抵抗，然而到了这个时候，哪里还有人愿意抵抗，宦官早就四下逃散了。当秦二世胡亥狼狈地逃入内室时，身边就只有一名宦官跟随。

秦二世胡亥无奈地责问这位宦官："为什么不早将实情相告于朕？"

宦官无奈地粲然一笑回答道："如果早进言，那么早就被陛下您给诛杀了，哪里还有命在啊！"

听了宦官的话，还没等秦二世胡亥反思自己此前的言行，阎乐就带兵站在了他的面前。阎乐对秦二世胡亥说："你骄横纵恣，屠杀吏民，简直是无道至极，如今天下人一起背叛了你，摆在你面前的只有一条路，你还是自我了断吧！"

此时的秦二世胡亥，对一直以来自己所倚重的恩师赵高，还是抱有幻想的。他不相信，也不愿意相信赵高会杀他，于是对阎乐说："朕可以见见丞相吗？"阎乐简捷地回答："不可以。"

秦二世胡亥便退而求其次，说："朕，不，我，我让位，不当皇帝了，我希望得到一个郡，我离开咸阳去做一郡之王就行。"

阎乐用带有怜悯的眼神看着胡亥，只是摇摇头，没发一言。胡亥说："那我愿意做万户侯。"阎乐仍然摇头不说话。胡亥便卑微地哀求说："那我希望和妻子儿女成为平民百姓，和那些公子们一样。总行了吧？"

尽管胡亥把自己从皇帝降到了庶人，阎乐却不为所动地说："我受命于丞相，替天下百姓处死你，虽然你说了很多话，但我却不敢将你的话向丞相禀告。"

阎乐持剑指挥他的士卒向胡亥逼近，打消了秦二世皇帝胡亥一切想活命的念头。得知只有死路一条的那一刻，胡亥突然就不再说话了。浑浑噩噩地当了三年皇帝，也许在走向死亡的最后时刻，胡亥的心里一定在自我反思：怎么才会走到现在这一步的呢？

胡亥被赵高推上了皇位，又被赵高逼迫自杀身亡。实际上，没有人能知道当胡亥被逼自杀时心里究竟想了什么？秦二世胡亥二十岁继位，仅仅当了三年皇帝，死时年仅二十三岁。

胡亥自杀之后，阎乐回来向赵高禀报，赵高立即就召集所有文武大臣和王孙公子，告诉他们二世皇帝已经驾崩的消息。赵高说："秦本来是诸侯王国，始皇君临天下，所以号称皇帝。现在六国又都各自建立政权，秦国的疆域日益缩小，如果仍然称帝，就是空有其名。我认为应该像过去一样称王比较合适。"

到了这个时候，诸大臣与王孙公子们想到赵高连皇帝都敢杀，就没有人敢于与赵高唱反调了。于是，按照赵高的提议：一是以庶人的礼仪草草地埋葬秦二世胡亥；二是取消了皇帝称号仍称秦王，并立公子婴为秦王。

秦二世胡亥当皇帝时，曾以残暴的手段催促修建皇陵，死后却落得只以庶人之葬仪，被草草地掩埋于杜县南部的宜春苑中（今西安市雁塔区曲江乡江池村）。

5. 先入关中

秦二世三年（前207年）八月，赵高逼迫秦二世胡亥自杀。

赵高逼迫秦二世胡亥自杀后，改皇帝称号为秦王，此举是应了刘邦约降的条件。随后，赵高便派使者将弑杀了秦二世胡亥的消息向刘邦汇报，并交涉想要刘邦按约定平分关中。

刘邦与张良等人商议。张良等人认为，不能排除赵高是在使诈的可能，因此不能相信赵高。于是刘邦没有与赵高如约分王关中，而是用张良之计，派郦食其、陆贾出使武关（今陕西丹凤县武关镇），去游说驻守武关的秦将投降，然后，刘邦率军突袭并夺取了武关，进入秦地。

秦二世三年（前207年）九月，在咸阳的赵高，一边等待使者回报刘邦方面的消息，一边立公子婴为秦王，而赵高自己则仍然任丞相，辅佐国政。因为在没有完全取得王公大臣们支持的情况下，赵高不敢贸然自己称王，只得先立公子婴为秦王，以稳定局势。

赵高对公子婴说要依照王位继承的礼仪，让公子婴在家斋戒五日，然后再前往宗庙告祖祭祀，接受秦王玺印，正式宣告即位。

公子婴[①]，此时三十多岁，是秦朝王室中一位贤者。当秦二世胡亥受到赵高的怂恿准备诛杀蒙恬、蒙毅兄弟及其家族时，公子婴曾经挺身劝谏。虽然最后仍然没能保全蒙氏一族，但公子婴在满朝文武大臣及王族宗室中却得到了相当大的尊重和声望。

公子婴很清楚自己目前的处境，他不相信赵高。在家斋戒时就与两个儿子和亲信侍从韩谈商量说："赵高在望夷宫杀死二世皇帝，害怕群臣诛伐他，才假借大义，立我为王。据说赵高已和楚有密约，灭秦宗室分王关中。如今让我斋戒后前往宗庙，无非就是想在宗庙中杀了我。我就装病不去宗庙，一定逼赵高亲自前来询问，来则杀之。"

五天之后，赵高数次派人去请公子婴前往宗庙，公子婴一直借故不去。

果然，赵高就亲自上门来见公子婴。

赵高与公子婴就在斋戒的宫室里见了面。一见面，赵高就说："宗庙大事，王上怎么不去？"赵高的话音未落，侍立在一旁的韩谈跨上一步，不由分说地就一剑将赵高刺死。

---

① 《史记·李斯列传第二十七》记载：高自知天弗与，群臣弗许，乃召始皇弟，授之玺。《史记·秦始皇本纪第六》记载：立二世之兄子公子婴为秦王。

秦二世三年（前207年）九月，公子婴正式即位为秦王。

公子婴即位为秦王，立即着手清除赵高党羽，诛灭赵氏宗族，在咸阳示众。同时，重新组建秦朝廷，并诏告各地安定民情，急令前线坚守据敌，试图挽救秦国濒于毁灭的命运。

在得知刘邦军已经进入武关的消息后，秦王子婴遣将令成卫京师的部队前往峣关（今陕西商州西北）[①]和蓝田（今陕西蓝田县西）一带设防，以阻止刘邦军进入关中。

然而，一切都为时已晚。

在夺取了武关之后，刘邦一面率军向西进入商洛道，一面令郦商别将攻取了秦的汉中、巴、蜀等地。

随后，刘邦大军到达峣关。原本刘邦想要率军强行攻击峣关，然而张良却劝谏道："目前秦守关的兵力还很强大，不可轻敌。"

刘邦想要先入关中，因而心急如焚地问："子房，那怎么办？"

张良就向刘邦献了一个智取的妙计，说："据说峣关的守将是一位市侩小人，只要用点儿财币就可以将他打动。您可以先派遣一支人马，预备五万人的粮饷，并在四周山间上增设大量军队的旗号，虚张声势，作为疑兵。然后再派郦食其、陆贾多带一些珍宝财物，前去劝诱守关的秦将，事情就可能成功了。"

刘邦依张良计而行，峣关守将果然献关投降，并表示愿意和刘邦联合进攻咸阳。郦食其、陆贾回来一汇报，刘邦大喜，就想要答应，张良却认为不可，并冷静地分析道："这仅仅是峣关的守将想叛秦，然而他的部下士卒未必服从。如果士卒不从，后果将不堪设想。

[①] 峣关，古代南阳与关中的交通要隘，易守难攻，秦时是通往秦都咸阳的咽喉要塞，也是拱卫咸阳的最后一道关隘，因此派有重兵把守。

— 83 —

不如乘秦兵懈怠之机消灭他们。"

于是，刘邦率兵向峣关发起突然攻击，结果秦军大败，放弃峣关，败走退守蓝田（今陕西蓝田县西）。刘邦乘胜追击，引兵绕过峣关，穿越蒉山，沿丹水进至秦都咸阳附近的蓝田。

虽然秦王子婴组织了所有的力量与刘邦军大战于蓝田，但是最后仍然惨败。刘邦在蓝田又大败秦军。

汉元年（前207年）十月[①]，刘邦率大军继续西进，沿灞河而下，直奔咸阳而来。当刘邦率军抵达咸阳东南郊外的灞上（今西安市东25里）地区时，秦王子婴已经无兵可用，无险可守，因此秦王子婴想重振秦国，守住秦国一方土地的愿望彻底破灭。眼见刘邦所率领的楚军兵临城下，大势已去，秦王子婴只好以绳系颈，手捧着封存的皇帝御玺符节，乘素车白马，带领百官出城到灞河西岸的轵道（今陕西西安城区）旁，向刘邦献上了传国玉玺，并打开城门，迎接刘邦军入城。

秦国自秦襄公八年开国以来，延续了五百七十一年的历史到此结束。秦王朝也至此灭亡。从秦始皇开始的一统天下的秦王朝，共享国十五年零四十七天，而秦王子婴，在位仅不到两个月。

刘邦从奉楚怀王之命西进，到进入关中，直至迫使秦王子婴投降，历时仅仅一年。由于刘邦多次在关键时刻采纳了张良的计策，保证了军事上的顺利进军，从而赢得了时间，终于比项羽抢先一步进入关中。

---

① 秦、汉初时期使用的是颛顼历，以十月为一年的开端，即十月为颛顼历元月。根据史学界的说法，秦朝灭亡的时间是汉元年1月，即夏历甲午年十月，也是公元前207年11月（因颛顼历上一年闰九月，使对应的公元纪年向后推了一个月）。

刘邦接受秦王子婴的投降之后，诸将中就有人向刘邦建议诛杀秦王子婴。然而刘邦并没有采纳。刘邦对诸将说："怀王派遣我奉约入关，是因为我能宽容待人。已经降服而加以杀害，乃是不祥之事。"于是，刘邦将秦王子婴交由部下看管，并嘱咐部下一定要以礼善待。

实际上，刘邦思虑得很长远。此时的刘邦已经在考虑战后组建新朝廷的问题了。刘邦深知，秦王子婴的归附，代表了秦国官民的归附。善待秦王子婴，一是当下可以安定秦国军心民心；二是将来可以利用秦王子婴的威望来治理秦地。不仅仅对秦王子婴如此，对秦国的宗室大臣，刘邦也一律宽赦不杀，并下令各级官吏各司旧职保持不变。当然，前提是要听从刘邦军的统一指挥。

就在刘邦先入关中接受秦王子婴投降的同时，项羽在打败并迫使章邯投降之后，也领兵浩浩荡荡地直奔关中而来。然而，同样是受降，项羽与刘邦的做法却是有着天壤之别。

跟随项羽向关中而来的，除了项羽直接统领的楚军主力之外，还有张耳、司马卬、申阳率领的三支赵军，田间、田角、田安、田都率领的三支齐军，臧荼率领的燕军，魏豹率领的魏军，与章邯一起投降的二十万秦军，共约有六七十万人。

六七十万人的各诸侯国联军，虽然表面上看声势浩大，但是各怀心腹事，特别是新投降的秦军士卒与其他各诸侯国的士卒之间一直纠纷不断。

曾几何时，不论是来关中做苦役的徭夫，还是经过关中到边境服役的戍卒运夫，都受到秦国官吏士卒的区别对待，甚至是侮辱欺负，但他们当时也只能是忍气吞声。然而，如今乾坤扭转，秦军成了战败的降者。这样的两支有着宿怨的人马在一起行军，冲突时常上演着。时而,诸侯军的官兵像对待奴隶和俘虏那样驱使秦军官兵,时而,没有理由地随意折磨侮辱秦军官兵。诸侯国联军士兵的报复性挑衅和侮辱,引起了秦军将士极大的不满。

项羽统领七个诸侯国的六七十万人马渡过黄河,抵达河南县一带。此时,项羽打败章邯统领七国联军已经过去了三个多月,由于秦军与其他诸侯国军之间的矛盾不断升级,甚至已经到了剑拔弩张的地步,因此七国联军一直在河内三川一带徘徊停留,走走停停,无法快速前进。

汉元年(前207年)十一月,当联军终于接近关中,抵达新安县(今河南渑池)时,秦军士兵私下里纷纷抱怨说:"章邯等将领欺骗我们投降诸侯军。如今,如果能够入关破秦,当然没事;如果不能,诸侯军俘虏我们东去,秦势必诛杀我们的父母妻儿。"秦军军心开始出现了动摇,骚动的情绪开始蔓延。

秦军的动向被诸侯军的将领们听到,很快就被上报给了项羽。项羽意识到问题的严重性,考虑到事关重大,不适合召集众将商议,因此项羽只找来黥布和蒲将军两位猛将商量此事。三人商议的结果是:二十万原秦军官兵如果心存不满,到了关中不听从命令,事情便岌岌可危了,不如杀掉他们,永绝后患,只留下章邯、长史司马欣、都尉董翳一起入关即可。于是在项羽的授意下,黥布和蒲将军率领本部人马秘密行动,在一个月黑风高的夜晚,突然袭击了秦军大营。二十万秦军降卒有许多还在睡梦中就做了刀下之鬼,然后又被就地坑埋于新安县城之南的荒野之中。

当范增等谋臣得知此事时,为时已晚,不禁扼腕叹息。

二十万秦军降将,背后牵连着的是数以百万计的秦民。在处置降服秦军的问题上,项羽谋于猛将而不议于谋臣,将政治问题用军事手段来处理,从而,在秦国人民心中埋下了仇恨项羽的种子。

可以说,新安坑杀降卒,使项羽失去了整个秦国,断绝了项羽入关以后在关中立足的可能。甚至,在以后的楚汉战争中,秦国军民死心塌地追随刘邦与项羽血战,秦人秦军成为刘邦的主力,根源就在这里。也可以说,新安坑杀秦军降卒,是项羽一生中的最大失误,是项羽由盛而衰的转折点。

6. 约法三章

刘邦领军,破武关,克峣关和蓝田,在秦二世三年(前207年)十月进入咸阳,接受秦王子婴的投降,接受了传国的玺印,实现了先入关中灭秦的战略目标。

再次踏上咸阳的街头,刘邦真是感慨良多。

接受着人们翘首向他仰望的目光,刘邦似乎在人群中发现了曾经的自己。曾几何时,他也只是富丽繁华的咸阳街头一个仰望皇帝车马仪驾的看客和徭役。遥想始皇帝出行时的盛况和自己当时的心语,言犹在耳,没想到豪言壮语竟然得以初步实现。

那一刻,刘邦只想停下来,在咸阳好好享受一番万人瞩目的感觉。

刘邦进入秦宫,望着数以千计的美女、贵重宝物,以及富丽堂皇的宫室、帷帐、狗马,心里想:就留下来住在这里吧!

刘邦有如此心态,跟随刘邦而来的将士们何尝不是呢!

将士们更是兴奋得难以自抑,他们一下子都涌进了秦宫和仓库掠夺珠宝财物，闯进街头巷尾寻找妇女。

见此情景，张良意识到了问题的严重性，立即找到樊哙商议此事。

樊哙是早年与刘邦一起亡命芒砀山和在沛县起兵的老将，此时与刘邦又多了一层姻亲关系。碍于情面，有些话张良不好说出口，正好可以由心直口快的樊哙来说。

张良和樊哙两人达成一致后，立即来到秦宫面见刘邦。

樊哙首先劝说刘邦要注意天下还没有平定，别忘了秦的前车之鉴。然而，刘邦根本听不进去。

张良说："因为秦皇暴虐无道，所以您才能来到这里。为天下铲除残贼，应该以简朴为本。现在您刚入秦宫，就想耽溺在享乐之中，这样做了，您不就是'助纣为虐'了吗？况且'忠言逆耳利于行，良药苦口利于病'①，希望您能听进去樊哙的话。"

在张良和樊哙两人晓之以理、言明利害的轮番劝阻之下，终于说服刘邦，使得刘邦认识到了问题的严重性，打消了入驻秦宫的想法。

于是，刘邦下令查封秦宫中所有的珍宝、财物和库房，率全军还回到灞上驻扎安营。

当所有人都把目光盯着珠宝美女的时候，有一个人却领兵进入了秦丞相府和御史府，这个人就是时任刘邦郡丞的萧何。

萧何负责文牍后勤工作，又是一位颇具经邦治国远见的人。

---

① 《史记·留侯世家第二十五》记载：沛公入秦宫，宫室帷帐狗马重宝妇女以千数，意欲留居之。樊哙谏沛公出舍，沛公不听。良曰："夫秦为无道，故沛公得至此，夫为天下除残贼，宜缟素为资。今始入秦，即安其乐，此所谓'助纣为虐'。且'忠言逆耳利于行，毒药苦口利于病'，愿沛公听樊哙言。"

萧何进入秦丞相府和御史府，不为珠宝财物，当然也不是为了女人，他只将目光盯在了秦宫中的法令文书、档案图录等文牍上，并将这些带回军中。萧何此举相当于将秦王朝赖以统治天下的基本信息和数据，掌握在了自己的手中。

刘邦到达灞上之后，立即让萧何、张良等人着手制定针对秦地的治理方案。而到这个时候，萧何带回来的文牍就起到关键性的作用了。萧何详细地查阅自己手中掌握的秦国文牍，对秦王朝的政治、经济、法律制度、社会生活等方面有了初步了解，然后萧何又根据当前的形势，提出了亟待解决的方案。

在萧何的主持下，刘邦宣布暂时废止秦王朝苛刻的法律，改以简洁的"约法三章"来约束军民，维持战后秩序。

约法三章，即：杀人者死，伤人者受刑，盗窃者罚金。

刘邦召集关中咸阳及各县的宗族名士、豪杰来到灞上的军营。

刘邦亲自对宗族名士、豪杰们说："父老们，你们在秦朝的严刑峻法中受苦已经很久了。因为我知道，诽谤朝政的要灭族，相聚议论的要在街市上处斩。我告诉你们，我和各诸侯国之间有'先入关中者王之'的约定，因此我名正言顺地应该在关中称王。那么现在我以关中王的名义同你们大家进行约定，法律只有三章：杀人的处死，伤人和抢劫的处以与所犯罪相当的刑罚。除此之外秦朝所有的法律全部废除。你们此前在秦朝无论是官吏还是普通百姓，都要安居如故。我之所以到这里来，是为你们除害，不会有欺凌暴虐的行为，因此你们不要害怕。同时，我之所以回军灞上，是等待诸侯们到来制定共同遵守的纪律。"

刘邦此举是在舆论上为自己成为秦王造势，同时也是为了还咸阳及周边一个良好稳定的环境。

此外，刘邦还派人与秦朝任命的官吏一同前往关中及蜀汉地区各郡县，布告安民。这样就使得秦地的广大黎民百姓都明确了他们每个人的生活，不仅还像过去一样，一切维持原状不变，而且还比过去更有安全保障。

此前，秦民都如惊弓之鸟，唯恐结怨甚深的六国人入关以后会对他们挟仇报复。当刘邦一系列的安抚宽待政策出台之后，人人喜乐，举国欢庆。

人们奔走相告，纷纷主动牵着牛羊，提着酒食，来到灞上，慰问刘邦军。

刘邦谦让不肯接受，并对前来慰问的百姓们说："仓库的谷子很多，不缺粮食，更不愿意百姓们破费。"①

总之，刘邦的一系列言行，让秦地百姓十分的喜悦，能遇到如此明主，百姓们是真心拥护，唯恐刘邦不当秦王。

此时楚、齐、燕、赵、魏、韩六国都已经复国，各国王政都已经建立，只有秦王的王位还空缺着。

应该说，由于刘邦首先进入关中，并在咸阳受降了秦王子婴，依据"怀王之约"，刘邦就是秦王的唯一人选，因此在刘邦的心中，秦国就是自己的国土，秦人就是自己的子民，秦国的宫室珍宝就是自己的财富。

刘邦采取一系列措施稳定关中民心，就是希望各诸侯军到来之后，正式确定自己的秦王名分。然而，刘邦内心隐隐地充满了不安和担心。因为"怀王之约"订立时，项羽就要求进攻关中，

---

① 《汉书·高帝纪第一上》记载：沛公让不受，曰："仓粟多，不欲费民。"民又益喜，唯恐沛公不为秦王。

表明项羽也有灭秦称王的意图，只是因为楚怀王的制约，才促成了刘邦成为西进主帅，从而先入关中。如今，项羽不仅坐拥巨鹿大战全歼王离军、安阳盟约招降章邯军的盖世之功，而且诸侯国各路将领人人对项羽折服听从。

那么可想而知，项羽能如约允许刘邦在关中当秦王，而自己再回到楚怀王的朝廷当将军吗？

刘邦觉得这事难度很大，因此整日里忧心忡忡。

这时有一名姓解的小生就向刘邦建议："秦地比天下富足十倍，地势好。据说章邯投降了项羽就给了雍王的封号，称王于关中。如今章邯将要来关中就国，您恐怕不能占有这个地方了。为今之计，应该派兵守住函谷关，不让项羽率领的诸侯军入关。然后逐渐征集关中兵员，增强实力，抵抗诸侯军。"

刘邦认可这个想法，同意了。

刘邦此举，无非是想造成已经统治关中的既成事实，占据有利地形，迫使项羽及各诸侯国在关外进行交涉。

汉元年（前207年）十二月，即刘邦还军灞上的一个多之月后，项羽也在河内完成了整编。然后，项羽就率领四十万各诸侯国联军，挟坑埋二十万秦军的杀气，向咸阳进发。

四十万联军由新安经渑池、陕县，一路抵达函谷关下。此时，函谷关守将奉刘邦之令紧闭关门，拒绝项羽入关。

项羽闻报，得知此时刘邦军已经占领了关中，接受了秦王子婴的投降，不仅正在收编秦军扩大兵力，还安抚秦民收买人心；不仅关闭了函谷关，而且将所有进入关中的大门都关闭了。

项羽大怒，派黥布等攻击函谷关。

四十万大军压境，函谷关守将自知无力守卫，被迫开关接纳各诸侯国联军通过函谷关。

项羽率领的四十万诸侯国联军入关以后，在渭水南岸沿着函谷关通往咸阳的直道西进，到达戏水西岸的鸿门一带停驻下来。在北临渭水、南靠骊山之地安营扎寨，剑锋直指灞河方向。

而灞河之上，刘邦的十万大军正北倚渭水、东临灞河安营，扼守在由鸿门通往咸阳的直道上。

鸿门与灞上之间，相距只有数十里。正值晴朗的冬日，在两军大营中，彼此能看到对方阵中飘扬的旌旗。两军对峙之势已成，剑拔弩张，似乎都想展示出足够的实力，形成压倒对方之势。

有一天，有一位秘密使者，由位于灞上的刘邦军中辗转而出，来到了鸿门上的项羽军中。此人见到项羽之后，自报家门是受刘邦的左司马曹无伤的派遣，前来通报刘邦军情况的。

曹无伤派密使告诉项羽："武安侯想要称王关中，令子婴为相，珍宝被他全部占有了。"

曹无伤的使者将刘邦闭关自守、计划关中称王的实情，以及刘邦已经尽取秦王室的宫室珍宝，与秦民制定了"约法三章"等种种举措，一五一十地进行了密报，然而其中的内容也不乏是曹无伤个人的猜测。曹无伤之所以这样做，无非就是以此求得封赏而已。

项羽本来在函谷关被拒就一肚子火气，强行入关后，对刘邦已经开始有了敌意，再得到曹无伤派人密报的消息，更是如火上浇油一般，让项羽的火暴脾气一下子爆发了。

项羽下令：埋锅造饭，犒劳士卒，明日准备会战。

实际上，促使项羽下令进攻刘邦的，不仅仅是函谷关的闭关，也不是曹无伤的密报，最为关键的是还有一个人的劝谏，这个人就是范增。

此时的范增已是七十多岁的高龄老人。虽然范增只是项羽军中的副将,但他先前曾经辅佐过项梁。当项梁战死后,又辅佐项羽。范增对项氏家族忠心耿耿,又因为年纪大,被项羽视为长辈,尊为"亚父"。

作为谋臣老将,亚父范增以敏锐的目光,早早地就发现刘邦并不像表面看到的那样平庸无能,因此他敏感地意识到,项羽的最大对手也许就是刘邦。

亚父范增秘密地派人打入刘邦军中探听情况,对刘邦的能力志向做了进一步判断,之后便向项羽进言,对刘邦一定要杀之,以绝后患,因此,便有了刘邦在鸿门宴上的惊险一幕。

第四章 驱之鸿门，汉中为王

亚父劝项羽击沛公。方飨士，旦日合战。是时项羽兵四十万，号百万。沛公兵十万，号二十万，力不敌。会项伯欲活张良，夜往见良，因以文谕项羽，项羽乃止。沛公从百余骑，驱之鸿门，见谢项羽。项羽曰："此沛公左司马曹无伤言之。不然，籍何以生此！"沛公以樊哙、张良故，得解归。归，立诛曹无伤。

——《史记卷八·高祖本纪第八》

1. 赴鸿门宴

汉元年（前207年）十二月，项羽率领号称百万的四十万精兵，通过函谷关以后，浩浩荡荡地沿着渭水南岸通往咸阳的直道西进，到达戏水西岸的鸿门安营扎寨，剑锋直指灞河方向。而刘邦也将号称二十万的十万大军，驻扎在北倚渭水、东临灞河的灞上。

鸿门，北临渭水、南靠骊山。灞上，是由鸿门通往咸阳的必经之路。鸿门与灞上之间，相距只有数十里。晴天朗日之时，在两军大营中，彼此能看到对方阵中飘扬的旌旗。两军对峙之势已成，剑拔弩张，似乎都想展示出足够的实力，形成压倒对方之势。然而，刘邦的十万对项羽的四十万，从兵力上来看，实际上刘邦是无法和项羽相抗衡的。

项羽率四十万大军刚刚安营扎寨，亚父范增就力劝项羽要尽快除掉刘邦这个对手，说："在关东的时候，此人贪财好色，然而，入关以后，他竟然对珍宝财物无所取，对美女妇人无所幸，他这是在忍小求大，志在天下啊！我派人望其气，此人的风水气势，都成龙，有五彩之色，此即天子气，将来肯定是你夺取天下的最大竞争对手。对于此人，必须马上攻击消灭，绝不可失掉时机。"

项羽已经犒劳士卒，准备次日天明交战，危急时刻，项羽的伯父左尹项伯间接"救"了刘邦。

项伯，项梁的族兄，也就是项羽的伯父。早在项梁与项羽会稽起兵时，项伯就在下相项氏老家聚集项氏族人响应项梁。项梁渡江北上，回到家乡下相招兵买马，项伯与项梁会合，然后一直在项梁军中协助，官任楚国的国相令尹。项梁战死后，项伯就成了项氏一族的长者和项羽最为尊重和信赖的至亲。

项伯也曾经是一个不安分的人，因为好结交游侠豪杰，所以常有犯法和不轨行为。项伯因杀人获罪后，逃往东海郡的下邳躲藏。而此时的张良因为在博浪沙刺杀秦始皇失败后，也藏身在下邳。项伯得到张良的帮助，得以逃脱法网，两人遂成生死之交。

项伯是重义气之人。知道张良在刘邦军中，而项羽要进攻刘邦军，难免就会祸及张良。于是，项伯没有任何迟疑，只带贴身侍从，连夜潜入刘邦大营中找到张良，说："子房，赶紧和为兄我一起离开，以免被杀。"

听了项伯话，张良已经明白了刘邦所面临的危险。张良也是位重义气的人，危难之时，他岂能抛弃朋友独自逃命而去呢！张良明确地说不能丢下刘邦，也没有对项伯隐瞒要将消息透露给刘邦的意图。

于是，张良对项伯实话实说："我是韩国臣下，受韩王之命辅助沛公[①]。眼下沛公危急，我岂能不辞而别，自己保命而去呢？如果我那样做了，为臣是不义，为友是失信。项伯兄的厚意，我心领了。至于下一步应该怎么办，只能告之沛公之后再作决定。"

征得项伯的同意之后，张良留项伯在营帐中等候，而张良自己立即去见刘邦，并将项羽大军天明将大举进攻的实情如实相告。刘邦一听，当然大惊失色，问道："子房，我应该怎么办呢？"

其实，张良在来见刘邦的路上，早就想好了对策。见刘邦求问，张良就反问刘邦："您果真想背叛项羽吗？"

刘邦说："因为是一个小人劝我封锁函谷关不让诸侯军进来，占有秦地可以称王，所以我听从了他的意见。"

张良又问："请您衡量一下，我们的人马能够抵挡得住项羽大军的进攻吗？"

刘邦沉默良久，认真思考后回答道："当然不能。同样是精兵强将，以一敌十，没有胜算。这可怎么办呢？"

张良说："请允许我去面见项伯，向他说明您没有和项羽争

[①] 刘邦虽然已经被楚怀王封为砀郡长、武安侯，但跟随刘邦多年的人，一直称其为沛公。在《史记》《汉书》中，对沛县起后至被封汉王期间的刘邦也是以沛公相称，故本书也是沿用这一称谓。

夺王位的野心。让项伯去劝说项羽，或许这事儿还有转圜的余地。"

刘邦一听，问："你怎么与项伯有交情？"

张良简单地介绍说："秦灭六国时，项伯与我交好，他杀了人，我救了他。现在我处于危险之中，他就来告诉我躲避危险。"

刘邦问："你与项伯，谁大谁小？"张良答："他比我大。"刘邦说："烦请子房代我约见项伯兄，我将执弟从之礼相见。"

此时，刘邦四十九岁，张良四十七岁，项伯大约在五十岁左右。

当张良回到自己的营帐去请项伯时，刘邦立即令人赶紧准备酒菜。

因为有张良的邀请，项伯如约来面见刘邦。项伯进到营帐中，刘邦就执弟从之礼将项伯引入上座，并亲自为项伯斟酒。两人交换了名帖，不仅结成了兄弟，而且还约定成为儿女亲家。

刘邦诚恳地对项伯说："我虽然先入了关，但对珍宝财物丝毫不敢有所接近，全部封存府库，对吏民也全部登记造册，以等待项将军的到来。之所以遣将守关，是为了防备其他的盗贼出入和意外事件的发生。我日夜盼望项将军的到来，哪里敢反叛！请伯兄代我向项将军禀告，我不是忘恩负义之人。"

于是，项伯被说服了，但强调说："明天早晨沛公一定要亲自前去向项籍请罪道歉，否则我也不敢保证啊！"

刘邦回答："好的。一定照办！"

酒足饭饱，项伯连夜返回了鸿门的军营，并立即面见项羽，将刘邦的话原原本本地转告给了项羽。

项伯又补充说道："因为沛公先行进入关中，为我们扫除了入关的障碍，我们这才能顺利地通过函谷关，沛公是有功劳的人，我们不应该猜疑他，更不应该去攻打他。明早他会亲自来道歉请罪，

第四章 驱之鸿门，汉中为王

— 97 —

不如趁此机会真诚相待。"

项羽听了项伯的话，便决定不再进攻刘邦。

实际上，项羽之所以痛快地答应不再进攻刘邦，除了伯父项伯的劝说之外，最主要的原因是刘邦军中的士卒都是楚国人，对于项氏来说，楚民都是自己的父老兄弟，如果能不用武力解决问题，还是不愿意与父老兄弟刀兵相见的。这与坑杀二十万秦军降将是有本质上区别的。

第二天清晨，刘邦就如约来到了项羽的军营。随同前来的只有樊哙、张良、夏侯婴、纪信、靳强五名亲信将领和一百名精锐亲兵。

到了鸿门项羽的大营辕门外，守卫传令说，只准许刘邦和张良入内，其他随从不得入内，车马不得驱使。于是，樊哙等人及一百多精兵都留在了辕门外，只有刘邦与张良两人徒步前往项羽的中军大帐。

项羽在大帐迎接刘邦。一见面，刘邦就向迎接的项羽赔礼道歉，说："我和将军并力攻秦，将军在河北作战，我在河南作战，我没想到我会先入关攻破秦地，而在这里与将军会合。一定是有小人进谗言，才使得将军与我有了隔阂。"

项羽也没有隐瞒，直截了当地说："这是你沛公的左司马曹无伤说的，否则，我何至如此呢？"

初步的谈判讲和之后，项羽就请刘邦进入营帐内赴宴。

帐内戒备森严，主要人员分宾主就座。项羽和项伯在主席，面朝东坐，亚父范增在次席，面朝南坐。刘邦被引入次次席，面朝北坐，张良就座末席，面朝西陪坐。张良的席位，面向项羽和项伯，背对着帐门。

项羽的亚父范增一直主张杀掉刘邦，以绝后患，因此在酒宴上范增一再示意项羽发令，但项羽却一直假装没看见，默然不应。

无奈之下，亚父范增只好起身出去找来项羽的叔伯弟弟项庄，对项庄说："君王为人不狠，你进去上前祝酒，祝酒之后，请求舞剑为酒宴助兴，趁机在座位上袭击并杀掉沛公，否则，将来你们这些人都将被他俘虏。"

于是，项庄就进入营帐内祝酒。祝酒之后，项庄提出："君王和沛公饮酒，军中没有什么可供娱乐的，请允许我舞剑助乐。"

项羽同意之后，项庄就开始舞剑，并慢慢地向刘邦所坐之位舞动。

这时，项伯看出了一点儿苗头，也拔剑起舞迎合项庄。当项庄的剑舞向刘邦时，项伯常常用身体掩蔽住刘邦，使得项庄的剑一直刺不到刘邦身上。

项庄的用意，刘邦心知肚明，并内心隐隐地有一丝紧张，但他表面上始终谈笑风生，沉着冷静地应对着，没有表现出丝毫的惊慌。

在项庄与项伯舞剑之时，坐在门口的张良起身出来，到了辕门外对樊哙说："现在项庄正在舞剑，用意时时在沛公身上。情况极为危急。"

樊哙说："让我进去，与沛公共生死。"

张良就带着樊哙，手持剑和盾牌进入军门。遇有守门的卫士想阻拦，樊哙二话不说，直接将卫士撞倒在地。

樊哙进入军帐后，站在张良的座位边上，圆睁怒目，直接与项羽对视。

项羽厉声责问："来者何人？"

— 99 —

张良赶紧回答:"这是沛公的车卫,骖乘樊哙。"

项羽说:"这是壮士啊!赏赐他一杯酒。"手下人端上一杯酒,樊哙跪拜谢恩,然后起身站立着将酒一饮而尽。

项羽说:"真壮士也!再赏赐他一只猪腿。"手下人又端下一只生猪腿。樊哙也不多言,只将盾牌放在地上,又接过猪腿放在盾牌上,再拔剑切肉来吃。

项羽说:"这是响当当地真壮士也!还能再喝酒吗?"樊哙回答:"死都不怕,一杯酒哪里值得推辞。"

手下人再端酒上来,樊哙照样一饮而尽。然后,樊哙似乎酒醉,借酒意豪气干云地对项羽说:"秦王有虎狼之心,杀人唯恐杀不尽,用刑唯恐刑不重,天下人都反叛他。楚怀王和将领们约定先入关中者王之,如今沛公先攻入了秦地进入咸阳,却丝毫利益不敢拿,封闭宫室,还军灞上,只待大王到来。沛公劳苦功高,不仅没有得到赏赐,还要被杀害,这是已经灭亡了的秦王的做法,我个人私见,大王你这样的做法是不可取的。"

樊哙一番话说得项羽无言以对,只是说:"壮士!请坐!"樊哙也不再客套,就在张良身边坐下来。

又举杯寒暄了一会儿,刘邦躬身,醉意朦胧地对项羽说:"真是老了,几杯下肚就不胜酒力,内急,待我去如厕。"项羽听了摆摆手,示意请便。亚父范增虽然略有怀疑,但人都有三急,也不好站出来反对。

于是刘邦摇摇晃晃地向外走,樊哙也乘机跟了出来。樊哙搀扶着刘邦,借机并对刘邦耳语:"此地不宜久留,沛公赶紧离开!"

刘邦说:"现在就走,没有辞行,恐怕不太好吧?"樊哙说:"如今人家为刀俎,我为鱼肉,您还辞别什么啊!"

樊哙让刘邦放弃车骑,独自一人骑马先行脱身而去。刘邦急步来到辕门外,守门的士卒知道刘邦是在大帐中饮酒的尊贵客人,在没有得到命令的时,不会阻止刘邦的进出,因此刘邦顺利出了辕门,骑上战马,留下一百名亲兵,只与夏侯婴等从骊山下抄小路,急驰二十里,奔回到灞上。

时间过去了许久刘邦也没有回席,项羽就派都尉陈平出去喊人,坐在门口的张良也借机出来。

樊哙等在门外,见到张良,就将刘邦临走时留下的一只白璧和一只玉斗交给张良,让张良转交给项羽和范增。

得知刘邦已经离开,张良心里暗暗地松了一口气。

陈平被项羽派出来寻找刘邦,他没有看到刘邦,只看到与张良耳语几句就离开的樊哙。以陈平的细心,再联想刚刚在宴席上刘邦的处境,当即明白了刘邦的去向。陈平也不急着找人,只与张良默契地交谈着。

时间在流逝,当张良准备重新入席时,陈平也跟着回来。

张良重新入席,对项羽说道:"沛公不胜酒力,不能亲自前来辞行,谨使良奉上白璧一只,拜献大王;玉斗一只,拜送大将军。"

项羽问:"沛公在哪里?"

张良答:"此时应该已经回到军中了。"

项羽接过白璧,放在座位上,而范增接过玉斗却摔在地上,拔剑一击而碎,痛心地说:"将来夺取天下的,一定是沛公。"

实际上,刘邦之所以顺利离开,最主要是因为在鸿门开宴之前,项羽与刘邦已经讲和。讲和的条件相当苛刻:刘邦将咸阳及关中移交项羽,投降刘邦的秦王子婴、秦朝的官吏和军队,也全部交由项羽处置。而刘邦只是率领本部人马暂驻灞上,与其他各诸侯国军一样，统一听从项羽的指挥。

项羽虽然开出的条件非常苛刻，但是刘邦作了最大限度的隐忍和屈服，使得项羽和平解决了刘邦的问题，掌握了所有军队的指挥权。这样，项羽也就没有了非杀刘邦不可的理由。尽管范增预见到了刘邦将是项羽最强的对手，欲杀之以绝后患，但作为楚国贵族，自信如项羽，怎么会把一位小小的沛公当对手呢？

刘邦从鸿门宴上回到本部大营后，立即杀了曹无伤。

2. 被封汉王

刘邦从鸿门宴上回到本部军的几天之后，项羽带兵由鸿门进入了秦都咸阳。

项羽进入咸阳以后的第一件事，就是杀死了已经投降刘邦的秦王子婴，诛灭了嬴姓宗族，断绝了秦王室的血脉。然后，就和当年秦军占领诸侯国时一样，掠夺了秦朝宫室的财宝和妇女，焚毁了咸阳宫城殿堂，包括未完工的阿房宫和始皇陵等庞大建筑，也彻底加以破坏。

项羽焚烧秦宫殿的大火一直烧了三个月。

从项羽进入咸阳以来的种种做法上看，都是极具破坏性的，因此项羽无意在关中滞留的意向已经非常明确。然而这时却有一位叫韩生的谋士，不合时宜地劝说项羽要定都关中，理由是：关中阻山带河，四面关塞，地理位置极具战略，并且土地肥沃，人口众多，定都在此，霸业可成。

项羽看着已经快要化为灰烬的秦宫，对韩生说道："富贵了不回故乡，如同衣绣夜行，有谁能知道呢！"

项羽心意已定，不可更改，更没有一丝商量的余地。韩生忍不住摇头叹息道："人人都说楚国人暴躁，宛如猴儿戴帽，人模人样持不得久，果不其然。"也许这只是韩生谏言没有被采纳的一句遗憾之语，没想到祸从口出。韩生的话被人传到了项羽的耳中，项羽大怒，立即下令将韩生活活煮了。

当鸿门和解稳住了刘邦，入军咸阳洗劫了秦宫等一系操作之后，项羽就派人向楚怀王报告：灭秦大功已经告成，请求分割关中封给秦国的三位降将。对刘邦等各诸侯国将领，请求怀王另作封赏等。

从项羽请示楚怀王的内容来看，表面上是向楚怀王请示，实质上是想废除"怀王之约"。

当项羽北上救赵时杀宋义，楚怀王出于无奈，不仅没有责罚，反而任命项羽为上将军。然而，这次项羽又故技重演，楚怀王却非常坚决而明确地表达了自己的意见："当初的盟约不变。"

"怀王之约"最初对于项羽也是有着诱惑力的，然而由于楚怀王的干预，使得项羽未能与刘邦同时西进入关，可以说在起步阶段就断绝了项羽称王的路，因此项羽对楚怀王怀恨在心。

对于项羽来说，承认"怀王之约"就等于是承认六国复国、王政复兴的天下秩序，也就是承认了由楚怀王熊心、赵王赵歇、齐王田市、魏王魏豹、韩王韩成、燕王韩广和新的秦王刘邦等，坐享其成地瓜分了天下，而浴血奋战的项羽自己和各诸侯国将领，仍然回到各自的王廷之下去做将军，讨封求赏，任人驱使宰割。这当然是如今的项羽不能容忍的事情。

项羽对各诸侯将领说:"天下最初发难的时候,暂时拥立诸侯王后裔为王,以便讨伐秦朝,然而,亲自身穿铠甲,手执兵器,率先起义,三年来风餐露宿,消灭暴秦,平定天下的,都是各位将相和我项籍的力量。楚怀王为我项氏所立,没有功劳勋阀,岂能专断主持天下公约!今尊怀王为义帝,瓜分他的土地,封大家为王。"将领们都拍手称好。

项羽决定废除"怀王之约",由自己主宰,按照论功行赏的原则,重新分割天下,建立新的统治秩序。

汉元年(前206年)春正月,项羽首先尊楚怀王熊心为义帝,然后又将义帝迁徙到南楚地区的郴县(今湖南郴州),使之远离新的统治秩序的核心。

项羽想称王,就先封诸侯将相为王,将已经复国的楚、赵、魏、韩、燕、齐等国的领土,以秦王朝的郡为单位,重新分割成十九王国,封十九王。

汉元年(前206年)二月,项羽将楚国分割为西楚、九江、衡山、临江四国。项羽自立为西楚霸王,以彭城(今江苏徐州)为都城,领有原属于楚国和魏国的九个郡。另外,将常常勇冠三军的当阳君黥布封为九江王;将鄱君吴芮封为衡山王,吴芮的部下梅鋗,被封赏十万户侯;将楚怀王的柱国共敖封为临江王。

项羽将魏国分割为西魏和殷两国。由于项羽想拥有魏地的东郡和砀郡,于是就改封魏豹为西魏王,让他迁到河东(秦河东郡),连同原赵国的太原郡和上党郡都归魏豹统领,都平阳(今山西临汾西南)。同时,将原赵国的将领司马卬封为殷王,以朝歌(今河南淇县)为都城,领有黄河北部的河内郡。

项羽将韩国分割为韩和河南两国。封韩成为韩王,继续建都于阳翟（今河南禹县），名义上领有颍川郡，但不让韩成留在韩国执政，而是带着他东归到了彭城，后来，项羽又杀了韩成。将原韩国的大部分地区分封给了原赵将申阳，封申阳为河南王，建立了河南国，建都洛阳，领三川郡。

项羽将赵国分割为代和常山两国。封赵王赵歇为代王，以代县（今河北蔚县北）为都城，统治赵国的北部地区。张耳以跟从入关之功被封为常山王，将赵国的旧都信都改名为襄国（今河北邢台），作为常山国的都城，统治赵国的东部地区。又将陈馀所在的南皮（今河北南皮县北）附近三个县封给了陈馀。

项羽将燕国分割为燕和辽东两国。原燕王韩广被改封为辽东王，以无终（今天津蓟县）为都城，统治原燕国的东部地区。燕国的将军臧荼因跟随项羽入关有功，被封为燕王，都蓟（今北京市西南），统治原燕国的西部地区。

项羽将齐国分割为胶东、齐、济北三国。徙封原齐王田市为胶东王，以即墨（今山东平度东南）为都城，统治原齐国的东部地区。齐将田都因主动救赵，被项羽封为齐王，以临淄（今山东淄博东北）为都城，统治原齐国的中部地区。齐将田安也因随从项羽救赵有功，被项羽封为济北王，以博阳（今山东泰安东南）为都城，统治原齐国的北部地区。齐国的田荣没有出兵援助项梁，又没有出兵援助赵国和西攻秦地，项羽对他很不满，因此没有封他为诸侯王。

项羽分封诸王建立列国，基本原则是论功行赏，受封为王者都是跟随项羽在反秦战争中立有特殊军功的将领们。同时，项羽规定，受封的诸国可自己制定历法制度、任命官员、拥有军队、治土治民，是完全独立的王国。当然，诸王是受西楚霸王所封授，对西楚有朝觐听命、领军随同出征作战等义务。

项羽和范增始终对刘邦怀有戒备之心,不想让刘邦在关中称王,但既然已经答成了和解条件,又恐违背原约会引起刘邦的反叛。因此,范增就向项羽建议说:"巴、蜀道路险恶,秦王朝时,将罪犯都发配迁徙到巴、蜀地区居住。不如就将其封为汉王,再把关中分为三部分,分别封给秦降将为王,以阻挡汉王,防止其将来向东方出兵。"

于是,项羽就先派人扬言说:"巴、蜀也是关中地区。"然后,将刘邦封为汉王,领地是巴、蜀和汉中共四十一县,以南郑(今陕西南郑)为国都。

与此同时,项羽又封章邯为雍王,称王于咸阳以西,建都废丘;封司马欣为塞王,称王于咸阳以东到黄河一带,建都栎阳;封董翳为翟王,称王于上郡,建都高奴。雍王章邯、塞王司马欣、翟王董翳,领关中地,合称为"三秦"。

项羽如此分封就是想以"三秦"扼制刘邦,将刘邦控制在巴蜀的蛮荒之地,远离政治中心,让他无所作为,不能对自己形成威胁。

在灞上等待结果的刘邦闻听项羽这样的安排,当即大怒,不想去就国,而是打算马上出兵去攻打项羽。

周勃、灌婴、樊哙等人都来劝说。然而,刘邦正当情绪激动之际,根本不听周勃等人的劝告。

这时,萧何慢条斯理地问:"沛公为何不愿意就国去当汉王?"

刘邦气愤难平地说:"你这是明知故问,这哪里是封我为王,明明就是将我发配到了蛮荒之地嘛!"

萧何也不生气,微微一笑,继续说道:"沛公怎么知道巴、蜀、汉中是蛮荒之地呢？"

刘邦说："难道不是吗？坊间都在传说巴、蜀地区道路艰险，秦朝迁移之民都定居在蜀。项籍还说什么蜀都、汉中都属关中管辖。如果好，他项籍会封给我吗？"

萧何说："虽然不愿意在汉中称王，但是这不比去送死好吗？"

刘邦说："送死，这话是从何说起的呢？"

萧何说："兵员人数比人家少，每战必败，不是去送死又是什么呢？"

刘邦陷入深思没有反驳，萧何继续说道："汉水上应天汉。汉中，据有形胜，进可攻退可守，秦以之有天下。屈居于一人之下，而能在万乘大国之上施展才能的人，就是商汤和周武王。如今，如能在汉中称王，休养百姓招揽贤人，收用巴、蜀之财力，回军收复三秦地区，便可夺取天下。"

刘邦由怒转喜，情不自禁地高声赞了一句："高见！"

实际上，萧何的一番劝谏，并不是凭空想象，而是有依据的。依据当然就是萧何在秦宫相府中所获得的法律诏令及各种图书文献资料。

当项羽与诸侯军队屠杀焚烧咸阳之后，能详细地了解全国各处的险关要塞，户口多少，兵力强弱，以及百姓疾苦的就只有萧何和萧何所追随的刘邦了。

经过萧何等人的劝阻，刘邦决定屈就汉王封号，隐忍入蜀。

刘邦还采纳萧何的建议，招贤纳士以图天下，同时确定了先收用巴（郡治江州，今重庆市北嘉陵江北岸）、蜀（郡治成都，今四川成都），再伺机还定"三秦"，向东以争天下等方略。

虽然刘邦决定屈就汉王，去汉中韬晦，然而，项羽的亚父范增却不想放虎入林，又想出了新的主意。

亚父范增对项羽说："君王封沛公为汉王，他一定十分不满，他的将领又都是关东之人，人人都认为大王背约分封。此人如今不除，必留后患。"

项羽有些不以为然地说："分封的诏书已出，天下大局已定，何必还要多生事端呢？况且，也没有杀他的理由啊！"

范增如此这般地说出了他的计策，项羽同意了。于是，刘邦的就任汉王之路又出现了新的危机。

这一天，各路诸侯都来拜见项羽，答谢项王分封为王，并向项王辞行。

礼毕，大家落座以后，项羽面向刘邦问道："封你为汉王，统领汉中，你意下如何？"

刘邦灵机一动，回答道："我的俸禄是项王您给的，一切全听项王您的。我就像是项王的一匹马，项王用鞭子抽我，我就往前走，拉住缰绳，我就停下脚步。"

项羽闻听刘邦此言，哈哈大笑，再一次打消了诛杀刘邦之心。

当天刘邦回到汉军军营，张良急忙来拜见。

刘邦详细地对张良说了今天项羽召见各诸侯王的情形。听着刘邦的描述，张良不禁心惊肉跳。

张良说："汉王您今天的回答是机智的，否则就危险了。"

闻听张良之言，后知后觉的刘邦不由得也惊出一身冷汗。

3. 前往巴蜀

汉元年（前206年）四月，项羽分封结束以后，跟从在项羽麾下的将领们，带着受封为王的喜悦，辞别项羽，志得意满地逐渐四散，各自去封国就国，然而，项羽却将汉王刘邦和韩王韩成留了下来。

于是，刘邦急切地问计于张良。

张良说："我马上去找项伯和陈平商议，汉王您做好准备，等到项王一下令，汉王您就立即动身前往汉中，一刻也不能耽误。"

陈平，阳武县人。幼时家贫，却喜欢读书，且专攻黄帝、老子的学术。虽然高大英俊，却不喜欢生产劳动。陈家有三十亩田地，都是哥哥陈伯在耕种，陈平从来不伸手。嫂子埋怨说："有这样的小叔，还不如没有。"为此，害得哥哥陈伯休妻。

陈平到了成家的年龄时，高不成低不就地成了老大难。有一个富户叫张负的孙女，嫁了五次，死了五个丈夫，此后没人敢娶，但陈平却想娶。自从娶了张氏为妻，陈平的资费日益宽裕，交际也更加广泛了。

陈平也是一个好管闲事的人。有一次乡里举行社祭，由陈平主持分配祭肉，肉分得很公平，乡里父老就夸赞说："好啊，陈平这小子分得好啊！"陈平长叹一声说："嗟乎，如果让我陈平主宰天下，也会像分祭肉一样！"

当陈胜起兵之后，派周市平定了魏国地区，立魏咎为魏王。陈平和一些年轻人来到临济投奔魏王魏咎，被魏王任命为太仆。然而，陈平向魏王提出的一些建议，魏王根本不听。再加上有人背后在魏王面前说陈平坏话。于是，陈平就逃离了临济，离开了魏王。

当项羽领兵打到黄河边上时，陈平就来投奔项羽，然后跟随项羽一起入关破秦，被项羽任命为都尉。

鸿门宴上，陈平被项羽派出来寻找刘邦。陈平出来没有看到刘邦，只看到与张良耳语几句就离开的樊哙。以陈平的明察，再回想刚刚在宴席上刘邦的处境，陈平当然明白此时刘邦的去向了。陈平也不急着追究，只与张良默契地交谈着。时间在流逝，当张良准备重新入席时，陈平也才跟着回来。

陈平的配合，张良记在了心里。在汉王危急时刻，张良就想到了陈平。

张良先找到陈平，允诺如果汉王顺利去汉中就职，日后绝不会忘记今天的相助之情。陈平思忖良久，低声对张良说了他的巧计。张良大喜。

陈平向项羽谏言说："义帝一直未动身迁都郴州，天无二日，国无二君，最好是派一位德高望重之人及二位骁将，再带领一部分兵马，前去督促一下才妥当。"

项羽听了陈平的话，正合心意，问："那派谁去呢？"

陈平就趁机说："亚父是最佳人选。"

于是，项羽立即下旨：令范增带着桓楚、黥布赶赴彭城。一是为催促义帝动身，二是将彭城修饰整理一下，以备他前去故地重游。

范增虽然觉得咸阳事未了，但又不能违抗项羽之令，只好辞别项羽奔赴彭城。临行前，范增对项羽千叮咛万嘱咐三件重要大事：一是千万不要轻易离开咸阳；二是重用韩信；三是不让刘邦去汉中，暂时留在咸阳。

范增刚离开，张良立即去见刘邦，献计说："明天我陪同汉王您去拜见项王。汉王您就请求项王允许您回沛县老家迎接家人。后面的事情由我来处理。"对张良的办事能力，刘邦一点儿都不担心，因此也不多问。

一夜无话。第二天，刘邦和张良就来求见霸王项羽。

刘邦说："母亲早已去世，家中只留老父一人，恳请项王允许我回去迎接老父和家人前来团聚。"说到伤心处，刘邦竟然真的哭泣起来。

项羽用怀疑的目光审视着刘邦说："汉王要去沛县接老小妻儿，这本是孝子之意，但恐怕不是那么简单吧？"

见此，张良启奏道："无须汉王亲自回沛县接老小家人，只需汉王去汉中为王，然后项王派人去沛县，将汉王家人接到项王身边来，那么，汉王与项王绝对会兄弟同心。"

陈平也不失时机地谏言道："分封沛公为汉王，已经布告天下，而今如果不让汉王就国，恐怕会失信于天下。由项王去接汉王家小，而让汉王去汉中就国，一能取信天下，二能极尽孝道，可谓两全其美。"

项羽觉得这样做既能牵制刘邦，又可以堵住天下人之口，便对刘邦说："好吧！你先放心地去汉中为王，待本王迁都彭城之后，就立即派人去沛县接你家人老小来彭城赡养。"

虽然明白项羽此举是以家人老小作为人质，刘邦仍然立即躬身谢恩，然后恭敬地告退而出。

汉王刘邦即将启程前往汉中封国，还未起程，就突然接到项羽的指令：只准带三万士兵随同前往。在灞上驻扎的十万人，其中大多数是刘邦西进以来逐渐收罗的原陈胜、项梁手下的散兵。刘邦从中挑选了长期以来一直跟随自己的三万精兵，其余七万余

— 111 —

人全都交给了项羽。

刘邦起程前往汉中，关中父老因为感念刘邦的"约法三章"，竟然有几万人扶老携幼地前来给刘邦送行。

因为张良需要就任韩国的丞相，不能与刘邦前往汉中。张良将刘邦送了一程又一程。

张良边送边说道："汉王率大军经过之后，一定要烧掉栈道，向天下表白无返回之意，以安稳项王之心。"[①]

刘邦当然满口应承。一直送到褒中，张良才与刘邦等人洒泪而别。

刘邦率领三万人马，经安平、扶风、凤翔、宝鸡、散关，到凤阳，从杜县往南开始进入蚀地的山谷中。此时，前方根本没有道路可行。有些地段甚至需要用木板架在悬崖上铺成道路才可以艰难前行。然而，当汉军队伍通过以后，刘邦按照张良提醒，命令断后的人马将陡壁上架起的栈道全部烧掉。

这样做，一方面是为了防备诸侯或其他强盗的偷袭，另一方面也是向西项羽表明，汉王刘邦并没有东进之意，以此来麻痹项羽。

刘邦所率领的三万人马基本上都是关东人，越往高山深谷中行进，思乡情更切，加之水土不服，有许多士兵甚至是部将，在中途就逃跑回去了。待到达南郑之后，士兵们每日唱着歌，思念着故乡，日夜盼望着东归。

在南郑，刘邦正式就任汉王，组建汉王政权，萧何被汉王刘邦任命为丞相。

[①] 《史记·留侯世家第二十五》记载：汉王之国，良送至褒中，遣良归韩。良因说汉王曰："王何不烧绝所过栈道，示天下无还心，以固项王意。"

4. 筑坛拜将

刘邦启程前往汉中，途中，一个人加入到刘邦的队伍里，并在萧何的引荐之下，一步步地走到了刘邦面前，这个人就是——韩信。

韩信，淮阴人，父母早亡，家贫又不会经商谋生，经常要依靠别人救济或要饭吃来糊口度日。他曾经多次到南昌亭亭长家里要饭吃，一吃就是几个月。亭长妻子实在是无法忍受，便提前开饭，等到韩信来吃时一点儿饭都没有剩下，从此以后，韩信就不再去了。

有一天，韩信去河边钓鱼来充饥，恰好有几位老妇人也在河边洗衣服。其中一位老妇看见韩信是真饿了，就将自己带的饭食给韩信吃。老妇人们一连十几天在河边漂洗，这位老妇人就一连十几天给韩信食物。韩信高兴地对老妇人说："我将来一定要重重报答您。"没想到老妇人听后生气地说："你身为大丈夫，都不能自己养活自己，还谈什么报答，我是可怜你才给你饭吃的，可不敢想你还有能力报答我。"

淮阴街上有一位年轻屠户，看到韩信虽然长得人高马大，又喜欢带刀佩剑，却一副唯唯诺诺、胆小怕事的样子，就当众侮辱韩信说："你如果不怕死就用剑来刺我，怕死就从我的胯下爬过去。"韩信与年轻屠户对视了很久，竟然真的屈身从年轻屠户的胯下爬了过去，然后在一群人错愕的目光注视下扬长而去。从此淮阴人都知道韩信是一位胆小怕事的人，从此淮阴人再也没有看到过韩信。没有人关心韩信去了哪里，但是韩信胯下受辱的一幕却经常会被人拿来当茶余饭后闲聊的谈资。

当项梁渡淮北上的时候，韩信带着剑投奔项梁，成为项梁手下一名默默无闻的士卒。项梁战败以后，韩信又归属项羽。项羽任命韩信为郎中。韩信曾经向项羽献策，然而一件也没有被采用。韩信就认为项羽不是成大事的人。

项羽手下大将钟离昧，闻听项羽已经同意刘邦去关中就职，急忙劝谏项羽说："亚父临走时曾经告诫大王，不可放汉王去关中，如今大王怎么忘了呢？"

钟离昧的提醒没有引起项羽的重视，钟离昧有些失落，就和韩信说了此事。韩信感叹地道："让汉王去汉中，又不准带家小，这正中了汉王下怀。日后汉王一定会借口思念父母而率军东进。到那时，项王的将士都要成为汉王的俘虏了。可惜亚父的金玉良言了。"

那一刻，韩信决心弃楚归汉。在汉王挑选入蜀三万人马时，韩信逃离楚军，加入汉军，当上了一个籍籍无名管理粮仓的小官。

俗话说：兵马未动，粮草先行。虽然是管理粮仓的小官，但也责任重大。在汉军向巴蜀行进的过程中，粮草就出现了问题，包括韩信在内的十四人负有不可推卸的责任，被依法处以斩刑。同伙的十三人已经被处斩，刀也已经架到韩信的脖子上了，韩信不仅没有一丝惧怕，而且还仰起头与负责行刑的滕公夏侯婴对视说："汉王不是要统一天下吗，为什么还要杀壮士呢？"

滕公夏侯婴感到很惊讶，见韩信相貌非凡，知道此人非同寻常，就没有对韩信行刑。滕公夏侯婴与韩信一番深谈，觉得韩信真是一位人才，就将韩信其人其事向汉王刘邦禀告。于是，韩信被刘邦任命为治粟都尉，仍然是管理粮草等事宜的下级官吏。

此后，在行军的过程中，韩信多次主动找丞相萧何自荐自己，畅谈自己的观点和看法，为此，韩信慢慢地得到了萧何的赏识。然而，一直到汉军到达南郑，已经安营扎寨，韩信仍然没有受到刘邦的重用。韩信觉得汉王刘邦也不是可以任用贤能之人的人。于是，韩信又失望了，不想再在汉军浪费时间，决定趁汉军刚到南郑，立即离开。

一天晚上，借着月色，韩信只身离开了汉军军营。

有人向丞相萧何报告韩信逃走了。得到消息，丞相萧何来不及向汉王刘邦报告，立即亲自去追赶韩信。韩信与萧何两人一前一后离开汉军大营。值守的军士不敢阻拦丞相，只得马上将此事向汉王刘邦报告，说："丞相逃走了。"

闻报萧何逃走的消息，刘邦既生气又痛心，如同失去了左右手一样，但也别无他法。

两天之后，丞相萧何回来拜见刘邦。见到萧何，刘邦既生气又高兴，对着萧何骂道："萧何，所有人逃走了都无所谓，可是你为什么要离开本王逃走？"

萧何急忙躬身施礼，解释道："汉王息怒，我不敢逃走，也不会逃走，我是去追逃走的人。"

刘邦追问："你去追的是谁？"

萧何回答："韩信。"

刘邦闻听又骂道："最近几天，将领中陆陆续续地逃走了数十人，一个都没见你去追，却唯独去追韩信，你骗三岁孩子呢？"

萧何沉稳地回答："我之所以没去追那些逃跑的将领，是因为那些将领很容易就能得到，然而韩信不同，他是独一无二的人才。

如果汉王您只想长期称王于汉中，那么就可以不用韩信，如果决心争夺天下，除了韩信就没有可与汉王您共计大事的人了。因此，这就看汉王您怎样决定了。"

刘邦说："本王当然想向东扩展，怎么会甘心久居这蛮荒之地呢！"

萧何说："如果汉王您决心向东扩展，能重用韩信，他就会留下来。如果不能重用他，他终归还是要逃走的。"

刘邦说："看在你的面子上，那就重用他，任命他为将领。"

萧何说："不行，汉王您只任命他为将领，他是不会留下来的。"

刘邦说："那就任命他为大将军。"

萧何说："太好了。"

刘邦说："那你叫他进来，本王立即就任命他为大将军。"

萧何说："这样也不行。韩信一直觉得汉王您对他轻慢无礼，没有给他足够的重视，现在这样随意地将他叫进来任命为大将军，会让他觉得汉王您好像是在哄骗小孩子似的。这也是他逃走的原因。如果汉王您决定拜他为大将军，就要选择一个良辰吉日，沐浴斋戒，设置高坛、广场，正式举行拜大将军的仪式，这样才可以。"

刘邦同意了萧何的意见，令萧何亲自主持布置高坛等一应准备工作。诸位将领见这情景都很高兴，每个人都以为自己要做大将军了。等到正式举行任命大将军的仪式时，原来是韩信，汉军全军都感到惊讶。

汉元年（前206年）五月，汉王刘邦正式筑坛拜将，任命韩信为大将军。

韩信的授职仪式结束以后，刘邦对大将军韩信说："萧丞相曾多次赞赏将军，现在将军将用什么计策来教导本王呢？"

韩信谦让了一番后对刘邦说道："项王封有功的部将，却偏偏让您来到了南郑，这分明是流放您。部队中的军官、士兵大都是崤山以东的人，他们日夜踮起脚跟东望，盼着回归故乡。如果趁着这种心气极高的时候利用他们，可以建大功。如果等到天下平定以后，人们都安居乐业了，就再也用不上他们了。不如立即决策，率兵东进，与诸侯争夺天下。"

刘邦说："现在要向东扩展，乃至于争霸天下，最大的对手是项王。"

韩信说："汉王您自己估量一下，在勇敢善战、兵力精强方面与项王相比如何？"

刘邦沉默许久之后，表情凝重地答："本王不如项王。"

韩信又说："汉王您知道自己比项王最大的优势是什么吗？"

在刘邦探询目光的注视下，韩信将长期以来对天下大势的研判，特别是对项羽与刘邦这两位最有实力问鼎天下之人近期以来的表现分析得头头是道。

韩信告诉汉王刘邦说："项王违背了义帝的约定而把自己亲信的人封为王，原来的诸侯王们都愤愤不平。项王军队所到之地都遭到了蹂躏和破坏，天下人都怨恨项王。因此项王虽为霸王，实际上已失去了民心，他的强大很容易就会削弱。与此相反，汉王您如果任用天下勇敢善战的人，那么，敌人谁能不被诛灭？如果把天下的城邑封给有功之臣，那么，有什么人会不服？如果率领正义之师，顺从思乡东归将士的心愿向东进军，那么，有什么人不会被打败呢？"

韩信一番话使得刘邦信心大增。接下来的几个月，刘邦在韩信的辅佐下，积极为回师东征做着准备。

第四章 驱之鸿门，汉中为王

— 117 —

自从被汉王设高坛以正式的仪式拜为大将军，韩信除了经常回答汉王提出的各种问题之外，就是开始着手准备东征事宜。韩信很清楚：东征首先要解决的就是士兵战斗力的问题。

此前韩信虽然任职的是管理粮草的小官，但毕竟一直在军中，对汉军队伍不严整，士卒不齐备，将佐不知阵法，不明进退等情况，韩信是心知肚明的。韩信也清楚，以目前这样的队伍，打起仗来是绝无胜算的。

同时，韩信还深知：自己未立寸功就被封为大将军，而汉军中最早与汉王并肩作战出生入死的兄弟们，比如曹参和樊哙等人，却位于他之下，也许他们都看在汉王的面子上没有找他麻烦，但是如果自己不拿出一点儿举措来，不但辜负汉王厚恩，自己也会被樊哙、周勃等鄙视，带兵打仗也没人听他号令。

韩信想得没错。自被刘邦拜韩信为大将军后，樊哙、周勃等诸将无论如何是不服的。凭什么？这一路走来，谁见过韩信有什么过人之技、过人之策了？凭萧何几句话就拜为大将军，因此樊哙、周勃等人气得暴跳如雷。

接下来，韩信就以大将军的职权，开始按照他的方法训练全体兵将。同时，韩信又制定军规，各营悬挂，严令违犯者斩。当然，有的士兵不以为然，故意不服从指挥，以身试法，韩信便立即下令将其斩首示众，全军肃然。从此汉军队伍面貌焕然一新。

训练士卒二十余日后，韩信决定举行一场阅兵式，并上表请刘邦到校场阅兵。刘邦亲临校场观看完阅兵之后，不禁大吃一惊，没想到在短短的时间之内，汉军队伍就发生了如此大的变化，看来韩信是用对了。因此刘邦心中大喜，立即封樊哙为先锋，曹参为军正，殷盖为监军，其他将领也不同程度地进行了提拔和重用。

同时，刘邦还对樊哙等将领进行特别提醒："你们大家都要统一听从大将军韩信的号令，不得有误。"

除了训练队伍，韩信还撰写檄文，为汉军出汉中入关中提前做好了舆论上的准备。

凡此种种，让刘邦还未动一兵一卒就赢得了先机。用大将军韩信的话来说：汉王举兵东进，"三秦"之地只要发一道檄文就可安定。

总之，在韩信的策划之下，刘邦及汉军已经做好了一切准备，真可谓是万事俱备，只欠东风。

东风很快就来了。

5. 明修栈道

汉元年（前206年）五月，齐地的田荣叛楚。

早在陈胜起义时，原齐王田氏宗族的田儋与从弟田荣、田横也击杀当地县令起兵，占领整个齐地之后田儋自立为齐王，齐国复国。秦将章邯在临济围攻魏王魏咎，齐王田儋率兵救魏，被章邯突袭，田儋战死。田荣被围困在东阿，项梁派兵援救才得以脱险。然而，此时齐人已经另立了一个齐王族后裔田假为齐王。田荣十分愤怒，收集残兵败将打回齐国，赶走田假，又立田儋的儿子田市为齐王，田荣自任丞相。

项梁在东阿援助了田荣，但当项梁要求田荣出兵协同作战时，田荣却是有条件的，条件没能达成，田荣就拒绝出兵。项梁虽然

— 119 —

不是死于田荣之手，但项羽却给田荣记了一笔账，再加上田荣也没有出兵援助赵国和西攻秦地，因此项羽没有对田荣进行封赏。

项羽将原来的齐国分割成胶东、齐、济北三国，将田荣所立的齐王田市只封为胶东王，并将都城迁移到即墨；齐王建之孙田安，因随从救赵有功，被封为济北王，以博阳为都城；齐将田都因主动救赵，被封为齐王，以临淄为都城，统治原齐国的中部地区。为此，田荣非常愤怒。

汉元年（前206年）五月，不满项羽分封的齐相田荣，起兵攻打临淄王田都，田都不敌，逃往楚国避难。赶走田都后，田荣又立侄子田市为齐王。田荣不让田市去胶东就国，然而田市畏惧项羽，执意前往胶东就国。六月，田荣对田市这个不争气的侄子十分愤怒，派人追杀田市，并在胶东王的都城即墨将田市杀掉。田荣自立为齐王。此时，在巨野泽的彭越手下已经拥有万余人，正无所归属，就投奔齐王田荣。田荣授予彭越将军印，令他在梁地反叛项羽。彭越击杀了济北王田安。田荣便兼并了三齐之地，"三齐"又恢复为齐国。

在田荣兼并齐地的同时，因为有韩信相助，汉王刘邦挥师东征的一切准备也已经就绪。

汉王刘邦决定亲率汉军东征，以韩信为大将军，曹参、樊哙为先锋。临出发前，刘邦和大将军韩信又针对具体细节反复地进行磋商。因为当西入南郑之时，为了迷惑项羽，根据张良的计策，汉军已经自断后路，将所经过的栈道全部烧毁，现已无法通行。因此韩信以栈道作为遮掩，设计了一个明修栈道、暗度陈仓之计。

汉元年（公元前206年）五月，汉王刘邦依计而行。丞相萧何驻守南郑，负责汉军的后勤保障粮草供给；樊哙、周勃率万余军士去修从汉中到关中的栈道；刘邦与大将军韩信率汉军主力绕道北上，悄悄由故道向陈仓进发。

由于栈道被烧毁，不仅仅让项羽安心，而且也松懈麻痹了项羽用来监视刘邦的"三秦"王。特别是离汉中最近的雍王章邯，认为有秦岭阻隔，在栈道已经烧毁的情况下，即使是汉军出汉中，没有个三年五载栈道也修不好，所以就高枕无忧，放松了警惕。

因为雍王章邯距离汉中最近，所以刘邦率汉军由汉都南郑（今陕西汉中市东）东出，进而袭占关中（指函谷关以西地区），首先将攻击目标选定了雍王章邯。雍王章邯受命扼守关中，控制刘邦出汉中的第一门户，可谓责任重大。

按韩信的计策，刘邦派了最信任樊哙、周勃两员大将带领一万人马，大张旗鼓地去修五百里栈道，并在汉军中公开宣布军令：以一月内为限修好。

雍王章邯领有咸阳以西的关中地区以及陇西、北地等地，在"三秦"中，不仅领土最大，兵力也最强，而且汉中出入关中的五条要道，有四条在雍王管辖之内。

汉中入关，走栈道最近，雍王章邯的眼睛便老盯着汉中栈道。当章邯听探报说汉兵在修栈道，不禁哈哈大笑说："栈道烧时容易修时难，就是修到猴年马月也难成啊！难道汉王认为他的人马有三头六臂吗？"

章邯曾经参与阿房宫和秦皇陵的修建，因此章邯很清楚，要修五百里栈道，是一项浩大的工程。别说是一个月，即使三年也不可能完成。即便是在原有的栈道上补修搭建，也需要一些时日。于是章邯的心稍安。

然而，章邯毕竟是身经多次大战的将军，闻报汉军的举动，他明白，汉军出汉中进攻关中的目标已经明确，到达只是时间的问题，因此章邯严令陈仓的守将，加强对栈道出口斜谷的防御兵力，时刻关注着汉军的动向。

雍王章邯又听说刘邦拜韩信为大将军，他立即令人查问此人是何来路？因为韩信虽然也在项王手下为官，但是官小得默默无闻，章邯甚至从来就没听说过此人。有人就将韩信的底细汇报给了章邯，雍王章邯更是觉得荒谬至极。

雍王章邯心想：一个受过胯下之辱的匹夫，岂能担此大任？这不是似军前如儿戏吗？如此看来，刘邦也不是个能成大事之人。

于是，雍王章邯更加放心。当然，他也没有过于放松警惕，各隘口都布置了兵力，而自己则拥重兵驻于都城废丘（今陕西兴平）。

章邯自以为对汉军的动向已经了如指掌，并做好了万全的应对准备，殊不知，正是在这一点上他被迷惑和麻痹了。

刘邦派出樊哙、周勃率军万余人虚张声势地抢修栈道，成功地吸引了雍王章邯的注意力，刘邦及大将军韩信则亲率二万精锐之师，西出勉县转折北上，再顺着故道县（今陕西凤县）入秦川，然后翻越秦岭，在陈仓（今陕西宝鸡）古渡口渡渭河，从背后袭击雍王章邯的属地陈仓。

雍王章邯万万没想到汉王刘邦的精锐部队，会摸着无人知晓的小道翻山越岭偷袭了陈仓。

汉军如神兵天降，曹参率先锋军先拿下了故道城，汉王大军随后赶到，轻而易举地拿下了陈仓。

陈仓告急。雍王章邯得报，如梦初醒，惊出一身冷汗，赶紧领兵从废丘（雍都，今陕西兴平东南）仓促率军驰援陈仓。

当雍王章邯赶到时，汉军已经攻占了陈仓。汉军据陈仓迎击雍王章邯军。这样，雍王章邯军其实是军势反转，由守势变为了攻势。雍军与汉军两军相遇，没战多久，雍王章邯便大败而逃。

此时，汉军士卒都是思乡心切，打胜仗就可以东归回乡，这种精神动力有时候比任何物质奖励都更容易让人勇气陡增。

反观雍王章邯所率领的人马，他们大多数都是原来的秦兵。他们认为章邯是一个不管将士死活的人，二十万手下将士，项羽说坑杀就坑杀了，他不仅独自活下来还受封为王，这样的将军，谁会愿意替他卖命？如果不是怕有军法治罪，连累到一家老小，恐怕他们早就逃散了。

雍军士兵不仅恨雍王章邯，而且在某种意义上来说，对刘邦甚至可以说是拥护的。因此，两军一交锋，雍军一战即溃，死的死，逃的逃，转瞬间损失半数军力。这样一来，很快雍王章邯军就兵败撤退了。

雍王章邯率军撤到陈仓附近的渭河上，见汉军追兵还远，雍王章邯又收拾残兵败将继续顽强地阻击汉军，一时间，令汉军进攻的态势受阻。

雍军堵塞在渭河之上，汉军一时无法通过，刘邦已经心生放弃东出引军返回汉中的想法。这时，跟随刘邦从汉中起兵的须昌侯赵衍谏言说："建议汉王大军改变线路，绕过渭河，改从其他的道路进攻。"

刘邦听从了赵衍的建议，于是令汉军绕道通过，又在背后袭击章邯军，攻击愈加勇猛。

而此时，樊哙、周勃也率万余修栈道大军与汉王军会合一处。樊哙在前，左边灌婴，右边周勃，杀得章邯军七零八落，章邯军大败，

— 123 —

只好又继续逃跑。章邯安排自己的弟弟章平驻守好畤（今陕西乾县东），自己则逃回废丘，与好畤形成互为掎角之势。

与此同时，项羽也发兵向北进攻齐地的田荣。趁项羽北攻之时，汉军乘胜分路追击雍王章邯军。

大将军韩信以樊哙为先锋，进攻章平驻守的好畤。尽管章平闭城坚守，但惯于攻城略地的樊哙最懂如何啃硬骨头，他提刀执盾，身先士卒，带领敢死队，架云梯登城，挡着箭雨飞石，冒死向上冲，最后，终于攻破了好畤城，迫使章平落荒而逃。

在曹参的率领下，汉军一部分人马追击雍王章邯军，在壤东（今陕西武功东南）又一次击溃雍军。战败后，雍王章邯率残部继续逃往废丘。

刘邦命令樊哙、周勃和灌婴等将，分头进攻下邽、槐里、柳中等地，命令曹参、周勃、樊哙进攻咸阳。咸阳守将赵贲战败出逃。

各地汉军开始向废丘集结，围攻章邯这最后一块硬骨头。在汉军的猛烈攻击下，虽然章邯的雍军兵败如山倒，但是退至废丘固守的将士是雍军精锐中的精锐，再加上塞王司马欣、翟王董翳又派兵来增援，因此废丘仍然坚如磐石。

刘邦与大将军韩信等人商议，决定只留下樊哙继续围攻废丘，而抽出其他人马分头进攻"三秦"各地。

汉元年（前206年）八月下旬，大将灌婴去进攻塞王的都城栎阳，塞王司马欣自知不敌，很快投降。另有一支汉军进攻上郡，翟王董翳无力对抗，也只好束手就擒。

"三秦"初定，只剩废丘。然而废丘围困了数月，一直久攻不克。之后的几个月，刘邦遣将连续作战，分兵略地，迅速占领关中大部分地区。周勃率军攻克了漆县、频阳等地，靳歙、郦商率军攻占了陇西、北地、上郡等地。这样，除了章邯困守的废丘之外，"三秦"全部归汉。

项羽分封的"三秦"王，之所以如此不堪一击是有原因的。

三人原来都是秦国的旧将，曾几何时，他们率领秦国子弟兵，历经无数次的生死之战，士卒死伤和逃亡的人不计其数，但是最后他们却欺骗了部下和士卒投降了项羽所率领的诸侯联军。到了新安，有二十余万投降的秦军士卒被项羽所坑杀，却唯独章邯、司马欣、董翳三人不仅没死，还被封王。因此，秦国的父老对"三秦"王，不仅不拥护，甚至可以说是恨之入骨。

汉王刘邦，虽然不是秦人，但入武关后，不仅秋毫无犯，而且还废除了秦国的苛刻刑法，最主要的是，刘邦的"约法三章"深得民心，使秦地的百姓都希望刘邦当秦王。

6. 人才尽归

当初，在薛县议事时，由于张良等人的提议，项梁立韩国之后公子成为韩王，韩国复国。项羽分封时，韩王成又被封为韩王，继续建都于阳翟（今河南禹县），领有颍川郡。

由于韩国的丞相张良去送刘邦去汉中就国，项羽听到消息后，以为张良跟随刘邦去汉中了。

没有了张良的韩王成，不再受到项羽的重视，于是，项羽就以韩王成灭秦无功为借口，不让韩王成去阳翟就国，而是将韩王成带往彭城，废为侯爵。等到了彭城稳定下来之后，项羽又找一个借口把韩王成给杀了。

汉元年（前206年）八月，听到汉王刘邦已经占领关中，齐、梁又背叛，项羽大怒，又另立郑昌为韩王，以抵御汉军。

郑昌是秦时吴县（会稽郡治所，今江苏苏州）县令，与项羽关系很好。当项羽起兵时，郑昌就一直跟随在项羽左右。

项羽误以为张良同刘邦去了汉中，而实际上张良只是去送刘邦一程。张良送到褒中之后，刘邦就让张良返回韩国。于是，刘邦与张良两个人，一个人继续前往汉中为汉王，另一个人返回韩国当丞相。

当张良返回咸阳，各诸侯王都已经四散就国，项羽也已经去往楚地彭城。然而，张良却打听到，项羽并没有让韩王韩成去封国，而是去了彭城。

张良立刻暗呼一声："不好。韩王恐怕是凶多吉少了。"

于是，张良即刻动身向彭城赶去，希望还能来得及阻止项羽，从而救下韩王。然而，张良紧赶慢赶，还没等他赶到彭城，就闻听韩王成刚到彭城时就被项王下令杀害了。

与此同时，刘邦也已经率汉军出汉中，并平定了"三秦"，重新进驻咸阳。

既然韩王成已经被项羽所杀，张良便没有了牵挂，因此，重新投奔刘邦成了张良唯一的选择。

张良归汉之前，先利用自己的威望在韩地巡行招抚人马，并派人给项羽送去了一封书信，信中说："汉王失言出汉中，只是想得到关中，如果实现了当初的'怀王之约'便停止进军，不敢再向东进。"同时，在这封信中，张良还就齐王田荣谋反之事提醒项羽，说："齐王和赵王想共同谋楚。"

张良以一封信，成功地使项羽的攻击矛头转向了齐、赵两国，使得项羽放弃了向西进攻汉军，而是集中兵力向北击齐。

为了防止出现意外情况，张良抄小路，从蓝田，经新丰，再次来到咸阳，与刘邦会合。

得知张良回归，刘邦十分高兴，赶紧差遣灌婴、曹参等人出去迎接。

再次见面，刘邦与张良两人都感慨良多。刘邦立即封张良为成信侯，有了张良的辅佐，刘邦可谓如虎添翼。

张良之所以能将项羽的目标转向齐、赵，却也不是无中生有的。

项羽分封，将赵国分割为代和常山两国。

封赵王赵歇为代王。另外，因为张耳随从入关及此前的扶赵抗秦之功，被封为常山王，领赵地北部，将赵国旧都信都，改名为襄国（今河北邢台），作为常山国的都城。从此，常山国立国。

原来与张耳齐名的陈馀，只是分到了南皮（今河北南皮县北）附近三个县，地位只是食三县的列侯。陈馀对人说道："张耳和我的功劳相等。今张耳为王，我却称侯，项籍对我不公平。"

另外，陈馀对项羽逐放赵王歇为代王也是十分不满。

汉元年（前206年）八月，陈馀听说齐王田荣已经叛楚，于是就秘密派门下客张同、夏说去游说齐王田荣道："项王执掌天下不公，赵国大将军陈馀请求齐王援助一些兵马，以进攻常山，恢复赵王的地位，那么，整个南皮都可以作为齐国的屏障，成为齐王的同盟军。"

田荣正想树立党羽以反叛楚国，便借机答应陈馀，并派遣将领引兵出征去支援陈馀。陈馀将借来的齐兵，再加上自己的南皮三县之兵，合并在一起进攻常山王张耳。常山被攻破，张耳不敌败走。

汉二年（前206年）十月，常山王张耳投靠了刘邦。刘邦念及当年从张耳游的岁月，待之甚厚。

汉二年（前206年）十一月，打败张耳之后，陈馀重新迎立代王赵歇为赵王。赵王歇为了感激陈馀，立陈馀为代王。陈馀以赵王赵歇势力弱小为由，不去代国就任代王，而是派夏说作为相国，去驻守代地，陈馀自己则留在赵王歇身边辅佐赵王。

刘邦拜韩信为大将军，以明修栈道、暗度陈仓之计，重返关中。

与此同时，田荣与陈馀先后反楚进攻常山国。

项羽腹背受敌，举棋不定。刘邦统率全军快速击败章邯，追降司马欣、董翳，并用计欺骗项羽，使项羽相信刘邦在取得关中之后就不会再东进了。

项羽放心地去攻打齐地的田荣，最终则陷入齐地的泥潭无法抽身，这给了刘邦一次绝佳的机会。

在汉元年（前206年）九月，当刘邦攻略夺取关中时，害怕项羽会以家人老小相威胁，因此刘邦一面攻城略地，一面命令薛欧、王吸率一部分人马出武关，借助王陵驻扎在南阳的兵力，去沛县迎接刘太公和吕氏。

刘邦攻进咸阳时，王陵不肯追随沛公刘邦，只在南阳郡聚集了好几千人马。如今，刘邦已经成了汉王，并回军夺取了关中，王陵才决定领兵归汉。

汉王刘邦要去沛县接家人，项羽得知这一消息后，便出兵在阳夏阻挡，使得薛欧和王吸一时间不能前进。

楚军又将驻扎在南阳的王陵有协助汉军动向的消息报告给项羽，项羽气得大怒，便派人劫持了王陵的母亲，并安置在楚军营中当人质。

王陵得知母亲被掳，派人去交涉解救。项羽知道王陵肯定会派人来救，早就布置好了应对之策。王陵的使者一到，王陵的母亲就被安排在朝东的贵宾位子上，以尊贵之礼相待。

王陵的使者临别时，王陵的母亲送出来，贴近使者小声地说："请你替老身转告吾儿，要小心侍候汉王。汉王是个仁慈宽厚的人，吾儿千万不要因为老身的缘故而三心二意，到最后落得个不仁不义，不得善终的下场。老身现在就以死来给你送行吧！"

话音未落，王陵的母亲就突然拔出使者的剑，毫不犹豫地举剑自刎而死。待使者想阻止时，已经来不及了。

使者想抢走王陵母亲的遗体，无奈楚军看管很严，使者害怕王陵母亲一死，待报告给项王，自己就走不掉了。因此使者趁事发突然，赶紧逃回向王陵汇报。

项羽闻报非常震怒，竟然残忍地令人将王陵母亲的遗体投进大锅里烹煮掉。

王陵得知母亲被残忍对待的消息之后悲痛地大哭。

项羽成了王陵的杀母仇人，从此，王陵恨透了项羽，死心塌地地追随刘邦，直到平定了天下。

于是，项羽只得又命令韩王郑昌去抵抗薛欧和王吸所率领的汉军。

汉二年（前206年）十月，刘邦又任命了一个人为韩国的太尉，令其回师进攻韩地。这个人就是后来的韩王信[①]。

　　[①] 韩王信，实际上也名为韩信，为了与大将军韩信相区别，本书暂将他的名字改为爵位加名。

韩王信是韩襄王的庶孙，虽然是庶出，但毕竟是韩国王族后裔。秦末大乱，群雄并起时，韩王信就与张良一同效力于韩王成门下，希望借助陈胜吴广起义，恢复韩国基业。

韩王信，身高八尺有余，身材孔武有力，令人畏服。韩王信很清楚自己作为庶孙是没有希望继承王权的，因此他凭借自己的天赋甘当一名冲锋陷阵的将军，一直听命于韩王成。

当刘邦奉"怀王之约"带领一支数千人马向西进攻秦国时，韩王信也和张良一样，虽然不是刘邦手下的文武官员，却来辅佐刘邦西进。

刘邦的兵力不足以完成长途奔袭，因为有了韩王信和张良的辅佐，不仅沿途快速降低了韩国故地百姓的疑心，并且还受到了韩国百姓的帮扶和资助。

刘邦之所以能一路平安地攻到武关，迫降秦国，最后进攻到了秦国都城咸阳，得到韩国百姓的支持也是其中的重要因素。

韩王成被项羽所杀，作为武将的韩王信虽然也激愤难平，但他却没有直接向刘邦借兵去复国，而是极力劝说汉王刘邦要向东进攻，与项羽争夺天下。

刘邦派韩王信率军出征韩国故地，承诺事成之后封他为韩王。

于是韩王信干劲十足，一举攻下项羽新任命的韩王郑昌辖下的十余座城池，并生擒了郑昌。

汉二年（前206年）十一月，刘邦兑现承诺，封太尉韩信为韩王，使之成为名副其实的韩王信。

从张良、张耳到王陵、韩王信……这些人才的陆续归汉，是刘邦向项羽宣战的最大底气和资本。

从此，楚汉两大阵营开始形成，双方的较量也马上开始了。

第五章　运筹帷幄，决胜千里

> 高祖曰："公知其一，未知其二。夫运筹帷幄之中，决胜于千里之外，吾不如子房。镇国家，抚百姓，给粮饷，不绝粮道，吾不如萧何。连百万之军，战必胜，攻必取，吾不如韩信。此三者，皆人杰也，吾能用之，此吾所以取天下也。项羽有一范增而不能用，此其所以为我擒也。"
> ——《史记卷八·高祖本纪第八》

1. 哭悼义帝

汉元年（前206年）春正月，项羽分封诸侯之前，首先尊楚怀王熊心为义帝，并将义帝由彭城迁往南楚地区的郴县（今湖南郴州）。项羽还将此举找了一个理由："古代帝王拥有千里见方的土地，必须住在上游。"同时，项羽又派亚父范增等人督促义帝的迁徙。

这样一来，成了义帝的楚怀王熊心，不得不再一次迁都。实际上，说是迁都，其实就是将义帝发配到江南一隅。群臣见义帝已经失去了权势，王国已经没有了政权可言，便纷纷背叛了义帝，重新择良主而去。

项羽新分封的诸侯们，看到项王把义帝驱逐到江南，也照样学样回去逐驱他们的君主，占据了好地方而自立为王。这就埋下了复乱的隐患。

楚怀王熊心毕竟曾经引领了"怀王之约"的制定，影响力不容小觑，项羽害怕楚怀王的余威会成为隐患，因此没有放过已成为孤家寡人的义帝熊心。

终于在汉二年（前206年）冬十月，项羽暗中指使九江王黥布，在郴县将义帝熊心杀害[①]。

从汉元年（前206年）五月开始，趁项羽全力攻打齐国之机，汉王刘邦率军东出，陆续地夺取了五个诸侯王的兵力。

汉元年（前206年）八月下旬，塞王司马欣、翟王董翳先后被迫向刘邦投降。汉二年（前206年）十月，项羽所封的韩王郑昌被刘邦所派的韩王信打败，不得不投降汉军。与此同时，项羽分封的河南王申阳也投降汉军。

汉二年（前206年）十一月，汉王刘邦回到关中，定都栎阳，派出汉军诸将攻城略地，又攻下陇西郡。

于是，刘邦设置了陇西、北地、上郡、渭南、河上、中地等郡，并在关外设置了河南郡。

汉王刘邦公告天下，提出：凡将领中以一万人或一郡投降的，

[①] 《汉书·高帝纪第一上》记载：二年冬十月，项羽使九江王布杀义帝于郴。另据《史记·高祖本纪第八》记载：乃使使徙义帝长沙郴县，趣义帝行，群臣稍倍叛之，乃阴令衡山王、临江王击之，杀义帝江南。

封给一万户。同时，刘邦还令汉军整修河上郡内的长城。开放原来秦朝皇家的苑囿园池，让百姓开垦耕种。

汉二年（前205年）春一月（正月），项羽在城阳攻击齐王田荣，田荣战败逃往平原郡，被平原百姓杀死。田荣一死，齐地都降楚，然而由于楚军烧毁了齐地的城郭，令齐人又纷纷叛离楚国。

与此同时，汉将周勃率领汉军攻下北地郡，俘获了雍王章邯的弟弟章平，并大赦有罪的人。于是，汉王刘邦出函谷关到达陕县（今河南陕县），采取一系列政策抚慰关外的父老。

汉二年（前205年）二月二十日，汉王刘邦下令拆除秦的社稷，改立汉社稷。汉王刘邦施行恩德如下：赏赐百姓爵位；蜀郡、汉中郡百姓供给军粮军需很劳苦，免除二年赋税；关中从军的兵卒，免除家中租税、劳役一年；每乡在五十岁以上、品行好、能率众、行善事的平民中推举一人为三老；在乡三老中推举一人为县三老，作为县令县丞县尉进行政事的顾问，免除徭役。每年的十月赐给三老酒肉。

汉二年（前205年）三月，刘邦率军从临晋关渡过黄河。这时，为救临济百姓而自杀身亡的魏王咎的堂弟魏豹率兵跟从。当年魏豹逃往到楚国，楚怀王拨给魏豹好几千人马，让他再去攻取魏地。魏豹在攻取二十多座城池之后，被楚怀王立为魏王。然后，魏王豹率领他的精锐部队跟随项羽入关中。而当项羽分封时，因为项羽自己想占有梁地，就把魏王豹移封在河东，以平阳为王都，称为西魏王。这样，就引发了魏王豹对西项羽的不满。于是，魏王豹举国归附从临晋关渡黄河的刘邦，并跟随汉军去攻楚。

当初项羽将魏国分为西魏和殷两国，被封为殷王的是原赵国的将领司马卬，以朝歌（今河南淇县）为都城，领有黄河北部的河内郡。

汉军东出，将士们东归心切，战斗力超强，因此，汉军势如破竹，很快夺取了河内地区，俘虏了殷王司马卬。于是，刘邦又设置了河内郡。

至此，原项羽分封的塞王司马欣、翟王董翳、河南王申阳、西魏王魏豹、殷王司马卬等五个诸侯王都投降归附了汉王刘邦。

汉王刘邦率军到达修武县时，陈平离楚降汉。陈平通过魏无知求见汉王刘邦。和陈平一同被刘邦召见的共有七个人。刘邦赏赐他们酒食，说："诸位吃完后就到客舍休息吧。"陈平却没有走，说："我有事才来见汉王，我要对汉王您说的话不能超过今天。"刘邦觉得此人很有个性，就把陈平留下来交谈。听了陈平的话，刘邦很高兴，问："你在楚国做什么官？"陈平回答道："做都尉。"

此时，刘邦忽然想起了在他被项羽阻挠去汉中就国之际，此人对他是有过帮助的。因此，刘邦当即就任命陈平为都尉，让陈平担任自己的参乘，并负责监督军队。

众将都不同意了，吵吵嚷嚷地议论道："汉王刚刚得到一名楚国的逃兵，还不知道他才能的高低，就和他同乘一辆车，并且还让他监督军中的老将，他凭什么啊！"

刘邦听了众人的议论后，也不多做解释，只是更加宠信陈平。

汉二年（前205年）三月下旬，刘邦又率军向南渡过平阴津（今河南孟津县东北），到达了洛阳。

洛阳，左借成皋之险，右据污池之固；前有嵩山，后有大河；东有绵延的崤山，西连无尽的漳、津。真可谓是：地形险要，景色优美，山川秀丽。看到这一切，刘邦心中喜不自胜。

当刘邦率领汉军进军途经新城（今河南省商丘市南）时，有新城的乡老董公等十几个人，挡在了刘邦的马前。

其中，董公的年龄最长，代表众乡老要直接与刘邦对话。刘邦立即下马倾听。

董公对刘邦说："汉王想不想知道义帝的下落？"

刘邦一听董公提到义帝，感觉事有蹊跷，赶紧追问："董公有什么话，请快快讲来！"

董公就向刘邦诉说了，他们在江中发现了义帝的尸首，并打捞上来，送到郴州之事。刘邦闻听义帝已经被害的消息后，当场失声大哭。

当刘邦止住悲声之后，董公又向刘邦建议说："顺行德义者昌盛，违背德义者灭亡。师出无正义之名，军事不会成功。指明他是逆贼，敌人才可征服。当然，这些都是老夫听来的道理，感觉正适用于汉王您如今所面对的局面。如今，汉王您也是师出无名，只不过是为了争夺地盘，即便是一仗打败了项王，天下之人也不会心服口服。项王不讲道义，弑杀义帝，已经成为天下人的敌人。仁不凭勇，义不恃力。老夫建议汉王您应该率领三军将士，都为义帝穿孝服，并传檄天下诸侯，为义帝被弑而联合起兵讨伐项王。这样一来，四海之内，无不仰慕汉王之德，此贤德之王的行为啊！"

闻听董公之言，刘邦认为很有道理，虽然表面上还处于义帝之死的悲戚之中，但心里十分高兴地说："太好了。先生所言真是高见。"

刘邦当即安抚及重赏了董公等人，并且恳请董公等人协助汉军处理为义帝发丧之事。董公等人便高兴地去做准备了。

于是，刘邦为义帝发丧，令三军缟素，举哀哭吊三天。然后，刘邦接受董公等人的建议，派出使者向各诸侯王发布项羽大逆不道的罪状，并以项羽杀害义帝之事为借口，号召各诸侯王率兵与自己一起讨伐项羽，为义帝报仇。

刘邦发檄文布告诸侯说："天下共同拥立义帝，对他北面称臣。现在，项王把义帝放逐、击杀于江南，大逆不道。本王亲自为义帝发丧，诸侯都要穿白色丧服。调拨全部关内的兵力，征集三河地区的士卒，沿着长江、汉水南下，愿意跟随各诸侯王讨伐楚国杀害义帝的凶逆之人。"

刘邦派人四处传送檄文，天下诸侯闻风而至。可以说，董公等人的一席话，让刘邦在不到一个月的时间里，就网罗了许多兵将，再加上叛楚的五诸侯王之兵，此时刘邦所拥有的兵力已经达五十多万。

于是，刘邦有些飘飘然了，马上召集张良、韩信、郦食其等人，商议攻打项羽，向西楚霸王的都城彭城进攻之事。然而，韩信却给刘邦泼了一盆冷水。

韩信谏言道："行军打仗必须明察天时地利，与其盲目行动，不如休兵养士。此时楚军兵势正盛，而汉军虽然网罗了将士五十多万，但缺乏必要的训练，还不能与强楚对抗。待到明年，必定破楚。"

而刘邦则认为项羽忙着与齐争战，燕、赵又从中作梗，天下诸侯分散了项羽的力量，汉军正好借此之机，一举攻下彭城，消灭项羽。

刘邦见韩信不肯出战，便夺了韩信的兵权，只让韩信去守"三秦"之地，而韩信见苦劝无果，就将帅印交出，自带人马守"三秦"去了。

张良、郦食其等人也没能打消刘邦继续东进的想法，只得追随左右，见机行事了。

汉二年（前205年）夏四月，田荣之弟田横收编齐地民众数万人，立田荣之子田广为齐王，开始反楚收复失地，使得项羽深陷齐国无力抽身。借此机会，刘邦亲率汉军渡过临晋关，到达河内。然后，再集结原项羽分封的塞王司马欣、翟王董翳、河南王申阳、西魏王魏豹、殷王司马卬等五个诸侯国联军，一共有五十多万人，兵分两路攻楚。

一路向北，由大将曹参、灌婴统率一部分人马。此路人马进攻定陶（今山东定陶西北），曹参和灌婴击败了西楚在定陶的守将龙且和项它，夺取了定陶。

一路向南，由刘邦亲自统率，张良、夏侯婴、樊哙等汉军将领跟随，再加上归附刘邦的五个诸侯联军，浩浩荡荡进军到达外黄县。

在外黄县，彭越率三万人马归附刘邦。

此时刘邦所率人马一举击败了西楚设在外黄县的守将程处和王武，夺取了外黄县（今河南省民权县西北）。

刘邦对彭越说："彭将军你收复了魏地十余座城池，现在急需立魏国后裔为王，因为西魏王豹是魏咎的堂弟，真正是魏国的后裔，所以只能委屈彭将军你来担任魏国的相国，由你全权率领你的部将士卒，去攻打梁地。"

于是，彭越领命而去。

另外，刘邦又派大将樊哙北上攻打邹县、鲁县、薛县、瑕丘等地，用以阻截项羽从齐国南下返回。然后，刘邦亲率主力继续向东攻打下邑。占领下邑之后，刘邦派部将吕泽驻守在下邑，而自己则率汉军主力继续向彭城进发。

离开下邑之后，刘邦所率南路军与曹参和灌婴所率领的北路军胜利会师，总兵力已经达到了五十六万人。然后，刘邦率领五十六万大军进攻砀县、萧县，逐一攻克之后，兵临城下，向彭城展开进攻。

2. 彭城得失

汉二年（前205年）夏四月，刘邦率五十六万大军，几乎不费吹灰之力地就占领了没有项羽坐镇的西楚国都彭城。这使得刘邦失去了理智。在率军进入彭城的那一刻，刘邦自以为攻占了西楚国都就是消灭了西楚，甚至还暗笑韩信、张良等人见识短浅，胆小怕事。思想的放松就从行动上表现出来。进入彭城后，刘邦缴获项羽的宝物美女，天天与诸侯们喝酒庆祝，夜夜拥娇娃享受人间温柔之情。各路将士也是上行下效，日日逍遥快活。

项羽得知，暴跳如雷，留下龙且和钟离昧率兵继续攻齐，而自己则亲率三万轻骑兵回袭彭城。项羽先到鲁地，击败了驻守在鲁县的樊哙。然后出胡陵，绕到萧县，再直抵彭城以西。随后，项羽趁刘邦陶醉于胜利戒备松懈之际，在当日清晨，立即向彭城发动了突然袭击。夜夜笙歌的汉军及各诸侯军，还在梦乡中就被攻击得四处乱窜，甚至是身首异处。

刘邦率领的五十六万大军，一下子就被项羽的三万精骑打得溃不成军，四散奔逃。刘邦与汉军主力逃往泗水方向，项羽令楚军紧追不舍地追杀，一路上汉军死伤逃散达十余万人。

项羽率领三万精骑一直将刘邦及汉军追击到灵璧（今安徽灵

璧县）东的睢水。后有楚军追杀，前有睢水挡路，汉军内部相互拥挤、践踏，乱作一团，汉军有十余万人竟然被挤入了睢水，一时间，使得睢水都被挤塞得不能流动了。

突然有大风从西北刮起，飞沙走石之际，刘邦才得以趁乱杀出一条血路，带领数十骑将士逃走。

楚军在睢水附近没有搜寻到刘邦的踪迹，项羽想起亚父范增的劝谏，意识到刘邦不除，终究是一大隐患，因此项羽这次没有再迟疑，立即派丁公和雍齿率领三千骑兵星夜追赶。

经过沛县时，刘邦派人去寻找家眷，然而家眷已经逃亡，没有找到。原来是在沛县的刘太公与吕雉夫人闻听刘邦兵败的消息，意识到了危险，在审食其[1]的保护之下离开沛县，从小道逃走，想去与刘邦会合。

刘邦派去的人没有接着家眷，反而是项羽的一支在沛县附近搜寻刘邦的人马，没有捉到刘邦，却意外地遇到了逃亡中的刘太公和吕雉，于是就掳去向项羽报告，项羽将刘太公与吕雉扣押在楚军中充当人质。

刘邦在沛县没有接回家眷，却在途中遇到了的儿子刘盈（后来的孝惠帝）及女儿（后来的鲁元公主）。见到儿女，刘邦才得知父亲刘太公和妻子吕雉被楚军所俘获。此时的刘邦也无暇考虑其他，只得带上儿女同车继续向西而仓皇撤退。途中，楚军追得很急，刘邦多次遇险，情急之下竟然多次将儿女推下车，几乎为楚军所获，幸亏滕公夏侯婴多次搭救，将儿女拉上车，才得以保全。滕公说：

---

[1] 审食其，沛县人，以舍人身份照顾刘邦的妻子儿女，逐渐被吕雉赏识，后被封为辟阳侯。

"事虽危急，可以把车赶得快一些，怎么能丢弃他们呢！"

刘邦继续逃往下邑（今安徽砀山县）。此时的刘邦，虽然惊魂未定，但更严重的是心灰意冷。五十六万大军啊！顷刻间就被项羽打得土崩瓦解，难道凭借自己的实力，根本不能战胜项羽吗？

刘邦一连几天垂头丧气，完全没有了昔日汉王的风采。张良见此情况，也是十分着急，准备找机会劝劝汉王刘邦，同时再献上自己的计策。

没想到，还没等张良开口，刘邦却先说话了。

这一天，当汉军进入下邑（今安徽砀山县）地界时，后面已经不见追兵，于是一直心情很差的刘邦跳下马，靠着马鞍对张良说道："子房，你看看，如果我愿意拿出函谷关以东的地方作为封赏的条件，那么，你认为谁是可以与我共建功业的人呢？"

张良既吃惊又高兴，他没想到刘邦竟然这么快就振作起来，并且开始下一步的打算了，立即谏言道："从目前来看，有三个人可以合作。"

刘邦一听，神情立即振作起来，说："子房，快说说看。"

张良继续说道："其一，是九江王黥布，他是楚国猛将，因为近来和项王产生了嫌隙，可以合作。其二，是彭越，他曾和齐王田荣在梁地反楚，在紧急关头可以合作。其三，是汉王的大将军韩信，他是汉王将领中唯一可以托付大事且可以独当一面的人。假如想捐出函谷关以东的地方，就送给这三个人。他们三个人如果接受这个条件，全力与汉王您合作，那么，就可以打败楚国。"

彭城之战失败，刘邦被残酷的现实狠狠地击中、震醒了。他明白，为摆脱被动局面，下一步需要积极采纳张良"联络黥布，重用韩信、彭越"的方针。

汉王刘邦到达妻兄吕泽驻守的下邑，稍稍收集散乱的士卒，然后驻扎在砀县。

之后，刘邦又率汉军退出梁地，到达虞县（今河南商丘虞城县东北三里）。

有一天，刘邦语调沉重地对左右的人说："你们这些人，实在不配参与筹划天下大事啊！"

这时，其中有一位叫随何[①]的人上前问道："我没有明白汉王您说的话是什么意思呢？"

刘邦见有人答话，便进一步叹息道："谁能为本王去出使淮南，让九江王黥布发兵背叛楚国，项王必留下击黥布。只要把项王牵制住几个月，那么，本王夺取天下就万无一失了。"

随何便自荐说："我可以前往充当使者。"

刘邦便高兴地对随何说："给你派二十多人一起出使淮南，如何？"

随何问："什么时候出发呢？"

刘邦回答："越快越好。"

于是，随何立即带人去淮南。到了淮南，一连三天都是由黥布的太宰出面接待，而黥布本人一直未露面。见此，随何就对太宰说："大王之所以不见我，必定是认为楚国强大，汉军弱小的缘故，而我也正是为此事而来的。请转告大王，一定要听我面陈想法。如果认为我说得对，那就正是大王想听的；如果认为我说得不对，

---

① 随何，西汉初年人，刘邦军中的谒者（主管传达禀报的人），官至护军中尉，主要功绩是说服九江王黥布归汉。事迹主要记载在《史记·黥布列传第三十一》。

那就将我和我带来的二十多人都在闹市中杀掉，以表明大王背汉亲楚的心迹。"

太宰把随何的这番话汇报给了黥布，黥布这才接见了随何。

随何面对着黥布说道："汉王之所以派我给大王您敬送书信，是因为对大王您与楚国那样亲近感到很诧异。"

黥布淡淡地回答："这有什么可诧异的呢？因为我本来就臣属于楚国。"

随何反问："大王您与项王同样是诸侯，却臣属于楚，一定是以为楚国强大，可以作为靠山的吧？然而，当项王伐齐，亲自背负修筑营垒的器具，为士卒做出了表率之时，按理大王您应该动员并亲自统领淮南所有兵力，去充当楚军的先锋，然而大王您却只派了手下将领率四千人去支援，那么请问，作为臣属于人的人，大王您应该这样做吗？"

黥布本想反驳，但只是张张嘴，由于没有找到合适的话来说，只好保持着沉默。随何见黥布哑口无言，便又接着说道："另外，在汉王与楚军大战于彭城之时，当时项王还没有从齐地返回，按理大王您应该亲率淮南兵众，倾巢而出，渡过淮河，日夜奔赴彭城参战，然而，大王您却仍然坐拥万人之众，未派一兵一卒地袖手旁观，难道大王您应该这样吗？"

随何的这番话，又说得黥布脸上一阵红一阵白的。

随何看了一眼黥布，又继续说道："恕我直言，大王您只是口头上臣属于楚，却还想以楚为靠山，这样做是不足取的。大王您之所以如此，无非是觉得楚强汉弱罢了。然而，楚军虽强，但项王违背盟约、杀害义帝之举，被天下人认为是所行不义。项王虽然凭借着强大的军事力量，暂时取得了胜利，但是，汉王如果召集各诸侯军队，带兵西还，把守住成皋、荥阳，再从蜀汉运送军粮，深挖壕沟，坚筑营垒，登城驻守，而楚军如果西进，不仅中间隔着八九百里的梁地，而且还需从千里之外运送粮草。楚军攻，汉军则坚守；楚军退，汉军则追击。这样的形势，大王您是行家，您觉得楚可以依靠吗？"

黥布边听边沉思，脸上的表情开始慢慢松动，并不时地点头示意随何继续说。于是，随何继续接着说："退一步说，假如楚胜汉败，那么各路诸侯由于害怕被逐个消灭，也会相互援救，因为楚国的强大，足以成为众矢之的。显而易见，楚不如汉。现在大王您不亲近万无一失的汉，却自托于危亡在即的楚，对于大王您如此做法，我感到不解。"

当随何说至此，黥布第一次打断了他的话，反问道："依你之见，本王应该何去何从？"

随何立即答道："当然了，我并不认为大王您以淮南的兵力足以灭亡楚国，只要大王您发兵叛楚，项王必被牵制而留在齐地，而只要牵制项王几个月，汉王夺取天下则万无一失了。到时候论功行赏，淮南是大王您的本土，汉王必定会将淮南分封给大王您。需要说明的是，此番我来敬献此计，乃是受汉王所派。希望大王您能仔细考虑。"

黥布见随何把话都说到这个份儿上了，便说道："那就按你说的办。"

然而，黥布虽然口头答应了叛楚归汉，但也只是在秘密进行中，不敢把此事泄露出去。正好此时，楚国的使者也在淮南，督促淮南王黥布发兵。汉使随何便推波助澜地推了黥布一把。

这一天，汉使随何闯入楚使所在的驿馆，直接对楚使说："九江王已经归汉，楚国怎么能得到他的援军呢？"

当黥布赶到驿馆时，正好听到随何的这一句话，不禁惊慌失措。楚使见状，已经明白了一切，便起身想离开。随何趁机对黥布说："事已至此，应该杀掉楚使，不要放他回去，同时，迅速投奔汉王，实现联合。"

此时的黥布明白，再也无法秘密进行了，就说："按你说的办，就此起兵，进攻楚国。"

说完黥布手一挥，身边的将士手起刀落，楚使身首异处。

3. 稳固关中

汉二年（前205年）五月，刘邦知道下邑砀县一带不是长期驻守之地，于是在下邑守军的阻击之下，遭遇了彭城之败的刘邦终于引军返回到了关中，驻屯在荥阳。此时，韩信也把溃散的士兵集中起来，与刘邦在荥阳会师。其他防线的汉军，也在这个时期纷纷率部抵达荥阳，一时间，汉军士气又大振。

特别值得一提的是，萧何征发关中的老弱以及没有达到徭役年龄的人，全到军中报到，以补充兵源。

楚军正在向荥阳（今河南荥阳）方向逼近，刘邦在乱局中及时调整布局，决定在荥阳和楚军一决高下。因为刘邦明白：在荥阳，如果再败，那么项羽是绝对不会给他东山再起的机会了。

荥阳的地理位置很特殊，西边靠近山区，东边则是平原。这样的地形很适合骑兵作战。彭城之战，刘邦见识了项羽所率楚军骑兵的厉害，因此，刘邦也快速地组建了一支可以与楚军相抗的骑兵部队。

刘邦组建的这支骑兵部队，称为"郎中骑兵"。

刘邦在军中挑选能够担任"郎中骑兵"将领的人。大家都一致推举原来的秦朝骑士重泉人李必、骆甲。因为李必和骆甲两人不仅对骑兵很在行，而且又都担任校尉之职，因此可以担任骑兵将领。

刘邦准备任命李必和骆甲为骑兵将领，但他们二人却说："我们原为秦民，恐怕军中士卒觉得我们靠不住，所以请您委派一名常在汉王您身边而又善于骑射的人做我们的首领。"

刘邦心中仔细将身边的将领们逐一筛选一遍，将目光定在了灌婴身上。此时的灌婴年龄虽然不大，但在多次战斗中都能勇猛拼杀，所以就任命灌婴为"郎中骑兵"的统帅。

虽然汉军之前也有骑兵，但是骑兵的作用还仅限于充当代步或运输工具，相对于战斗力而言，与强悍的精锐骑兵部队相差甚远。因此刘邦令灌婴在汉军的骑兵中选拔个人战力强的士兵，组成一支精锐的骑兵部队。

在选拔骑兵时，军中将士都主推秦人。一方面，关中秦人与项羽有着坑杀二十万秦军降卒的深仇大恨，另一方面，秦人有熟悉地形的优势。

虽然将士们个人战力很强，但团队协同配合的作战能力还需要加强训练。于是灌婴就抓住战前的短暂时间加紧备战。

与此同时，原本想全力追击并一举歼灭刘邦这个强大对手的项羽，行进却十分缓慢。因为，一是楚军主力还深陷齐国；二是黥布的背叛，此消彼长，使楚军的力量大打折扣；三是刘邦在从彭城到荥阳的沿路，层层布局取得了效果。总之，当项羽的楚军先锋骑兵部队进攻到荥阳时，时间已经过去一月有余。

刘邦闻报楚军到来，立即拜灌婴为中大夫，令李必、骆甲为左右校尉，统率"郎中骑兵"，出兵前去迎战楚军。

灌婴领军在京县（今河南郑州荥阳豫龙镇京襄城村附近）与索亭（今河南荥阳索河街道）之间与楚军周旋。京县和索亭两地在荥阳的东南，是一片适合骑兵作战的区域。

灌婴统领的"郎中骑兵"，大多是土生土长的本地秦人，熟悉环境，同时，此前在训练时，灌婴统领"郎中骑兵"曾反复在这一地区进行演练，充分利用两地间的地形地势，进行了排兵布阵，可以说是以逸待劳。

反观项羽楚军骑兵却是远道而来，人马疲惫，水土生疏。另外，彭城之战以来的节节胜利，也让楚军滋生了傲慢轻敌的情绪。楚军将士根本没有想到短短的月余，汉军就会有一支强悍骑兵部队对他们产生威胁。

在京县与索亭之间，楚汉两军骑兵相遇，刚一交手，楚军骑兵就被神出鬼没的汉军骑兵给带进了早已经设置好的战阵之中，结果楚军精骑再没有了往日的威风，几个回合下来，楚军就被击得溃不成军，大败而退到了荥阳以东。

京索之战，只是楚汉两军的一次小规模的军事冲突。然而对于楚来说，这只是项羽楚军先锋部队的一次试探性进攻。既然输了此战，项羽就决定还是以处理内部问题为主，特别是刚刚挑衅项羽权威的黥布，使项羽觉得如鲠在喉，必须先去拔除以解心头之恨。对于汉来讲，京索之战的胜利，不仅稳住了阵脚，而且有了一个相对充足的时间来继续稳固后方。

在彭城之战后，此前归附的诸侯看到刘邦大败，都四散逃走。其中，塞王司马欣、翟王董翳又降楚，殷王司马卬战死。举国归附的魏王豹，在同刘邦西退至荥阳后，就请假去探视母亲的病情，然而回到了魏地之后，就封锁了黄河渡口，背叛汉王刘邦。

因为当时正担心东侧楚国的威胁，无暇讨伐魏王豹，刘邦就对郦食其说："你去婉言劝说魏豹，如果能劝说他归顺，本王封你为万户侯。"

郦食其就奉命去魏都安邑游说魏王豹。见到魏王豹，郦食其口干舌燥地劝说了半天，然而，魏王豹却谢绝说："人活在这个世界上的时间，就像日影移过墙缝那么短暂。汉王待人傲慢，喜欢侮辱人，谩骂诸侯群臣就像斥骂下人一样，根本不讲礼节。本王可不想再见到他了。"

汉二年（前205年）六月，刘邦返回到栎阳（今陕西省西安市阎良区武屯镇）。六月十九日，刘邦立刘盈为王太子，并大赦天下。然后令王太子刘盈守卫栎阳，又令在关中的诸侯之子们也都留在了栎阳，成为王太子刘盈的宿卫。刘邦此举多少有把他们当作人质的意思。

早在汉王出兵彭城之前的几个月里，刘邦已经遣将连续作战，分兵略地，迅速占领了关中大部分地区。周勃率军攻克了漆县、频阳等地。靳歙、郦商率军攻占了陇西、北地、上郡等地。当时，关中除了雍王章邯困守的废丘①之外，已经全部归汉。刘邦回到关

---

① 废丘，雍王的都城，今陕西兴平东南。汉把废丘改名为槐里。刘邦命令祠官祭祀天、地、四方、上帝、山川，以后按时致祭。同时，征发关内士卒登城守卫边塞。

中之后，集中优势兵力，再次围攻废丘。雍王章邯仍然拼死抵抗。刘邦派大将樊哙领兵掘开渭水河堤灌城，汉军乘水攻城，废丘城终于攻破。雍王章邯见大势已去，在抵抗了十个月之后，兵败自杀身亡。

收复雍地，有八十余县，刘邦设置了河上、渭南、中地、陇西、上郡五郡。刘邦命令祠官祭祀天、地、四方、上帝、山川，同时，征发关内士卒登城守卫边塞。关中发生的饥荒，米卖到了一斛万钱，甚至出现了人吃人的现象。刘邦允许关中百姓到蜀郡、汉中谋生，使得关中饥荒得到了解决。

汉二年（前205年）秋八月，刘邦回到了荥阳，又派曹参、灌婴、靳歙等人先后平定了雍丘王武的叛乱。程处在燕县的反叛，楚柱天侯在衍氏的反叛，羽婴在昆阳的反叛，也都被汉将曹参平定。汉将樊哙又重新夺取了鲁地与梁地。

至此关中全部都归汉所有。此后，刘邦更改战略，抽调韩信去攻灭魏、赵等国。

汉二年（前205年）八月，魏王豹踞河东（今山西夏县西北禹王城），反汉归楚，威胁汉军侧翼。

河东郡的郡治在安邑，魏王豹将魏都设在了安邑。

当对楚之战稍缓之后，刘邦就立即任命韩信为左丞相，与曹参、灌婴共同去进攻魏国，制服魏王豹。

刘邦向郦食其了解魏国的情况，问道："现在魏国的领军大将是谁？"

郦食其回答道："柏植。"

刘邦一听乐了，说道："他不过是个小孩子。他不能抵挡韩信。骑将是谁？"

郦食其回答道:"冯敬。"

刘邦说:"是秦将冯无择之子,虽然贤能,但不能抵挡灌婴。步将是谁?"

郦食其回答道:"项它。"

刘邦说:"他不能抵挡曹参,我没有可怕的了。"

魏王豹在蒲坂布置了重兵把守,并封锁了临晋关。韩信也采取了应对策略。

这次在安邑,韩信同样采用了与对"三秦"作战时"明修栈道,暗度陈仓"的计谋,所幸的是,韩信再一次获得了此次战役的胜利。

具体方法是:韩信用一部兵力,故意摆开船只,做出要渡临晋关的样子,而主力却暗中从夏阳用木制的罂缶浮水渡过黄河,偷袭魏都安邑。

果然,韩信所布的疑兵,成功地将魏王豹引诱和迷惑,造成了魏王豹的错觉,使得轻举妄动的魏豹把主力调集到蒲坂以西地区,从而巧妙地掩护了汉军渡河的真实意图,使得韩信所率的数万大军顺利渡河成功。

汉二年(前205年)九月,韩信率汉军渡河后急进,突袭安邑要地。

魏王豹闻报汉军已经渡过黄河,奇袭了安邑,不禁大吃一惊,只得仓促率军迎击,然后,不出意外地遭到大败。韩信率汉军一战全歼魏军,生擒魏王豹,灭亡了魏国,从而平定了魏地。

安邑之战,汉魏两军使用的兵力都不大,算是一个规模比较小的战役,但是,对于当时的战局来说,却有着极大的影响。因为,汉军凭借着占领魏属的河东、太原等郡,就可以经略赵、代,进攻燕、齐,从而,形成从北面包围楚国的优越战略态势。

刘邦将魏地设置为三个郡，名为河东郡、太原郡、上党郡。

对于被俘虏的魏豹，爱惜人才的刘邦没有过多的责罚，只是削去王位，仍然令其为将，帮助驻守荥阳。

4. 赵灭燕降

安邑之战后，韩信又向汉王刘邦提出："希望再增兵三万人，请求迅速北进，征服燕、赵两国，向东攻击齐国，向南断绝楚国的粮道，最后向西，在荥阳与汉王会师。"

刘邦在如数给韩信增加三万精兵的同时，又派张耳与韩信共同向北攻打赵国和代国，开辟北方战场，以消灭楚的羽翼，实现对楚的战略包围。

陈馀在打败张耳之后，重新迎立代王赵歇为赵王。赵王歇为了感激陈馀的相携，立陈馀为代王。陈馀以赵王赵歇势力弱小为由，不去代国就任代王，而是派夏说作为相国去驻守代地，陈馀自己则留在赵王歇身边辅佐赵王。

汉二年（前205年）闰九月，韩信和张耳率领汉军，首先打败了代国的军队，在阏与生擒了代的相国夏说，代国随之灭亡。

汉三年（前205年）冬十月，在刘邦抽调回三万精锐去荥阳抗拒楚军的情况下，韩信和张耳仍然率领手下的数万汉军，继续东进井陉关（今河北井陉东南），去攻打赵国。

韩信率军在离井陉口不到三十里的地方停下宿营。半夜时分，韩信传令出发，并挑选了两千名轻装骑兵，每人都拿着一面红旗，从小路上山，隐蔽在山上观察赵军的动向。

韩信给两千轻骑兵的将士们部署的作战任务是："赵军看到我军败退逃走，一定会倾巢出动追击我军，这时你们就要火速出击，冲进赵军营垒，拔掉赵军旗帜，插上我们汉军的旗帜。"

看到两千轻骑兵已经领命出发，消失在夜色里，韩信又让副将传令下去，让全军就地先吃些干粮。然后，韩信对将领们说："今天攻破赵国之后举行会餐！"将领们当然不相信，但又不敢表现出来，只得假装答应："是的，遵命！"

韩信还一反常态，让执事官调遣一万人马为前锋，出井陉口，背靠河水摆开阵势。赵军看到汉军背水设阵，大声地嘲笑着汉将不懂用兵，于是放松了对汉军进攻的警惕性。

天亮后，韩信令人竖起将旗，擂响战鼓，大张旗鼓地走出井陉口。赵军见汉军主将已到，果然打开营垒，出兵迎击汉军。

双方相遇，展开激战。韩信和张耳所率的汉军渐呈"劣势"。这时，只见韩信和张耳两人打马收剑，互相对视一眼，不为外人觉察地暗暗点点头，然后两人率先急入背水列阵的军阵中。其他将士们也丢盔卸甲地紧跟着加入背水列队的军阵，兵合一处再继续与赵军进行缠斗。

赵军见状，以为汉军不敌而退，倾巢出动争抢汉军丢弃的旗帜战鼓，并且追杀主将韩信和张耳。此时，韩信和张耳已经进入河边的军阵。因为背水而战，全体将士退无可退，只能拼死而战。

这时，韩信战前埋伏在山上的两千骑兵，看准时机，在赵军倾巢而出时，飞速地冲进赵军空虚的营垒，将赵军的旗帜全部拔掉，将每个人手中的红旗都插上，这样，两千面汉军红旗就在赵军的营垒上空飘扬了。

第五章 运筹帷幄，决胜千里

— 151 —

在汉军背水一战的顽强抵抗下，赵军也是损失惨重。眼看着即不能战胜汉军，也没能捉住汉军主将，赵军将士们就想撤回到营垒。然而这时，赵军将士们才发现营垒中已经都是汉军的旗帜了。这一发现令赵军将士立即惊慌失措，以为赵王已经被汉军打败，因此赵军阵营一下子大乱，士卒们纷纷四散逃命。

韩信和张耳见此，指挥汉军前后夹击，大败赵军，俘虏了大批人马，并且乘胜追击赵军残部，在泜水河边斩杀了陈馀。

汉三年（前205年）冬十月，在派韩信与张耳进攻赵国的同时，汉王刘邦也亲自率军，北渡黄河，攻克河内，从南面进攻赵国。

刘邦令汉将靳歙从河内出兵，攻击由赵将贲郝所驻守的朝歌（今淇县）。靳歙领兵攻破城池进入朝歌，然后又跟随刘邦进击安阳（今安阳南）以东，接着又向邯郸发起了进攻，大破赵军，攻下了邯郸城（今属河北）。

在井陉关大败之后，赵将戚将军逃跑到了邬县（今山西省介休地区），被汉将曹参斩杀。赵王歇逃到襄国。张耳、韩信和汉王刘邦两路汉军南北夹击襄国，一举攻破襄国，杀掉了赵王歇。

期间，项羽遣骑兵渡河想趁火打劫争夺赵地，被汉军击退。与此同时，汉将靳歙又在平阳打败了赵军，并攻取了下邺。另派其他将领进攻赵军，俘虏了两司马，俘获了赵军将士二千四百余人。

原赵国的城邑都已经平定，汉王刘邦在原赵地和代地设置了常山郡和代郡。

在井陉口之战后，韩信传令军中，不得斩杀广武君李左车，活捉广武君的赏千金。当有人将广武君捆绑着送到韩信面前时，韩信立即快步上前，解开捆绑的绳索，将广武君请到面向东的位置就座，而韩信自己则面向西与广武君对坐。韩信此举，行的是尊师之礼。

之所以如此，是因为韩信得知，广武君李左车曾给陈馀献计，而陈馀没有采纳，如果陈馀听了广武君的计策，那么井陉关之战的结果就无法预料了。

韩信求问广武君李左车道："我想向北进攻燕国，向东讨伐齐国，您看怎么才能获得成功呢？"

广武君李左车见韩信如此谦让，就说："亡国的臣子不配谋划国家的存亡，打了败仗的将领何谈勇敢？像我这样一名兵败国亡的俘虏，哪里有资格与将军商量军国大事呢？"

韩信说："您不要有顾虑，但说无妨。"

广武君李左车说："现在最好的办法，不如按兵不动，但要摆出向北进攻燕国的样子。然后，派一名使者，拿着一封书信，到燕国去受降。这样，燕国一定不敢不服。降服了燕国，将军再率大军向东逼近齐国。齐国虽然也有谋士，但此时也一定不知所措了。那么，将军争夺天下的事就可以成功了。"

于是，韩信采纳了赵国降将广武君李左车的建议，陈兵燕境，然后派使者出使燕国，乘势不战而迫降了燕王臧荼，平定了燕国。

从此，燕王臧荼迫于汉军兵威，加入汉方对楚作战。

受降燕国之后，韩信立即派人向刘邦报告，请立张耳为赵王，以镇抚赵国。

汉三年（前205年）十二月，刘邦立张耳为赵王，拜韩信为相国。

张耳为赵王之后，楚国多次派遣奇兵，渡河突袭赵国。张耳与韩信率军四处迎敌，互相救援，将赵国的城邑稳稳地掌握在自己手中。与此同时，张耳与韩信还分出兵力多次出兵去支援对楚作战的刘邦。

张耳、韩信在北方战线取得节节胜利的同时，刘邦派遣的使者随何已经劝降了九江王黥布。黥布据有九江（郡治寿春，今安徽寿县）、庐江（郡治舒县，今安徽庐江西南）二郡，具有相当实力。

项羽闻报黥布叛楚，暴跳如雷，立即派楚将龙且和项声率精兵进攻淮南，攻打黥布。

几个月之后，楚将龙且和项声在淮南击败了黥布。黥布便率残军抄小路，躲过楚军的追杀，同随何一起投奔刘邦。

刘邦正坐在床榻上洗脚之时，闻报黥布来见，刘邦不等脚洗完就急忙召见黥布。

对于刘邦来说，此举是爱才心切，但对于黥布来说，却感觉到刘邦这是对他的侮辱。黥布见刘邦如此形状，非常愤怒，后悔不应该来投奔汉王，甚至都起了自杀之念。

黥布强忍着各种不适的情绪，完成了同刘邦的第一次会面。

当黥布从汉王的住处出来，走进专门为他安排的住处时，映入眼帘的一切让黥布一下子释怀了。因为黥布在自己住处所看到的一切，包括帷帐、衣物用具、饮食和随从官员等，都和他在汉王那里看到的一模一样。于是，黥布大喜过望，不再后悔。

刘邦召见黥布，给黥布派兵重返九江。黥布回到九江一带，收聚数千人归汉。

刘邦也离开荥阳，从成皋南下，到宛县（今河南南阳）、叶县一带迎接黥布，给黥布增兵，然后一起回到成皋。

现在的形势是，韩信在北方，黥布在淮南，一北一南两条战线上，极大地牵制了项羽的兵力，有效地缓解了楚军对汉军正面的压力。

与此同时，彭越在敌后的扰楚，长期以来也起到了不可估量的作用。

早在汉二年（前205年）四月，汉军在彭城战败后向西溃退，彭越把他攻占的城池又都丢掉，独自带领他的军队向北驻守在黄河沿岸。到了汉三年时，彭越经常往来游走，在梁地断绝楚军的后援粮草，给楚军也造成了很大的麻烦。在此期间，刘邦曾数次派遣使者召彭越联合攻楚，而彭越却回答说："魏地刚刚平定，还担心楚军来犯，军队还不能离开。"

实际上，两军交战，粮草补给确实是最大的问题。楚、汉两军围绕粮草问题，多次展开了斗智斗勇的争夺。

5. 从谏如流

彭城之战后，刘邦退守荥阳，开始修筑了一条与黄河相连的甬道，以便由敖仓①将粮食运输到荥阳。楚军兵围荥阳，楚汉对峙。项羽多次令楚军攻击甬道，竭力截断汉军的粮食补给和军援通道。

汉三年（前205年）冬十二月，双方久战不决。因为楚军截断了甬道，使得汉军粮草匮乏，渐渐难撑危机。

汉王刘邦十分焦急，询问群臣有何削弱楚军力量的良策？

谋士郦食其献计道："昔日商汤讨伐夏桀，封其后代子孙于

---

① 敖仓，是古代重要的粮仓。秦朝时开始设置。在今天河南荥阳东北敖山，位于黄河和济水分流处，中原漕粮由敖仓运往关中和北部地区。汉、魏时仍在此设仓，后来将粮仓泛称为敖仓。

杞地；周武王讨伐商纣，封其后代子孙于宋地。如今秦王朝失德弃义，侵略攻伐消灭诸侯六国的江山社稷，却使他们的后代子孙没有立锥之地。汉王您如果能重新封立六国的后代，那么原六国君臣和老百姓必定都会感戴汉王的恩德道义，甘愿做汉王的臣民。恩德道义推行起来，汉王您就可主宰并称霸天下，楚王也就必然会整饬衣冠恭恭敬敬地前来朝拜。"

刘邦闻听郦食其此言，拍手称赞说："好。赶快刻制印玺，郦先生你就负责巡行各地给他们授印玺吧！"

郦食其还没有启程，在关键的时刻，恰好张良外出归来拜见汉王刘邦。

刘邦正在吃饭，边吃边说道："有一个客卿为我出了一个削弱楚国力量的主意。子房，你看怎么样？"

张良大吃一惊，急忙问："这是谁给汉王您出的计策？照此做法，汉王您的大事就要坏了。"

刘邦顿时惊慌失色，反问道："为什么？"

张良说："臣请借用汉王您面前的筷子，讲一下当前的形势以及不可封六国后代为王的原因。"随后，还没等刘邦同意，张良就快速地拿起桌上的一双筷子，连比带画地讲起来。

第一个原因：以前商汤、周武王讨伐夏桀、殷纣之后而给其后代子孙封地，那是基于完全可以控制并可以置其于死地，然而如今请问汉王您能控制项籍并于随时置项籍于死地吗？

第二个原因：昔日周武王攻入殷，在闾（巷门）表彰商容，在箕子门前释放箕子，修缮比干的墓地，这是意在奖掖鞭策本朝的臣民。请问如今汉王您所急需的是旌忠尊贤的时候吗？

第三个原因：周武王曾经发放巨桥粮仓的粮食，散发鹿台府库的金钱，拿来赏赐给贫苦人民。如今汉军军需无着，请问汉王您还有能力救济饥贫吗？

第四个原因：周武王翦灭殷商之后，把战车改成人乘车，将兵器倒置以向天下表示不再使用了，如今鏖战正急，请问汉王您能效法周武王将战车倒置吗？

第五个原因：周武王马放南山阳坡，把军事运输的牛放在桃林的树荫下，这是因为天下已转入和平年代，不需要战马和运输军粮了。如今激战不休，请问汉王您能偃武修文吗？

第六个原因：天下的游士离开他们的父母妻儿，离开祖宗墓地，离开乡亲故旧，来追随大王，不过是日夜盼望着得到一点儿封地。如今把土地都分封给六国的后人，请问汉王您拿什么封给有功之人呢？

第七个原因：没有封赏，天下的游士谋臣就会各自回去侍奉他们的君主，回到各自的故乡去与他们的亲人团聚，请问汉王您又依靠谁来争夺天下呢？

第八个原因：如今楚军强大，六国软弱必然屈服于楚，又怎么能向汉王您称臣呢？汉王您如今只有让楚国无法加强力量，才是唯一出路，

张良的分析真可谓是字字珠玑，精妙至极，切中要害，最后张良说："如果真采用这位客卿的计策，汉王您的事业就完了。"

听着张良的话，看着张良手里上下翻飞的筷子，刘邦饭也不吃了，吐出口中的食物，大骂郦食其："臭儒生，差一点儿坏了老子的大事！"

张良借箸谏阻分封，使刘邦茅塞顿开，恍然大悟。于是，刘邦立即下令销毁已经刻制完成的六国印玺，从而避免了一次重大

战略错误，为此后汉王朝的统一减少了不少麻烦和阻力。

汉三年（前204年）夏四月，项羽率军围攻荥阳城已经月余，汉军粮草快要断绝，刘邦不得不以割让土地的形式向项羽请和。

项羽已经准备接受刘邦的议和条件了，这时亚父范增却提出了反对意见，说："现在我们楚军优势在握，汉军容易对付，如果放虎归山，将来必成后患。"

因为范增的反对，项羽迟迟没有答应议和。刘邦认为范增是个很大的障碍，就与陈平商量计策。

陈平献计说："楚军中是存在着可分裂的因素的，虽然项王身边有范增、钟离眜、龙且、周殷等忠直感言的臣子，但只不过寥寥几人而已。项王为人信谗言，好疑忌，假如汉王您能舍得出几万斤黄金，用反间计去离间项王君臣，使他们心存芥蒂，那么楚国内部就一定会自相残杀。然后汉军趁机发兵进攻，就一定能够击破楚军。"

刘邦赞同陈平的建议，拨四万斤黄金让陈平随意使用，并且不再过问黄金的使用情况。于是，陈平就放手大胆去用这些黄金在楚军中进行离间活动。

陈平在楚军众将官中有一些旧同僚，陈平就首先用黄金贿赂这些人，并告诉他们一些小道消息。比如，钟离眜作为项王的将军，有很大的功劳，然而却一直得不到裂土封王，钟离眜就很有怨言，感觉跟着项王，还不如与汉王联合，灭掉项氏，瓜分楚国的土地，然后各自为王呢！

除了钟离眜，还有范增、龙且、周殷等人的传言。这些传言在楚军中慢慢发酵，很快就传到了项羽的耳中。项羽本就是好疑忌之人，又有心腹大将黥布背叛的心里阴影，因此，听到传言，项羽果然对钟离眛等人产生了猜忌。

实际上，项羽也很谨慎，不想毫无根据地就怀疑自己手下的谋臣大将，因此在将信将疑之时，也想到派人借和谈之机去汉军中去求证。

然而这一切都在陈平的预料之中，因此，早就安排好了应对之策。

项羽派来的使者一到，汉王刘邦就立即召见。例行的出使谈话结束之后，刘邦就令陈平引楚使下去，好酒好菜地招待楚使用餐。

陈平先命人赶紧上菜，然后陪同楚使边寒暄边等待。

一个将官带着几个兵士将酒菜端上来了。将官令士兵一样一样地往餐桌上摆，好酒好菜，热腾腾地摆满了一桌子。在将官令兵士摆菜之时，陈平故意当着将官的面大声地与楚使交谈着，诸如请楚使回去之后多在项王面前替汉王美言几句之类的话。

上酒菜的将官，仿佛刚刚才清楚此事，并假装惊讶地说："噢，噢，我以为是亚父的使者，原来是项王的使者啊！菜上错了。"说完，竟然命士兵把刚摆上的酒菜，又全部撤了出去。

过了很长时间，一直不见酒菜端回来，直到陈平假意发怒了，才有一个士兵不情不愿地端着一盘菜一碗饭进来，而将官根本就没再露面。楚使一看，不仅没有酒、水，而且饭菜也比上次简单粗劣了许多。

楚使回去以后，如实地将在汉军中的这一幕汇报给项羽。于是，项羽对亚父范增也开始生出嫌隙了。

范增极力主张快些攻下荥阳城，而项羽已经不信任范增，当然不听范增的意见。范增在劝说了几次之后，终于明白项王是在怀疑自己，就生气地说："天下大事已经定局了，项王自己干吧！

老夫岁数大了，请求告老还乡。"

项羽没有挽留，且顺势削了范增的兵权，伤心透骨的范增便怀着一颗沧桑破碎的心，大怒离开项羽返回彭城，在中途因背部毒疮迸发而病死[1]。

陈平运用离间计，成功地离间了项羽与范增君臣的关系，使得项羽失去了一位重要的谋臣，而反观刘邦从谏如流地采纳了张良、陈平等人的建议，为汉军反败为胜奠定了基础。

6. 荥成相持

汉三年（前204年）五月，为了打破荥阳对峙的僵局，刘邦派靳歙与灌婴攻打楚军的粮道。靳歙切断了楚军从荥阳至襄邑的粮道，而灌婴则切断了楚军阳武至襄邑的粮道。

因为鲁县与齐国交界，又与彭越毗邻，是楚国的北部门户，战略意义重大，因此刘邦随后又命令靳歙与灌婴离开荥阳，越过梁地，与彭越联合，攻打楚国后方的鲁县（今山东曲阜）。

由于调走了灌婴与靳歙两支汉军精锐，刘邦与项羽在荥阳的对峙也更加艰难了。

---

[1] 《汉书·高帝纪第一上》记载：夏四月，项羽围汉荥阳，汉王请和，割荥阳以西者为汉。亚父劝项羽急攻荥阳，汉王患之。陈平反间既行，羽果疑亚父。亚父大怒而去，发病死。

这时，汉军将领纪信①劝汉王说："形势已经很危急了，臣请求假装成汉王您去蒙骗楚军，汉王您可以化装寻找机会出走。"

一个月黑风高的夜晚，利用夜幕的掩护，陈平从荥阳城东门派出两千名身穿铠甲的妇女。汉将纪信乘坐汉王的车驾，左边车衡上竖立着汉王的大旗。围困荥阳城的楚军不知虚实，以为是刘邦及女眷出城，因此楚军集中兵力攻击东门。

楚军将车驾牢牢地包围，只听车边的卫士高声呼喊："城中粮食吃光了，汉王投降。"闻听，楚军中发出了胜利的欢呼声。

与此同时，刘邦在陈平等几十名骑兵的守护下，趁机冲出西门，连夜逃走，奔向成皋。而这时的东门外，项羽闻报汉王已被包围并投降，便来到车驾前，没想到，从车内走出来的不是刘邦，而是一名汉将。

项羽厉声质问："你是何人？汉王在哪里？"

纪信哈哈大笑道："我乃汉将纪信。汉王已经出城了。"

项羽大怒，下令烧死了纪信。

刘邦在离开荥阳之前，令御史大夫周苛、枞公、魏豹等人率领一部分人马留守荥阳。

周苛与枞公商量说："魏豹这个叛国之王是个反复无常的人，我们很难与他一起共守城池。"枞公表示赞同。于是，周苛和枞公两人一致作出决定，将魏豹给杀了。

刘邦逃出荥阳，到成皋，从成皋再经函谷关进入关中，收集

---

① 纪信，汉军将领，赵人，曾参与鸿门宴，随刘邦起兵抗秦。因身型样貌与刘邦恰似刘邦，在危急时刻假装刘邦的样貌，向西楚军诈降，被俘后拒不投降项羽，被项羽杀死。

败散的士兵，想再次东进。

这时，辕生①劝汉王说："汉与楚在荥阳相持了多年，汉军常常处于困境。希望汉王您从武关出去，项王肯定引兵向南去。汉王您深掘壕沟，高筑壁垒，坚守不出战，让荥阳与成皋之间的战事得以停歇，暂时得到休息。韩信等人如果平定了黄河以北的赵地，联合燕、齐，之后，汉王您再赴荥阳。这样，楚军需多方设防，兵力分散，而汉军则是得到休整，再与楚军作战，肯定可以打破楚军。"

刘邦采纳了辕生的计策，率汉军主力出武关，在宛（今南阳）、叶（今叶县南）之间周旋，并与黥布会合，在行军中收集兵马，扩大队伍。

项羽听说刘邦领军在宛县，果然带兵南下。然而，刘邦却坚壁固守，一直不与项羽交战。

与此同时，韩信与张耳已经平定了赵国的反抗余波，南下至河内修武（今河南焦作）接应刘邦。而彭越渡过睢水，与项声、薛公在下邳（今江苏邳州南）激战，结果是彭越大败楚军。

项羽留下终公守成皋，亲率楚军主力，离开在宛县拒不出战的刘邦，改转向东进兵，攻打彭越。

刘邦趁机引兵北上，击破终公军，再次驻军成皋。

项羽率军增援下邳楚军，不出意外地战胜并赶走了彭越。当得知刘邦又攻下成皋，并驻扎在成皋，项羽便领兵西进，去攻荥阳。

汉三年（前204年）六月，项羽向荥阳发起了猛烈进攻。尽

---

① 辕生：辕，姓氏，与爰、袁同，辕生有姓无名，却仅以一策帮助汉王刘邦扭转危局。

管周苛、枞公等人死守荥阳，但由于楚军攻势太过于猛烈，周苛不能抵挡楚军的进攻。当月，荥阳被攻陷，周苛被俘虏。

项羽对周苛说："当本王的将领，任你为上将军，封三万户。"

周苛大骂："你赶快投降汉军，汉军就要俘虏你了，你不是我家汉王的对手。"

项羽大怒，烹死了周苛，杀死了枞公，还俘虏了韩王信。随后，项羽又领兵包围了成皋。

刘邦只与滕公同乘一辆车出了成皋的北门逃出，北渡黄河，到达小修武邑夜宿。

在驿馆住了一夜之后，第二天清晨，天刚蒙蒙亮，刘邦就与滕公自称是汉王的使者，进入了赵军的壁垒中。

此时，张耳和韩信还没有起床。刘邦在滕公的协助下，直接闯入张耳和韩信的中军大帐，夺走印符，并用军旗招来诸将，宣布调整张耳和韩信职务的决定。

韩信和张耳起来以后，才得知刘邦已经在军营中，大吃一惊，慌忙来见汉王。

刘邦把军事调整决定又重新布置了一遍：命令张耳继续北去赵地，收集扩充兵员。同时，任韩信为相国，率领剩余的人马去进攻齐国。

汉三年（前204年）七月，刘邦得到原属韩信和张耳的军队，军威又振作起来。这时，汉军诸将也陆续逃出成皋，追随汉王。

汉三年（前204年）八月，刘邦率军来到黄河岸边，向南进发，驻扎在小修武。刘邦令士卒吃饱喝足，准备与项羽再战。

这时，郎中郑忠劝谏汉王刘邦要避开项羽的锋芒，驻扎在河内小修武，深沟高垒，不与楚军交战。

刘邦采纳了郑忠的建议。

汉三年（前204年）九月，刘邦采用郎中郑忠之策，派将军刘贾、卢绾率领士卒两万人，几百名骑兵，渡过白马津，进入楚地佐助彭越。刘贾、卢绾率军与彭越联军，在燕县城西打败了楚军，烧掉楚军积聚的粮草。楚军缺乏粮食，回击刘贾。刘贾坚守不出不与楚军交战，与彭越互相呼应。

项羽知道消息之后，就令大司马曹咎驻守成皋，而自己亲自领兵向东，去攻打彭越与刘贾，收复被彭越和刘贾攻克的城邑。

项羽在临行前嘱咐大司马曹咎说："一定要谨慎防守成皋，遇有汉军挑战，千万不能应战，只要阻止汉军东进就行了。本王半个月之内一定平定梁地，就回来与将军会合。"

项羽领军东进。在攻打外黄时，楚军遭到顽强的抵抗，外黄县在顽强抵抗几天之后才投降，楚军也为此付出了相当大的代价。

为此项羽很生气，准备下令将全城十五岁以上的男子全部坑杀。危急时刻，外黄令一位门客十三岁的儿子前去劝说项羽，项羽才收回了坑杀令。

消息一经传开，从外黄往东直至睢阳，百姓们都争先恐后地向项羽投降。这样，被彭越所攻克的城邑，又都复归楚国所有。彭越只得率军北上谷城。

刘邦果然趁项羽东去兵力薄弱之机反攻成皋。

起初，汉军屡次向楚军挑战，成皋楚军坚守不战。刘邦屡次派人到两军阵前辱骂。五六天之后，楚国的大司马曹咎终于被激怒了。曹咎因怒忘记了霸王项羽临行前的嘱咐，率部出击。

曹咎让士卒渡过汜水追杀汉军，然而，汉军乘楚军半渡汜水之时，全力反击，大败楚军，缴获了楚军的全部财物。大司马曹咎和曾归汉后又复叛的前翟王董翳在汜水上自刎，曾归汉后又复叛的塞王司马欣被汉军俘虏了。

刘邦率汉军渡河，再次夺回成皋，驻军广武，用敖仓粮食供给军需。

第五章 运筹帷幄，决胜千里

第六章　伤胸扪足，曰中脚趾

项羽大怒，伏弩射中汉王。汉王伤匈，乃扪足曰："虏中吾指！"汉王病创卧，张良强请汉王起行劳军，以安士卒，毋令楚乘胜于汉。汉王出行军，病甚，因驰入成皋。

——《史记卷八·高祖本纪第八》

1. 齐国归汉

刘邦派出去的大将灌婴与靳歙，在鲁县打败了项冠所率领的西楚军。当得知荥阳已失时，灌婴与靳歙便分兵两路。一路由靳歙率军南下攻打楚国腹地以牵制项羽。靳歙继续向楚国的腹地进攻，连续攻克了缯县（今属山东苍山县）、郯县、下邳（今江苏邳州市）、蕲县、竹邑等地，并且几乎包围了楚国的都城彭城。另一路则由灌婴率骑兵返回前线增援，在燕县（今河南延津东北）打败楚将王武，又在白马津打败楚将桓婴，然后渡过黄河到达河内修武与刘邦会合，又护送刘邦南渡黄河回到洛阳。

汉四年（前204年）冬十月，谋士郦食其向刘邦谏言，务必要坚守敖仓，因为敖仓的重要性不言自明。同时，郦食其又自请出使齐国，劝说齐王田广撤去防守的士兵，与汉和好。

刘邦非常赞同郦食其的建议，让他出使齐国。

与此同时，刘邦派灌婴前往邯郸，调回一部分韩信镇守赵地的军队来坚守敖仓，并以灌婴接任周苛的御史大夫之职。

郦食其和灌婴各自领命而去。

郦食其不辱使命，以三寸之舌成功劝说齐王归降。齐王同意归降于汉，撤去历城的守军，以表示不再有反意，并与郦食其纵酒庆祝。

然而，就在这时却发生了一件意外之事。

韩信引兵东进攻齐，还没有从平原津渡过黄河，灌婴就到达韩信军中来搬救兵。韩信从灌婴口中得知，成皋和敖仓告急，而汉王已派郦食其去劝降齐王田广。

得知情况后，韩信准备停止前进，放弃攻齐，转而去解敖仓之急。这时范阳辩士蒯通[①]蛊惑说："将军是先受命攻打齐国的，而汉王只是又派了一个密使去说服齐王，难道汉王有命令让将军停止进军了吗？因此将军不可以停止前进。况且郦生只是一个辩士，坐着车子，以摆弄三寸不烂之舌就说下齐国七十多个城邑，而将军率领数万军队，进攻了一年多才攻下了赵国五十多个城邑，做了几年的将军反而不如一个小小书生的功劳大，这之间的差距

---

① 蒯通（生卒年不详），本名蒯彻，幽州范阳人。秦末汉初辩士。辩才无双，善于陈说利害，曾为韩信谋士，先后献灭齐之策和三分天下之计。韩信死后，遭到刘邦捉拿后，无罪释放，成为相国曹参的宾客。

就大了！"

韩信觉得蒯通讲得很正确，听从了他的计策，继续引兵渡过黄河向齐国进发，并擅自攻打齐国撤去防守的历城。

此时，撤去防守的齐王田广正与郦食其开怀畅饮，闻报韩信所率的汉军攻打历城，大怒，以为是郦食其出卖了他，盛怒之下，齐王田广不由分说就将郦食其给烹杀了。随后，齐王田广急忙逃往高密。

刘邦得知韩信攻打齐国，齐国复乱，和平受降齐国归汉的计划失败，无奈只得抽调汉军主力以武力平定齐国。刘邦派出灌婴、曹参、傅宽、蔡寅、陈涓、冷耳、柴武、王周等汉将赴齐，助力韩信攻打齐国。

汉军攻齐，齐王田广不得已向宿敌楚国求援。项羽从壮大自己的力量方面考虑，同意并立即派遣大将龙且率二十万楚军去支援齐国。

韩信攻下历城，接着打到临淄。在平定了临淄以后，接着向东追击齐王田广，一直追到高密的西边。

这时，楚将龙且领楚军也进入齐国境内。楚将龙且决定和齐王田广两军联合起来与韩信作战。

与此同时，刘邦所派汉将灌婴、曹参等人也赶到齐国，助力韩信先攻破了历城、临淄，又加入到在高密西边的潍水对阵龙且军的阵仗之中。

两军还未交锋，就有人劝龙且说："汉军远征奋战，其锋芒锐不可当。齐、楚两军在本土作战，士兵容易溃散。不如挖深沟筑高垒，让齐王派他的亲信大臣去招抚丢失的城邑，而丢失城邑里的官民百姓如果知道自己的国王还在，又有楚军来支援，一定会反叛汉军。汉军是在远离家乡两千里的异国他乡作战,如果齐国城邑里的官民百姓都与他们相对抗,那么汉军就无法得到粮食,这样就可以使汉军不战而降了。"

龙且却说:"我了解韩信的为人,他是很容易对付的。况且我奉命来救齐,如果不战而使汉军投降,那我还有什么功劳呢?如今,如果我经过激战而取胜汉军,就可以得到齐国一半的土地,那么我为什么要停止作战呢?"

楚将龙且决定与韩信进行正面交锋,陈兵在潍水东岸。而此时的韩信也将兵力布置在潍水西岸。两军一东一西隔着潍水摆开了阵势。

韩信派人连夜赶制了一万多个袋子,再装满沙子,并用这一万多个沙袋堵在了潍水的上游,使得潍水水流变缓。随后,韩信率领自己的一半人马蹚水过河袭击龙且楚军。

两军相遇,进行激烈交战。激战半日之后,双方都有损兵折将。见此,韩信假装不敌,引兵后退撤回西岸。

龙且不知是计,亲自领兵渡潍水追击韩信军,还高兴地说:"我就知道韩信是一个胆小如鼠之人。"

韩信在潍水西岸密切地关注着龙且军。当看到龙且率领一部分楚军渡过了潍水,而大部分楚军或挤在潍水中或还在东岸等待渡河时,韩信令早就做好准备的士卒,打开堵在潍水上游的沙袋。片刻之后,大水便汹涌而至。潍水河水量立即暴涨,渡到潍水河中间的楚军被大水冲走,而靠近东岸边的楚军虽然侥幸躲过一劫,却无法过河了。

随后,韩信下令汉军反击,围歼龙且带过河的一部分楚军。激战之下,汉军占据绝对优势,楚军渐渐不敌。龙且虽然奋力拼杀,但终因力竭而被汉军将士在阵前斩杀。龙且一死,在潍水河东岸的楚军群龙无首,四处逃散。

汉四年(前204年)冬十一月,齐王田广见楚军溃散,又趁机逃跑了。韩信和灌婴等乘胜追击败兵,一直追到城阳,俘虏了齐王田广,并将项羽所派增援齐国的二十万楚军全部消灭。

汉四年(前203年)二月,齐国全境被汉军平定。攻破齐国,韩信就自立为假齐王,并派使者向刘邦上书说:"齐国伪诈多变,是个反复无常的国家,南面又和楚国接壤,如果不设置一个假国王来镇抚他们,其势必不能安定。信希望做齐国的假国王以便有利于国家的安稳。"

韩信的使者到达以后,呈上韩信的书信,刘邦打开一看,勃然大怒,当着使者的面,大骂韩信道:"本王与项籍苦战已久,时刻盼望着你来增援,你却想自立为王。真是岂有此理!"

这时,刘邦身边的张良、陈平,暗中踩了踩刘邦的脚,并附耳低声相劝:"汉军正处境不利,怎么能禁止韩信称王呢?不如借此立他为王,好好地对待他,使他自守一方。不如此,恐生变乱。"

刘邦此时也明白过来了,便改变语气笑骂道:"大丈夫平定了诸侯,就应当立为真王,为什么要做假王呢?"

刘邦优厚地款待了韩信派来的使者,并立即派张良去册封韩信为齐王。

项羽闻报龙且军战败,心里很恐惧。为了避免被汉军包围夹击,项羽就想到了劝降韩信。

项羽派盱台人武涉赴齐国游说齐王韩信,说:"足下为什么不反叛汉王归附楚国呢?项王与足下有旧的交情,汉王却是一个很不讲信用的人,他落到项王手里好几次,一脱身就背弃约定又来进攻项王。足下如今认为与汉王交情牢固，然而最终还是会被汉王擒拿的。足下之所以能够延迟到今天还没有被擒拿，是因为项王还在，如果一旦项王被消灭了，就轮到收拾足下你了。足下为什么不与楚国联合成为三分天下有其一的齐王呢？如果错过这个机会，足下必定还是要靠汉王攻击楚国，作为一个聪明人，是应该这样做吗？"

韩信辞谢道："我也曾有机会侍奉项王多年，官不过是个郎中，职不过是持戟的卫士，我谏的言不听，献的策不用，我因此才背离项王而归从汉王。汉王授予我上将军印信，让我统领数万人马，脱下自己的衣服给我穿，把自己的食物分给我吃，听从我的意见，采纳我的谋略，我因此才能达到现在的地位。汉王如此真诚地待我，如果我背叛汉王是不会有好结果的。希望你替我辞谢项王。"

楚使武涉走后，蒯通知道天下定局的关键在韩信，就进一步用三分天下鼎足而称王的观点说服韩信，但是这一次韩信没有采纳蒯通的计策。

韩信之所以没有背叛汉王，是因为韩信自认为功劳很大，汉王不会夺取自己的齐国。另外，此时助力攻打齐国的汉将灌婴等人还在齐国。韩信深知，这些人都是汉王的心腹大将，如果他叛汉归楚，这些汉将不仅不会听命于他，而且还会与他坚决对抗。

平定齐地之后，御史大夫灌婴等人离开齐国，率汉骑南下。

灌婴首先进攻楚国的鲁地，在鲁北大破楚将薛公呆。接着南下再破薛郡长，攻取博阳，进军至下相，夺取虑、僮、徐等县。又渡过淮河，进兵至广陵（今江苏扬州），尽降楚国城邑。

项羽急忙派项声、薛公、郯公夺回淮北。

灌婴又北渡淮水，在下邳大破项声、郯公军，将薛公斩首，夺取了下邳。接着追击楚军，在平阳（南平阳，今山东邹城市）大破楚军，回师攻占了彭城，俘虏楚柱国项佗，降服了留、薛、沛、酂、萧、相等县。

灌婴平定淮北之后，与刘邦会师于颐乡（位于今河南鹿邑县）。

2. 分我杯羹

当汉将灌婴、曹参等人被调往齐国助力韩信平齐之时，刘邦在荥阳与成皋一线的不利局面又雪上加霜了。危急时刻，刘邦不得不让汉将靳歙放弃在楚国后方的进攻，回军到巩县（今河南巩义市）抵挡项羽楚军。

楚军与汉军继续在巩县对峙。如果汉军再失巩县，洛阳也将不保。值得庆幸的是，敖仓还在汉军的掌控之下。

刘邦在派靳歙等人坚守巩县的同时，命令周勃、程黑、郭蒙等坚守敖仓，而刘邦自己则驻军河内修武（今属河南焦作）指挥全局，并依黄河北岸驻守，封锁黄河渡口，以阻止楚军攻入河内平原。

为了取得战略上的优势，汉军必须夺回成皋，但由于汉军分兵去攻打齐国，兵力严重不足。为了补充兵源，调集一切可以团结的力量，刘邦便派使者去往燕国求助。燕王臧荼派燕军助汉。

与此同时，彭越在梁地对楚国的后方发起了进攻，往来骚扰楚军，烧毁粮草，断绝了楚军的粮食，同时也牵制住了楚军，使得楚军首尾不能相顾。

汉四年（前204年）冬，刘邦率汉军乘胜进兵至广武（今河南荥阳东北），并在荥阳以东包围了楚将钟离眛。

此时的项羽，刚刚攻下梁地十余城，平定了彭越在梁地的骚扰，得知曹咎军兵败的消息，急忙从睢阳引军返回成皋一线。

鉴于兵力不足，汉军暂时无力彻底消灭楚军，只得见好就收，项羽率楚军一到，刘邦就率汉军撤往险阻地带据险坚守。

项羽也驻军广武。这样，楚汉两军在广武再次形成对峙。

由于彭城之战后，刘邦的父亲刘太公和妻吕雉就被项羽掳到楚军中充当人质，这时，就有人给项羽出了一个主意，让项羽用刘太公来胁迫刘邦。

于是，项羽就令人设置了一个高大的鼎镬，把刘邦的父亲刘太公捆绑后放在鼎镬上面，然后派使者去告诉刘邦说："如果今天你不赶快投降，我就烹煮了你的父亲。"

刘邦内心十分震惊和恐慌，但表面上却无所谓地对使者说道："转告你家项王，我和他项籍都是北面称臣，受命于怀王，已经相约为兄弟，我的老子就是他的老子，他一定要烹杀他的老子，那么我希望他分给我一杯肉羹。"①

回到楚军中之后，使者原原本本地转述刘邦的话，项羽当即大怒，就想烹杀刘太公。这时，项伯劝说道："天下大事还不能预料，打天下的人不顾念家眷，即便是杀了刘太公也没有好处，只能增加祸患。"

项羽听从了项伯的话，只好作罢。

楚汉长期相持，一直未决出胜负，使得年轻力壮的人们苦于

---

① 《史记·项羽本纪第七》记载：为高俎，置太公其上，告汉王曰："今不急下，吾烹太公。"汉王曰："吾与汝俱北面受命怀王，曰'约为兄弟'，吾翁即若翁，必欲烹而翁，则幸分我一杯羹。"

行军作战，年老体弱的人们疲于水路运输。

楚汉两军在广武相持，数月之后的一天，隔着广武涧，项羽对刘邦说："几年来天下扰攘不安，只是由于我们两个人的缘故，我愿与你挑战，一决雌雄，不要使天下黎民百姓徒受其苦了。"

刘邦却笑着拒绝说："我宁愿斗智，不愿斗力。"

刘邦这个不软不硬的回答，让项羽的火气一下子就爆发了。

项羽令壮士出去挑战。汉军就派楼烦来应战。楼烦是一位擅长骑马射箭的人，楚军派壮士挑战三次，楼烦都把壮士射死了。项羽大怒，亲自拍马上阵。

项羽披甲持戟上来挑战，楼烦想要向项羽射箭，可是项羽怒目呵斥，吓得楼烦心里突突直跳，眼不敢正视，手不敢发箭，不由自主地折转身跑回汉军营垒，再也不敢出来了。

刘邦见此，急忙派人探听情况，才知道最后上来挑战的人原来是项羽本人。汉王大为震惊。

项羽见汉军中无人应战，就靠近汉王军营，继续和刘邦对话。

刘邦也是被逼急了，就当场历数了项羽的十条罪状。

第一罪：最初我和你都受命于怀王，约定先入关平定关中者为关中王，然而你却违背约定，让我去蜀、汉为王。

第二罪：你假借怀王之命，杀了卿子冠军，还自尊为上将军。

第三罪：你已经援救了赵地，应当返回复命，而你却擅自胁迫诸侯的军队进入函谷关。

第四罪：怀王曾有约定，到秦地不要残暴掠夺，而你却焚烧了秦朝宫室，还挖了始皇帝的坟墓，私自聚敛秦朝财物。

第五罪：在咸阳，你还杀掉了秦朝投降的国王子婴。

第六罪：在新安，你用欺骗的手段坑杀了秦朝子弟二十万，而只是封了他们的将领为王。

第七罪：你将好地方都分封给自己的将领，却迁走了原来的诸侯王，才使得臣下争为叛逆。

第八罪：你把义帝驱逐出彭城，自己建都彭城，夺取韩王的土地，合并梁、楚称霸王。

第九罪：你派人在江南暗杀了义帝。

第十罪：为人臣下而杀害了君主，屠杀已经投降的人，执政不公允，主持约定不守信用，为天下人所不容，大逆不道。

最后，刘邦慷慨陈词道："我带领正义之师来诛灭你这个十恶不赦之人，我何必还与你挑战呢！"

项羽当然大怒，恼怒之下，手一挥，当即便令埋伏在暗处的弓箭手，偷偷地向刘邦射冷箭。

一支冷箭射来，正在讲话的刘邦没有防备，冷箭正好射中刘邦的胸部。

刘邦当即就弯腰屈身呈蹲坐的姿势，并且忍着剧痛，以手摸着脚，说："这个贼人射中了本王的脚趾！"

刘邦受伤，贴身的汉军将士们手忙脚乱地将他抬入军帐中疗伤，并禁止一切闲杂人等入内。

广武涧对面的项羽，看到刘邦中箭倒地，又在混乱之中被人抬走，立即派人打探消息，当得知刘邦只是伤了脚趾后，大为失望，因此也没敢轻举妄动。

刘邦身受重创，卧床不起。张良在探视病情之后请求刘邦要强撑着起来，去巡视慰劳士卒，以安定军心。

刘邦强撑着出来巡视军队。将士们亲眼见到汉王安好，军心稳定了，但也因此让刘邦的箭伤加重。于是，刘邦回到成皋休养。

刘邦伤胸扪足，一是稳定了军心，二是没有让项羽知道他受了重伤。这样，就没有给楚军趁机取胜于汉军的机会。

汉四年（前204年）十一月，刘邦伤愈，西行入关。入关前，刘邦令樊哙守广武，周勃守敖仓，同时，刘邦将在汜水之战俘虏的前塞王司马欣带回关中。

到达栎阳时，刘邦令人置酒慰问关中父老。

栎阳是司马欣原来的都城。刘邦将司马欣在栎阳枭首，并将司马欣的人头悬挂在栎阳街头示众。

刘邦在栎阳留住四天后，带领关中兵又回到了广武。

这时，关中子弟纷纷参军，汉军兵员不断地增加，而彭越又占据梁地，往来各地不断地骚扰楚军，断绝楚军粮饷补给。

汉四年（前203年）秋七月，刘邦立黥布为淮南王。

汉四年（前203年）八月，开始征收算赋。刘邦下令：士卒不幸在战场上死亡的，官吏务必给该士卒制衣衾棺椁收敛，转送回家。

汉王这一系列举措深得民心，四方归附。燕人、北貉赠送雄骑助汉。

从此，项羽终究无力挽回楚国的颓势，战争的优势已经开始向汉方倾斜。

3. 跨过鸿沟

一直以来，彭越只在梁地骚扰楚军，断绝楚军的粮食供给，多次拒绝刘邦让他率军进攻楚军正面的召唤。韩信被立为齐王，极大地鼓舞了彭越，使得彭越变得积极主动起来。

借项羽在广武与汉军主力相持之机，彭越率军南下，快马加鞭地侵占楚地。彭越首先攻击的是定陶、昌邑（今山东巨野）这两个富庶之地，然后接着南下攻下睢阳（今河南商丘）、下邑（今安徽砀山）。

彭越再攻楚地，仍然以粮食为主要目标。彭越在楚军后方截断了楚军的粮草供应。粮食一告急，项羽就心慌了。

彭越在楚军后方截断了项羽的粮食供给，也鼓舞了韩信。待齐地战事一结束，韩信就派汉将灌婴率军一部北上攻打楚将公杲，然后又南下骚扰楚军的大后方。灌婴连战连捷，一度占领下邳，离楚都彭城只有一百六十公里。

韩信和彭越对楚军形成了夹击之势，让刘邦悄悄地松了一口气，而项羽及楚军将士却感到了恐惧。

刘太公和吕雉在项羽军中当人质，刘邦怕项羽被逼急了会对他们下毒手。汉四年（前203年）八月，刘邦利用汉军已经占据上风之机，派陆贾去当使者，希望与项羽休兵讲和，各自退兵，并释放在楚营中的家属。

陆贾是继郦食其之后汉军中最能说会道之人，然而，不论陆贾如何能言善辩都没有用，项羽直接就给拒绝了。

汉四年（前203年）九月，项羽腹背受敌，兵疲粮尽，而刘邦也没能调来韩信、彭越的援军到达广武战场。刘邦又派侯公第二次去求和。这一次，由于楚军粮尽，项羽被迫答应议和。

楚汉双方订立和约：中分天下，以鸿沟①为界，鸿沟以东归楚，鸿沟以西归汉。和约签订以后，项羽放回了刘邦的父亲刘太公和妻子吕雉。消息一经传出，楚汉两军的将士们都是欢欣鼓舞，汉军齐声欢呼庆祝，史称"鸿沟之约"。

楚汉签订"鸿沟之约"，标志着楚汉两军在荥阳、成皋一线两年零五个月的相持就此休兵罢战。

侯公成功地说服了项羽答应议和并放回了家人，刘邦说："这个人是天下的辩士，所到之处，可以使人国家覆灭，所以封他为平国君。"侯公的一次出使就被封为平国君，但在受封之后，他立即隐退，从此不肯再见汉王刘邦。

汉四年（前203年）岁尾，项羽引兵向东往都城彭城而去。不论项羽是否甘心议和及归还人质，但东归确是所有楚军将士都希望的。

刘邦安顿好刚从楚营返回的亲人，也准备向西回到关中去。刘邦召集跟随他的文臣武将议事，落实回归关中的具体事宜，说道："听说项籍已经引兵撤退，往彭城方向去了。你们准备一下，我们也应该启程回关中了。"

文臣武将们各自散去，只有张良和陈平站在原地没动，刘邦就问："你们还有事吗？"

张良、陈平屏退左右，附耳低声对刘邦说："现在汉已经拥有了大半个天下，诸侯也都归顺汉，而楚军却兵疲粮尽，这是上

---

① 鸿沟，是战国时魏国凿的沟通黄河与淮河的运河，北起荥阳，南至中牟、开封，南流至沈丘入淮河的支流颍水。中国象棋棋盘上的"楚河汉界"就是指鸿沟而言。鸿沟，在今荥阳市的广武山上，鸿沟两边可见两军对垒的遗址，东边是霸王城，西边是汉王城。

天让楚灭亡的时候,不如乘这个机会消灭它。如果现在放走项王不去攻打他,就是养虎为患了。"

实际上,刘邦心里很清楚,议和是暂时的,楚汉相争必定要争出个输赢。虽然刚刚握手言和,但战事再起只是时间或早或晚而已。

没有了家人被挟持的顾忌,刘邦决定听从张良、陈平的建议,立即跨过鸿沟去追击项羽,趁楚军的锐气已经消磨殆尽之时,乘胜向楚军发起攻击。

4. 乘胜追击

汉五年(前203年)冬十月,楚军向南撤退到夏阳(今河南太康)一带。随后,刘邦率汉军跨过鸿沟一路追击,这一日,也到达阳夏南面驻扎下来。

在阳夏,楚汉两军展开激战,楚军被汉军击败,汉将樊哙俘虏了楚国的大将周将军及四千士卒。项羽率楚军继续东撤,而刘邦也率汉军继续追击。一直追到了固陵(今淮阳西北)。

刘邦已经向齐王韩信和魏相彭越多次发出了指令,约期在固陵会合,然而韩信和彭越都没能按时到达。

在阳夏时,由于楚军正在后撤状态,对于汉军的进攻猝不及防而失败,然而楚军强大的实力还是占据上风的。当撤到固陵时,楚军主动回击汉军。由于韩信与彭越都没来会合,汉军大败,只得进入营垒,挖深沟堑,自为固守。

刘邦问计于张良说："子房，诸侯不来会师，怎么办呢？"

张良回答道："楚军即将崩溃，而韩信、彭越却没有分到一块封地，他们不来会合很正常。立韩信为齐王，实际上这并非汉王您的本意，因此韩信心里不踏实。彭越平定梁地，功劳很大，汉王您因为魏豹的缘故，只任命彭越为相国。如今魏豹已死，并且没有后人，然而汉王您却迟迟没有封彭越为王，其实彭越早有称王之意。如果汉王您与彭越、韩信两人分别约定：如果战胜楚，那么睢阳以北至谷城的地盘全部划归给彭越，作为他王国的封地；从陈县以东至海滨划归韩信，因为韩信的家乡在楚地，他自然想拥有故土。总而言之，汉王您如果愿意分割出这些地方给他们，那么他们可招之即来；反之，就不好说了。"

刘邦说："好。"

刘邦采纳张良的主张，分别派使臣给彭越和韩信传信，说："合力攻楚，楚军溃败之后，从陈县以东到海边给予齐王，睢阳以北到谷城给予彭相国。"

使臣一到，韩信、彭越果然都引兵来会战。

彭越率领本部人马奔赴垓下与刘邦会合，而韩信也从齐国出兵南下攻楚。

汉五年（前203年）十一月，刘邦派汉将刘贾南渡淮水包围寿春。刘贾很快到达寿春，寻找机会，诱降了楚大司马周殷。与此同时，汉将靳歙从济阳来与刘邦会合。平定淮北的灌婴也到达固陵东边苦县（今河南省鹿邑县）颐乡，刘邦率军来颐乡与灌婴率领的汉军铁骑会合。

项羽得知灌婴、靳歙两路汉军到来，为防止被包围，往南退守至陈下。

有了灌婴和靳歙的助阵，刘邦向楚军发动反攻。汉军先锋部队进攻固陵楚军，击败了驻守固陵的楚将钟离昧。钟离昧败退而逃至陈县与项羽会合。

刘邦又乘胜追击，与灌婴联合，在陈县对项羽楚军形成东西夹击之势。

项羽只得离开陈县继续东撤。项羽撤出之后，陈县县令立即降汉。

此时，因汉将刘贾已经攻占了寿春，项羽就无心攻打寿春，立即调转马头，继续向东撤退。

汉将刘贾策反了楚大司马周殷。周殷叛楚，以舒县之兵屠戮了六县，然后周殷帮助刘贾攻下九江，之后，率全体九江士卒一起迎接黥布。

黥布和周殷共同北上，在行军途中攻下城父[①]（今亳州），并在城父进行了大肆屠杀，致使城父鸡犬不留。然后黥布和周殷到达寿春与刘贾会合。三路兵马会合之后，离开寿春前往垓下一线，切断项羽向南逃的后路，配合刘邦实施对项羽进行战略合围。

无论屠六县还是屠城父都是为了不让楚军得到补给和立足之地。当项羽逃到城父之时，城父已被屠成空城，项羽只得越过城父，率领残兵败将疲惫地继续向东撤退。

汉五年（前203年）十二月，汉军各路人马不仅四处出击攻城略地，而且已经逐渐对楚军形成了包围之势。

在不得已的情况下，项羽只得率领十万楚军一路向东撤退，

[①] 城父，又为成父，今亳州，与垓下（今灵璧）均在陈下（今淮阳）的正东方向。

一直退到垓下（今安徽灵璧县南），才得以进入城中驻扎下来。

按照张良的计策，刘邦用封赏笼络住了韩信、彭越、英布等人前来助阵。

从齐地出发的韩信与从寿春出发的刘贾并行，一起到达了垓下。背叛楚国的大司马周殷，先是利用舒地的兵力屠毁了六县，然后调动九江的全部士卒，随同刘贾、彭越一起迅速向垓下集结，与刘邦会合。

5. 四面楚歌

汉五年（前203年）十二月，刘邦、韩信、刘贾、彭越、英布等各路汉军约计七十万人全部抵达垓下，完成了对十万久战疲劳楚军的包围。

鉴于此前对楚军作战的经验，为避免打乱仗，刘邦对所辖七十万各路人马进行了统筹安排与部署。

汉王刘邦居中坐镇，以齐王韩信率军三十万人马独挡正面，以将军孔聚为左翼、费将军为右翼，以将军周勃断后。

这一次汉军采用的是诱敌深入的战术。

首先由韩信率军向垓下的楚军发起进攻。初战不利，韩信就命前军不要再恋战，先诈败，然后韩信也引兵后退。

根据战前的统一部署，在韩信引兵后退之后，位于左、右翼的汉军，在孔将军和费将军的率领下，从后面包抄攻击楚军断后的步军。楚军此时已经久战疲劳，战斗力锐减，因此断后的楚军步军与汉军一交战就处于不利的局面，并且很快就落败了。

十万楚军在垓下筑垒与汉军交战，由于兵少且疲惫，因此屡战屡败。

随后，汉军又将楚军断后的步军与项羽所率的前锋骑军进行了分割包围，此前诈退的韩信又指挥所部返回加入战阵。这样，汉军对已经被分割成两部分的楚军前后夹击，左右包抄，楚军很快就不敌而大败。

经此一战，十万楚军当场阵亡约四万，被俘约两万，被打散约两万，跟随项羽撤回到垓下营垒中的仅剩约两万残兵败将。

刘邦立即率七十万大军将垓下重重包围起来。垓下的楚军被重重包围，很快就兵疲粮尽。

不知从哪一天开始，每到夜晚，在楚军营垒四周的汉军中就响起楚地的歌曲。歌云："人心都向楚，天下已属刘；韩信屯垓下，要斩霸王头！"

四面传来的楚歌，歌者越来越多，声音越来越响亮。那熟悉的曲调，传进饥肠辘辘的楚军将士耳中，使得楚军将士不禁潸然泪下。夜夜闻听着四面楚歌，楚军将士思乡之情更加迫切，怠战的情绪开始滋生，军心开始瓦解。

项羽当然也听到了四面传来的楚歌，大为震惊地说："汉军难道全部占领了楚国吗？为什么楚国人如此之多啊？"[1]

没有人能回答项羽的提问。

项羽被四面的楚歌搅扰得夜不能寐，只得整夜在帅帐中借酒

---

[1] 《史记·项羽本纪第七》项羽大惊曰："汉皆已得楚乎？是何楚人之多也！"

浇愁，而时刻陪伴着项羽的是一个叫虞姬的美丽女人和一匹叫骓的骏马。

那一夜，四周的楚歌又起，项羽有些悲凉地端着酒杯，拥着宠爱的虞姬，回想着曾经骑着骏马驰骋疆场的一幕幕往事，不禁慷慨悲歌，吟诵道："力拔山兮气盖世，时不利兮骓不逝。骓不逝兮可奈何，虞兮虞兮奈若何！"

项羽接连地吟诵了数阕，带动着美人虞姬也与他相和。项羽边吟边哭，不知不觉地泪如雨下，服侍左右的随从也都抱头掩面痛哭，悲痛得抬不起头来。

四面的楚歌致使楚军将士思乡厌战的情绪不断地上升，没过几天，军中的粮草也彻底断绝，两万楚军的军心也彻底瓦解。

罢了！罢了！终于有一天，当四面楚歌再起，项羽又饮酒高歌，歌罢，项羽跳上自己心爱的骏马骓，准备突围。

项羽甩开大队人马，只有八百骑士跟随。

当夜，项羽率领八百骑兵冲破汉军的重重包围向南飞驰而去。天亮之后，汉军才发觉项羽已经突围出去。消息很快就汇报给了刘邦。刘邦立即命令骑兵大将灌婴率领五千骑兵尾随追赶。

当项羽渡过淮河后，身边跟随的骑兵已经从八百余骑减少到只剩下百余骑。当然，此时的项羽已经顾不上计较随从的人数了，他只是慌不择路地一路向东奔逃。而项羽这样毫无目标的奔逃，最直接的后果就是容易迷失方向。

果然，当项羽逃至阴陵（今安徽定远县西北）时就迷路了。因为迷失了道路，项羽才勒住骏马的缰绳停下来。

项羽下意识地想命令侍从去问路，可他环顾一下左右，这才注意到跟在身边的人马已经不足百骑。望着自己的将士们骑在马上丢盔卸甲的模样，项羽的眉头一皱，此时正好附近的田地里有一位老翁在种田，项羽便没有命令侍从，而是自己直接以命令的口气粗声大嗓地喊道："喂，喂，老头儿，过来，过来！向东的大道怎么走？"

老翁似乎没听见项羽的喊声，依旧低头干着农活儿。接连问了数遍，老翁一直没有抬头，项羽不禁火冒三丈，发怒大吼："好老儿，本王只是暂时落败而已，难道你这个种田的老翁都敢违抗本王的命令了吗？"

看到项羽发怒，刚刚平缓了呼吸的侍从们纷纷拍马冲向田地里的老翁。待冲到近前，其中一名侍从挥起马鞭就向老翁抽去，正好抽在老翁挽起袖子的手臂上，立即现出了一道血痕。这位侍从一边挥鞭子一边口中骂道："臭老儿，你耳朵聋了还是活腻了？竟然胆敢无视大王的问话！"

侍从边骂边继续挥鞭，还没等鞭子第二次落到老翁身上，老翁已经抬起头，并愤怒地举起了手中的农具。

见状，其他侍从急忙喊停，挥鞭的侍从才骂骂咧咧地收住鞭子。

老翁也撂下农具，用另外一只手捂着被鞭子抽出血痕的手臂，不发一言地怒目与众侍从们对视。

众侍从缓和了语气向老翁询问向东的道路。老翁仿佛刚刚明白是怎么一回事儿似的，抬起左手一指，说了两个字："往左。"

众侍从拍马回报项羽，然后一行人向左继续奔逃。

老翁望着项羽一行远去的背影，又看看被众侍从踩踏得乱七八糟的田地，鼻子哼了一声，眼中闪出了一丝狡黠，然后，老翁简单地整理了一下田地，收拾起农具，快速离开了。

6. 霸王自刎

项羽抛弃大队人马率八百余骑兵趁夜突围南逃，天明后刘邦方才发觉，于是派灌婴率数千骑兵追击。

项羽在渡过淮河之后因迷路而问路于种田的老翁，又因言语不礼貌而被老翁诓骗背道而驰，结果陷入了一大片沼泽中，又付出了十数骑的代价才从沼泽中撤出。

项羽一行陷入沼泽中，才发觉被种田老翁误导，等气急败坏折返回来想杀了老翁，田地里却早就没有了老翁的身影。而此时，汉军大将灌婴所率的五千骑兵追上来了。

双方一阵拼杀，项羽的不足百人的残兵哪里是灌婴五千汉军精骑的对手，因此，楚军又丢下几十骑折路向东逃去。灌婴又率部紧随其后进行追杀。

待项羽逃到东城（今安徽定远县境内）时，他的身边仅剩下二十八骑将士，而汉军的追兵却有五千余人。

那一刻，项羽突然地有些心灰意冷，但实在是心有不甘。项羽对二十八骑将士说："本王从起兵到如今已经八年了，历经七十多场大小阵仗，谁抵挡本王，本王就打垮谁，本王攻击谁，谁就得降服，未曾打过败仗，因而雄霸天下。然而如今本王却被围困在这里，这是上天要灭亡本王，不是本王打仗的过错。"

说至此，项羽停顿了一下，在二十八骑将士身上环视了一圈儿，然后接着傲然地说道："如果今天必须得战死，那么本王愿意为各位再痛痛快快地打一仗。各位请为本王见证，本王一定要取得三胜，即突破重围、斩杀敌将、砍倒敌人军旗，本王要让各位知道，天亡我，非战之罪也。"

二十八骑将士毕竟跟随楚霸王走南闯北这么多年，并能追随楚霸王的脚步走到此地，因此说二十八骑将士都不是孬种。受到项羽的一番说辞的鼓舞，群情又振奋起来，二十八骑将士振臂高呼："大王威武！大王威武！大王威武！"

项羽见将士们的情绪被调动起来了，决定放手一搏。二十八位骑兵将士被分成四队，面向四方，层层将项羽围在了中间。

项羽低声对围在身边的二十八骑将士说："弟兄们，我们四面出击，你们合力攻击三面，本王将为你们独当一面，斩杀一个将领。"

二十八骑将士齐声回答："杀！杀！杀！"

项羽将士气调动起来了，汉将灌婴的五千人马也追上将其包围了。

项羽大喊一声："弟兄们，冲啊！"

项羽与二十八骑将士向四面飞骑冲击。

汉军骑兵虽然人数众多，但眼见着楚军骑兵突然采取了拼死一搏的打法，队伍立即惊慌混乱。项羽抓住时机，直接飞骑奔向一位汉军将领，手起刀落，快速地将这名汉军将领斩杀。

由于事先突然，项羽如虎啸般的大吼声，一时间将汉军将士震得是人马俱惊，连连倒退。汉军主将灌婴知道项羽这是困兽犹斗，害怕汉军会中计，因此命令本部人马全部撤退到几里之外，远远地跟随。

项羽单骑吓退汉军之后，便汇入二十八骑所组成的三路人马之中。远远跟随的汉军骑兵，不知道项羽究竟去了哪一路，灌婴因此也只得将汉军分成三部分将项羽包围起来。

项羽如法炮制再次拍马冲杀，又斩杀了汉军的一个都尉。楚军骑兵将士们又紧紧跟上，四面出击杀入汉军阵中，杀死了一百余骑汉军。

待战事稍停，项羽将身边的骑兵集合起来，一查人数，只折损了两名骑兵。项羽狂傲地扬起头，对他的骑兵将士们说："怎么样？"

骑兵将士们都佩服地说："正像大王所说的那样。"

虽然被项羽组织的几次冲击打乱了阵型，但是大将灌婴所率汉军骑兵精锐很快稳住阵脚，再次围攻上来。

项羽一见，人数上的劣势太过于明显，因此只得继续逃亡。

当项羽逃到乌江（位于今安徽和县东北乌江镇）岸边时，乌江亭长已经把船靠在岸边等待多时了。

项羽望着奔腾的长江水，再看看身边已经空无一人，曾经雄心勃勃的西楚霸王不禁仰天长叹："天亡我，非战之罪也！"

接下来，只见项羽跳下心爱的坐骑骏马骓，卸下了身上沉重的铠甲，就那么一身轻松地走到长江边，甚至还用双手捧起江水洗了一把脸，又喝了一口江水。这一刻，没有人能明白项羽的举动，也许，项羽此刻已变回到最初那个跟在叔父项梁身边朝气蓬勃的青年项籍了。

乌江亭长似乎看出了什么，力劝项羽说："江东虽小，但地方也纵横上千里，民众也有数十万，足以称王。希望大王赶快过江，以图东山再起。现在只有我有船只，汉军来到这儿，没有船只渡江，就无法追上大王了。"

项羽听了乌江亭长的话，却惨然一笑说："上天要灭亡我，我又渡江干什么呢？况且我项籍与江东子弟八千人渡江西进，如今无一人回来，即使江东父兄怜悯我，让我称王，而我又有何面目去见他们？即使他们不说什么，而我项籍又能不愧对于心吗？"

乌江亭长坚持着劝说："留得青山在，不怕没柴烧，大王还是快快上船渡江吧！"

已经由楚霸王变成了项籍的项羽，抚摸着跟随多年的骏马对亭长说："我知道你是一个忠厚的长者，我骑这匹马已经五六年了，一直所向无敌，它曾经一天奔驰一千里，是一匹真正的千里马。我不忍心杀了它，也不想它被我的敌人所得，就把它送给你吧！希望你能善待它。"

此时汉军追兵已经快追到乌江边了，项羽将马缰绳放到乌江亭长的手中，然后折转身，徒步拎剑迎向汉军追兵。

短兵相接之下，已经心灰意冷不惧生死的项羽犹如一头野兽，汉军骑兵竟然有数百人马被项羽挑落斩杀，项羽身上也多处受伤，全身已经被鲜血染红了。

这时，项羽看到汉军的骑司马吕马童，说："你不是我项籍的老朋友吗？"

吕马童被项羽认出，脸上不禁有些尴尬，心虚地说："是我，那又怎么样？"然后吕马童背对着项羽，指给汉将王翳说："这就是项王。"

项羽对吕马童说："我听说汉军用一千两黄金、一万户封邑来买我项籍的人头，念你曾经跟随我一场，我就成全你这件好事吧。"

说完，项羽挥剑自刎而死。

呜呼！曾经不可一世的项羽，自觉无颜见江东父老，因此不肯渡江。在力杀汉军数百人之后，自刎而死。

项羽自刎而死后，汉将王翳割了项羽的头，其他汉军骑兵见状一起争夺项羽的尸体。骑兵们自相蹂躏践踏，在互相残杀了几十人之后，郎中骑杨喜、骑司马吕马童、郎中吕胜、杨武等人各自得到了项羽的一段肢体。

得到项羽肢体的五个人后来都被封侯，其中，吕马童被封为中水侯，王翳被封为杜衍侯，杨喜被封为赤泉侯，杨武被封为吴防侯，吕胜被封为涅阳侯。

垓下一战，刘邦全歼楚军，获得最后胜利。

项羽败亡后，楚地陆续平定。各地都投降汉军，唯有原项羽的封地鲁城不肯投降，因为鲁城的父老乡亲在坚守他们的礼仪，他们要为主人项羽以死守节，绝不背叛。

刘邦令汉军把项羽的人头展示给鲁城人看，鲁城的父老乡亲确认他们的主人已死，才投降了刘邦，至此楚国全部平定。

当年，楚怀王曾封项羽为鲁公，项羽死后，刘邦以鲁公之礼把项羽埋葬在了谷城。

刘邦亲自为项羽发丧举哀，并且大哭了一场，然后离开了鲁城。

对待各支项氏宗亲，刘邦不仅没有诛杀，而且还封侯赐姓刘。项伯被封为射阳侯，另外桃侯、平景侯、玄武侯等也是项氏宗亲。

至此，楚汉相争，以项羽自刎身死，刘邦取胜而结束。

第七章　成败未知，何治宫室

  萧丞相营作未央宫，立东阙、北阙、前殿、武库、太仓。高祖还，见宫阙壮甚，怒，谓萧何曰："天下匈匈苦战数岁，成败未可知，是何治宫室过度也？"萧何曰："天下方未定，故可因遂就宫室。且夫天子四海为家，非壮丽无以重威，且无令后世有以加也。"高祖乃说。
——《史记卷八·高祖本纪第八》

1. 君临天下

  楚霸王项羽在乌江自刎而死，楚汉相争以汉王刘邦取得最后胜利而结束。
  刘邦以鲁公的礼仪和封号在谷城安葬了项羽，也算是给了楚霸王项羽以应有的尊重。待此事一了，刘邦立即回到定陶（今山东曹县）。
  回到定陶，刘邦就马不停蹄地驰入齐王韩信的营垒中，收了韩信的兵权,夺了韩信的军队。

汉五年（前202年）一月（正月），刘邦在定陶大宴宾朋,一是庆祝取得楚汉相争的胜利,二是对战后的诸多事宜进行议事商讨。

刘邦首先追尊兄长刘伯为武哀侯。

刘邦说:"楚地已经平定,为了安抚楚地百姓,必须立一个楚王,然而义帝却没有留下后人,齐王韩信熟悉楚地风俗,因此改立韩信为楚王,封地在河北,都城在下邳（今江苏邳州东）。魏相国建城侯彭越,能够勤劳为魏民服务,又能够亲近士卒,还经常以少击众,多次击败楚军,因此立彭越为梁王,以魏故地作为封地,都城在定陶。韩王信仍为韩王,建都阳翟（今河南禹州）。原衡山王吴芮与子二人兄子一人,率领百粤之后帮助诸侯,诛灭暴秦,立有大功,诸侯立他为王,而项羽却侵夺他的土地,称之为番君,今以长沙、豫章、象郡、桂林、南海五郡立番君吴芮为长沙王,建都临湘（今湖南临湘）。原越王无诸世代祭祀粤人先祖,秦侵夺其地,使他的社稷再也得不到祭祀,后来诸侯伐秦,无诸亲率闽中兵助力灭秦,项羽却废而不立,今立无诸为闽越王,以闽中为封地。淮南王黥布、燕王臧荼、赵王张敖都保持封号不变。其他人也将陆续论功进行封赏。大家以为本王这样的安排,可否妥当?"

刘邦又说:"战争八年不得休止,使得成千上万的民众处于深重苦难之中,如今天下的战事已经结束,死罪以下的犯人全部赦免无罪。"

刘邦这一番说辞,使诸侯王及群臣的情绪完全被调动起来了。

楚王韩信、韩王信、淮南王黥布、梁王彭越、燕王臧荼、赵王张敖以及长沙王吴芮等人，激动得一起站出来谢恩，并上疏说："以前秦行无道，天下诸侯起而诛灭。汉王您先掳获秦王，平定关中，对天下功劳最多。保存了危亡者，救助了败绝者，安定万民，功德浩大。又加恩于诸侯王有功人员，令其建立封国。如今封地已经划定，汉王您与别人的号位相同，无上下之分，汉王您功德显著，却没有宣明后世。尔等愿冒犯死罪再拜献上皇帝尊号。"

刘邦说："本王听说皇帝这一尊号属于有贤德的人，不是虚言浮语、空有其名的人所能占有的，本王又怎么来承受这皇帝之位呢？"

诸侯王都说："汉王您虽然出身地位贫寒，但诛暴讨逆秦朝，威势震动海内，又在僻陋之地，从汉中就开始推行威德，诛灭不义之徒，有功的就割地封为王侯。功臣都封地食邑，汉王您没有私自独占。汉王您之德施于四海，诸侯王无法与汉王您相比。如果汉王您不尊崇皇帝名号，那么臣等对自己的封号都要产生疑虑，不敢相信是真的。臣等誓死坚持尊称汉王您为皇帝，希望汉王您君临天下。"

刘邦见群臣皆推他为皇帝，内心当然十分高兴，但他暗自告诫自己不能太得意忘形，必须记取秦王朝灭亡和项羽失败的教训。

刘邦再三推辞，众人一直坚持恳请其称皇帝。最后，刘邦顺水推舟地说："既然你们大家都这样看，觉得有利于天下吏民，那就按你们说的办吧。"

于是诸侯王及太尉长安侯卢绾等三百人，与博士稷嗣君叔孙通选择吉日，定在二月初一，敬上尊号。

汉五年（前202年）二月，刘邦正式下诏书对有功之人进行封王。

汉五年（前202年）二月二十八日，在山东定陶氾水（今山东曹县北)之阳举行了登基大典,刘邦正式称帝,史称汉高祖[1],定国号为汉。

刘邦在即皇帝位之后,按照惯例,将王后吕雉改封为皇后,立刘盈为皇太子,追尊先母为昭灵夫人,而诸侯王都成为汉高祖刘邦的属臣。

汉高祖刘邦在定陶称帝君临天下,因为朝中大臣多数人是山东六国人,大多数人的意见是定都洛阳,理由是:"洛阳东面有成皋,西面有崤山、黾池,背靠黄河,面向伊水、洛水,洛阳的地势很坚固足以凭借据守。"

于是根据大臣们的建议,刘邦决定定都洛阳。在定陶,刘邦完成登基大典之后,移驾洛阳。

汉五年(前202年)五月,在洛阳,刘邦诏告天下:"士卒都可以解甲归田。关东人愿意留在关中的,免除徭役十二年;那些回家乡的免除徭役六年,发给粮食供养一年。躲藏在山泽中,没有户籍的人,今天下已定,让他们各回原县,恢复原来的爵位田宅。各级官吏要讲解法律条文,分辨义理,使百姓明白,不得鞭打羞辱百姓。因饥饿自卖为别人的奴婢的人,都免为平民。军士遇到大赦,无罪无爵及虽然有爵位但不到大夫的,一律赐给大夫。原有大夫以上爵位的各赐爵一级,七大夫以上都受食邑,不是七大夫以下,都免自身及一户的赋役,不事差役。七大夫、公乘以

---

[1] 据司马迁《史记》记载,刘邦死后,朝臣商议尊其庙号为太祖,谥号高皇帝,全称为汉太祖高皇帝,庙号简称为汉太祖,谥号简称为汉高帝。司马迁在《史记·高祖本纪》中,首称刘邦为高祖。后世史家均尊称呼刘邦为高祖。班固在写《汉书》时,因文字与《史记》基本相同,恐怕引来歧义,因此将《史记》中的"高祖"换为"帝"。本书以下称刘邦为汉高祖。

上的都是高级爵位。关东人及从军回乡的有很多高爵位，要先给他们田宅，他们的请求要从速办理。爵位高的称人君，都是被天子尊敬和礼遇的。有些摆在官吏面前的事长时间不给办理，真是不足为训。过去秦民爵位在公大夫以上，就与县令、丞行平等礼节。如今没有从军的小吏大多自己满足，而有功劳的人却得不到，背公立私，这说明郡守、郡尉、县令、县长管教得很不好。今诏令官吏们都要很好地对待高爵位的人，今后还要察访，有不按诏令办理的官吏，要从重论处。"

此时，有人向刘邦汇报了田横的消息。当初项羽攻齐，齐王田荣败亡，田荣的弟弟田横驱逐了项羽所立的齐王田假，另立田荣的儿子田广为齐王，田横自领齐相，并收集齐国逃散的士卒，在城阳（今山东莒县）反抗项羽，阻止了项羽在齐地四处掳掠的行径。后来，田横归附了彭越。当项羽败亡后，田横害怕被杀，就与宾客逃到了海中。

刘邦清楚这是一股不容忽视的力量，如果不加以重视，日久恐怕会生乱，因此刘邦便派使者前往田横藏身处，传达赦免田横的旨意："只要田横等人归汉，大首领可封王，小首领可封侯；如果不回归，马上发兵诛灭。"

田横害怕了，便随同使者的官车前往洛阳，在离洛阳三十里处自杀身亡。

刘邦称赞田横的气节，调配二千士卒，按王礼将田横埋葬。

汉五年（前202年）五月的一天，刘邦在洛阳南宫摆设酒席，大宴诸侯将相等群臣。酒至半酣，刘邦举杯对群臣说："各位都不要隐瞒朕，而要畅所欲言，说出你们的心里话。你们说说朕能够得到天下是什么原因？而项氏失去天下又是什么原因？"

高起、王陵回答道:"陛下傲慢而侮辱人,项籍仁慈而爱护人。然而,陛下派人攻城略地,所招降攻占的地方就封给他,与天下人利益相共。项籍嫉贤妒能,对有功的人加以陷害,贤能的人又受到怀疑,将领打了胜仗也不论功行赏,取得了土地也不给分利,这是项籍所以失去天下的原因。"

刘邦闻听此言,哈哈大笑着说道:"你们只知其一不知其二。运筹帷幄之中,决胜千里之外,朕不如张子房。镇守国家,安抚百姓,供给军粮,畅通粮道,朕不如萧何。连兵百万,战必胜,攻必取,朕不如韩信。这三个人,都是人才俊杰,朕能任用他们,这是朕之所以夺取天下的原因。项氏有一个范增而不能任用,这是他被朕擒获的原因。"

刘邦的识人之明如此可见一斑。

有一天,一位衣衫褴褛名叫娄敬的人觐见,力劝刘邦要迁都到关中秦朝故地咸阳的长安县。长安,有长治久安之意。

娄敬,生卒年不详,齐国卢(今济南长清)人。此时的娄敬为齐国的戍卒,正在被发往陇西戍边。因为娄敬与虞将军是同乡,娄敬便让虞将军引荐他,叩见了刘邦。

娄敬谏言道:"陛下得天下和先前的周朝不一样,因此不应该像周朝那样以洛阳为都城,而应该到关中定都,占据旧秦地凭险固守,国家才能长治久安。"

娄敬建议大汉应该定都咸阳以东的长安(今陕西西安)。对于娄敬的话,刘邦虽然认为有一定的道理,但却疑而未决。

刘邦又问计于留侯张良。在以往的岁月中,每到关键时刻,张良的计谋都能让刘邦及众人心服口服,当然这次也不例外。

张良说:"洛阳虽然有此险固,但它地区狭小,不过数百里,土地也贫瘠，如果四面受敌，洛阳不是用武之地。到于关中，左有崤山、函谷关，右有陇蜀大山，沃野千里，南面有巴蜀一带的富饶资源，北有畜牧之利，凭借三面的险阻来防守，只用东边一面来控制诸侯。如果诸侯安定，那么黄河、渭水可以运输天下的物资，向西供给京师，如果诸侯有异动，那么出兵可顺流而下，足以靠它运输军需物资。这正所谓是金城千里，天府之国，退可守，攻可出。"

在得到留侯张良明确答案的当天，刘邦就雷厉风行地起驾西行赴关中建都。

汉五年（前202年）六月二十九日，汉高祖刘邦大赦天下。

娄敬因谏言有功，得到刘邦赐姓刘，拜为郎中，号奉春君。因此娄敬又称为刘敬。

汉高祖刘邦君临天下，开基肇始，建立汉朝，史称为西汉。

2. 承袭秦制

刘邦亲眼见证了秦王朝的兴亡，对王朝的更迭有着刻骨铭心的体会。

可以说，在萧何等人的辅佐下，早在刘邦为汉王时，就对如何治理国家形成了一定的雏形。因此，刘邦在君临天下的那一刻起，就决定去其糟粕、取其精华地承袭秦制。

在政治制度上，刘邦承袭秦朝的中央集权制和郡县制，并将两者结合起来，实行郡国并行制，还按照多年来形成的社会风气沿用了先秦的分封制。

刘邦称帝后，封赏功臣为侯者的位次大约有一百四十三位。因为有并列排名的情况，实际上封侯数量还更多。被封侯的功臣们都得到了优厚的待遇，被赐予爵位和食邑，这些功臣们最后都得以善终，其爵位也能被后代所承袭。

在继承相关秦制的同时，刘邦还废除了秦朝的苛刻法律刑法。

在平定天下后，刘邦采取以儒家思想为主，以法家思想为辅，取消秦朝"严刑峻罚"的做法，废除连坐法及夷三族，提出了"德主刑辅"。

汉王朝建立之初，刘邦采取了以教化为主，刑罚为辅的统治制度，从而达到宽柔相济、严松相当的统治效果。

刘邦命令丞相萧何参照秦朝的法律，选取秦律中适宜在汉朝推行的部分，制定九章汉朝的律法，即"汉律九章"。

九章律，是在战国时期李悝所制定的《法经》六篇的基础上，又补充了户律、兴律和厩律等三律，一共合成九章律。

《法经》六篇是指：盗法篇、贼法篇、网法篇、捕法篇、杂法篇、具法篇。

户律，是指户口管理、婚姻制度和赋税征收等方面的律法。

兴律，主要是规定征发徭役、城防守备等方面的律法。

厩律，主要是规定牛马畜牧和驿传等方面的律法。

而现在一般所说的汉律，就是指《九章律》。

刘邦还重用叔孙通[①]整理朝纲。叔孙通制定了一套适合当时形势需要的政治礼仪制度，撰写了《汉仪十二篇》《汉礼度》《律令傍章十八篇》等仪法法令方面的专著，为汉朝的建立和巩固起到了重要作用，也为后人留下了一笔宝贵的文化遗产。

在经济制度上，早在刘邦攻入咸阳时，便废除了秦朝的苛法。

时任砀郡长的刘邦，奉"怀王之约"西进攻秦。进入咸阳之后，刘邦在张良、萧何等人的劝谏下，就采取与民约法三章的政策，封存府库，对百姓秋毫无犯，深得民心。

天下平定之后，汉高祖刘邦又制定了一系列"与民休息"的制度：

一是免除徭役减轻人民的负担，如减轻田租、什五税一等制度。

二是释放奴婢，规定凡是百姓因为饥饿而自卖为奴婢的，都免为庶人。

三是解放生产力，让士兵复员归家，按功劳给予他们土地及住宅，使他们从事生产劳作，迅速恢复提高国民经济。

四是继续推行秦代按军功授田宅的制度，规定商人不得衣丝乘车，并加重租税等，恢复残破的社会经济，稳定封建统治秩序。

五是鼓励生育，扩大劳动力；六是大力发展农业，抑制打击唯利是图的商人及残余的奴隶主阶级。

刘邦通过制定各种经济制度，使百姓得以生息，民心得以凝聚，国家得以巩固。

---

① 叔孙通，薛县人，初为秦博士，秦将亡时逃归项梁，项梁亡，跟随楚怀王，怀王为义帝时留下侍项羽，汉王刘邦攻彭城时归汉，汉王刘邦拜其为博士，号稷嗣君。

刘邦还奠定了儒家思想影响下的文化制度。

时为沛公的刘邦，就在沛县修建了黄帝祠，祭祀蚩尤。

汉二年（前205年），时任汉王的刘邦作了一首《重祠诏》：

> 吾甚重祠而敬祭。今上帝之祭，及山川诸神当祠者，各以其时礼祠之如故。

从中可以看出，当时的刘邦就已经在思考君王应该有的祭祀礼仪，认为"天子尊事天地，修祀山川，古今通礼"。

成为皇帝后的刘邦，在经过涂山时，命人修建禹王庙来镇守涂山。

涂山，是夏朝兴起之地。刘邦在涂山修建了禹王庙，从此历代官府和黎民百姓便有了祭祀大禹之所——涂山禹王庙。

因为有了禹王庙，才有祭祀活动。在大禹诞辰的农历六月初六，开始举办涂山禹王庙会。后来，由一年一祭的庙会又发展为一年三祭大禹的庙会，即，在农历三月二十八日的禹会诸侯会期、六月六日的禹诞辰、九月九日登高怀古庆祝丰收这三个日子，举办三次大型庙会活动。

刘邦在年轻时放荡不羁，鄙视儒生，在称帝之初，刘邦也一度认为自己是马上得天下，《诗》《书》是没有用处的。

大臣陆贾[①]觐见说："马上能得到天下，但马上能治天下吗？"

刘邦接受劝谏，命陆贾著书，论述秦王朝之所以失去天下的

[①] 陆贾，汉初楚国人，楚汉相争时以幕僚的身份追随刘邦，因能言善辩常出使游说各路诸侯，深得刘邦赏识，被誉为"有口辩士"。

原因，以资借鉴。陆贾也不辱使命，完成了一部《新语》回报皇恩。

刘邦还下令建立规模宏大的天禄阁、石渠阁，用以收藏《诗》《书》等典籍，特别是将当初入咸阳时，萧何在咸阳宫所保存下来的秦朝的典籍制度等文献都收藏在其中。

刘邦君临天下后，在政治、军事、经济、文化等方面去其糟粕、取其精华地承袭秦制，制定了一系列律法规章，除此之外，还采取行之有效的措施对皇权进行巩固。

楚汉相争的末期，时任汉王的刘邦承诺会根据军功给予封王和划分土地的待遇。西汉开国之后，刘邦信守承诺，陆续分封异姓王。

然而，各地的异姓王有封地有兵将，还有些人对朝廷三心二意。更有一些其他将领，为了功劳大小和赏赐的多少一直争斗不止。如果安抚不当，就会投奔那些异姓王联合作乱。

因此，在开国初期，刘邦不得不多次亲征去平叛。

3. 亲征平叛

汉五年（前202年）秋七月，燕王臧荼反叛，刘邦亲自率兵征讨臧荼。臧荼当然不会束手就擒，一直到了九月，刘邦才打败并俘虏了臧荼。

刘邦诏令在各诸侯王中推荐燕王的人选，条件当然是看谁的功劳最大。荆王刘贾和韩信等十多人都推荐说："太尉长安侯卢绾功劳最多也最大，恳请陛下立卢绾为燕王。"

— 201 —

刘邦采纳了大家的建议，重新立太尉卢绾为燕王，并派遣樊哙领军去平定与燕地唇齿相依的代地。

燕地刚刚平息，颍川侯利几又反叛了。刘邦又亲征去平叛。

利几，原是楚霸王项羽的将领。项羽败逃时，时任陈县县令的利几，没有跟随项羽，而是逃走投奔了当时的汉王刘邦，降汉后，被封为颍川侯。

刘邦称帝后到达洛阳，按照通侯名册来召见诸侯，利几也在召见名单之内。利几不知道是做贼心虚，还是听信了谗言，总之是恐惧胆怯得不知所措，最后竟然反叛了。

刘邦亲自率军平叛，利几闻风而逃。

汉五年（前202年）闰九月，刘邦诏令调关东青年去关中修建长乐宫。

汉六年（前202年）冬十月，刘邦诏令全国的县邑都修筑城墙。

这时，有人告发楚王韩信谋反。刘邦将此事拿到朝堂上商议。刘邦对大臣们说："有人举报楚王欲谋反，众爱卿看看应该怎么办？"

众大臣都说要发兵讨伐，并争相着要领兵去攻打韩信，唯有陈平是一个例外。陈平反对朝廷出兵讨伐韩信，他说："楚国兵精粮足，韩信又善于用兵，发兵很难取胜。"

刘邦问："依陈爱卿之言，朕应该怎么办？"

陈平看了一看众人，说："启禀陛下，微臣觉得此事须从长计议。"

刘邦明白了陈平的言外之意，于是宣布退朝，独留下陈平，并屏退左右，说："陈爱卿但请道来。"

陈平躬身说道："臣以为陛下可以巡游云梦泽为借口，诏令各诸侯王都到陈县叩见，到那时楚王韩信就一定会来，然后陛下就乘机抓住他问罪。"

汉六年（前202年）十二月，刘邦依陈平之计行事。刘邦到了陈县，会见各路诸侯，楚王韩信果然也来叩见。刘邦一声令下，直接就将韩信拿下。

楚王韩信一边挣扎一边向刘邦喊道："陛下，这是为什么？"

刘邦说："有人举报你要谋反，对朕不忠之人，难道不应该抓吗？"

韩信大声喊冤："陛下，冤枉啊！这一定是小人的诬陷，陛下明鉴啊！"

刘邦不再迟疑，一扬手示意将韩信拉下去。

见此，韩信甩掉士兵的拉扯，昂首挺胸地走出去，哈哈大笑着说："狡兔死，良狗烹；高鸟尽，良弓藏；敌国破，谋臣亡。古人说得果然没错，如今天下已经平定，我没用了，是该被烹杀了。"

为了安抚人心，刘邦下诏大赦天下。诏曰："天下已经安定，各路豪杰有功者理应均封为侯，然而，由于初登帝位，还没来得及把有功人员都考虑进去。有些人在军中服役已经九年，这些人之中，有的人因为不熟悉法令而犯法，罪过大的还判了死刑。朕很怜悯他们，今赦免天下罪人。"

有一个叫田肯的人前来祝贺，对刘邦说："陛下抓到韩信，又建都秦中，这事儿办得很好。秦地是地理优越的地方，既有阻山带河之险，又与诸侯国远隔千里，如果有一百万的人马来进攻，凭借秦中的地形，只用两万人马就可以抵御。如果向关东发兵对付诸侯，就如在高高的屋子上用瓶子倒水，有居高临下之势。齐国，东有琅琊、即墨的丰富资源，南有泰山的险固，西有浊河的天然阻隔，北有渤海的鱼盐之利。地方两千里，可以武装百万士卒，相隔在千里之外，齐国用二十万人的兵力就能抵挡百万士卒。这就是东秦和西秦。如果不是陛下的血亲子弟，不可以让他在齐地为王。"

刘邦闻听田肯之言心中当然很高兴，但皇帝金口玉言，对田肯只说了两个字："很好。"

因谏言有功，刘邦赏赐给田肯五百斤黄金。

十多天之后，刘邦从陈县回到洛阳，同时也将韩信押回了洛阳。由于没有明确的证据，刘邦释放了韩信，但由楚王降成了淮阴侯，这使得韩信对刘邦心生了怨恨。

汉六年（前202年）十二月二十八日，刘邦开始剖符封功臣曹参等为通侯。

刘邦诏曰："齐，自古就建立了国家，如今只是为郡县有些不妥，应该恢复成诸侯国。将军刘贾多次立有大功，应该封王。另外还要选择性情宽厚、品德纯洁之人，封在齐、荆等地为王。"

汉六年（前201年）春正月十三日，韩王信等人奏请刘邦，将原东阳郡、鄣郡、吴郡五十三县封给刘贾为荆王；将砀郡、薛郡、郯郡三十六县封给文信君刘交（刘邦的弟弟）为楚王。

汉六年（前201年）春正月十九日，根据韩王信等人的奏请，刘邦下诏：封次兄宜信侯刘仲（又名刘喜）为代王，封地为云中、雁门、代郡五十三县；封长子刘肥为齐王，封地为胶东、胶西、临淄、济北、博阳、城阳郡七十三县；把太原郡三十一县划为韩国，将韩王信的国都迁到晋阳。

刘邦封了萧何、曹参等二十余人的官，其他众将领互相不服气，一直争功不休，因此刘邦就暂停了封官。

汉六年（前201年）正月的一天，在洛阳南宫的一次早朝议事之前，刘邦从复道经过，看见诸将三三两两地坐在沙地上小声地议论着。

刘邦就问陪同在身边的留侯张良说："子房，他们这是怎么回事？坐沙地上在说些什么？"

张良向众将那边看了一眼，躬身回答道："回禀陛下，他们在谋反。"

刘邦大吃一惊，急问："为什么？难道朕对他们不够好吗？"

张良说："陛下出身于平民，用这些人夺取了天下，如今陛下做了天子，而封赏的都是萧何、曹参这些陛下的故旧亲朋，而诛杀的都是陛下平时所怨恨有仇的。现在他们在计算战功，因为天下的土地少，不足以人人都封侯，害怕陛下以后不会封赏他们，又害怕平时的过失被陛下怀疑而受到诛杀，所以他们就相聚在一起密谋反叛。"

刘邦又问："封官他们互相不服气，一直争功不休，不封官他们又想谋反，朕总不能将他们都拿下问罪吧，这可怎么办？"

张良就反问刘邦："以陛下之见，在众将中，陛下您最恨的又是大家所共知的人是谁呢？"

刘邦脱口而出："朕最痛恨的人当然是雍齿，他在朕起兵初期的关键时刻竟然敢多次背叛朕，在朕的背后捅刀子，害得朕差点儿一蹶不振。早就想杀了他，无奈又因为他功劳太大而不忍心杀了他。"

张良问："那现在臣斗胆恳请陛下封雍齿为侯，不知陛下意下如何？"

刘邦用愠怒的目光瞪着张良，只是用鼻孔哼了一声，没有说话。

张良明白，如果此话是别人所说，早就已经被问罪了。

张良急忙解释道："陛下您如果封了雍齿为侯，这样一来，众将就会觉得被陛下记恨的雍齿都能受封，那么他们还着什么急啊！认为陛下一定会对他们论功行赏的。"

刘邦闻听张良之言，立即转怒为喜。

汉六年（前201年）三月，刘邦大摆庆功宴。在封雍齿为什邡侯的同时，还当场催促丞相和御史抓紧确定功劳等次以便进行封赏。宴后，群臣都很高兴，说："雍齿尚且能被封为侯，我们就更没有什么可担心的了。"

汉六年（前201年）四月间，刘邦出征后返回栎阳（今陕西西安阎良区武屯镇东）。此时父亲刘太公住在栎阳，刘邦就按照人子之礼，五天一朝见父亲刘太公。

刘太公的家令见刘邦此举，就劝刘太公说："天无二日，士无二王。陛下虽然是你儿子，却是人主；太公虽然是陛下的父亲，却是人臣。怎么能让人主拜人臣！这样一来，陛下的权威就不能体现出来了。"听了家令之言，刘太公才恍然大悟。

此后，刘邦再来朝见父亲刘太公时，刘太公就手握一把笤帚，在大门口迎接并一步步向后退行。刘邦看见父亲刘太公此举，吓得大惊失色，赶紧下车搀扶着父亲刘太公。

刘太公声音颤抖地说："陛下现在是皇帝，是人主啊！怎么能因为老夫我而乱了天下大法呢！"

刘邦一问才知父亲刘太公这是受到了家令的指点，因此在心里称赞家令之言，赏赐家令五百斤黄金。

汉六年（前201年）夏五月十三日，刘邦下诏书曰："人之最亲的人，没有亲过父子的，因此父亲有天下才传给儿子，儿子有天下也尊归于父亲，这是人道的最高原则。过去天下大乱，战火四起，万民遭殃，朕之所以能够身披铠甲，手执锐器，亲自统帅士卒，救护危难，平定暴乱，封立诸侯，停止兵戈，休养百姓，使天下太平，这一切都是因为太公教训的结果。诸王、通侯、将军、群卿、大夫已尊朕为皇帝，而今太公却没有名号，因此今尊太公为太上皇。"

4. 白登脱险

刘邦在齐王韩信、韩王信等人的拥戴下称帝，称帝伊始，就剖符委任韩信、韩王信等人为王。

刘邦发布任命诏书之后不久，韩王信便回到韩国的都城在阳翟（河南禹州）享福去了。

阳翟的地理位置极为重要，周围都是天下劲兵的屯兵处。北面与巩、洛相近，南面对宛、叶有逼迫之势，东面又与淮阳相望。

阳翟与当时的都城洛阳近在咫尺，韩王信就相当于是放在刘邦身边的一颗钉子，因此令韩王信迁都势在必行。刘邦下诏把太原郡三十一县划为韩国，命韩王信迁都至晋阳（山西太原），令韩王信在太原以北，防备抵御北方匈奴的骚扰与掳掠。

韩王信作为王室后裔，又经过了战争的洗礼，自然明白诏书中的深意，因此韩王信并没有像韩信似的进行抱怨，而是顺着刘邦的意思，提出了更加妥当的迁都计划。

韩王信提出将韩国的都城继续北迁至马邑（山西朔州），理由是，匈奴接二连三地袭扰边地，晋阳与匈奴交界处的距离太远，如果匈奴来扰，无法快速采取措施应对。刘邦对韩王信很满意，当即就同意了韩王信的要求。

韩王信迁都到了马邑，然而，正是因为这样的迁都，使得韩王信最终背叛了刘邦而为匈奴效力。

当秦末天下大乱之时，漠北的匈奴乘机南下，重新占据了河南地（今内蒙古河套地区）。汉初，匈奴在冒顿单于的治理下兵强马壮，不断地侵扰汉朝的边郡。

汉六年（前201年）秋九月，匈奴将韩王信包围在了韩国的都城马邑。冒顿单于在率军围困马邑的同时，又另派兵围攻云中郡。

韩王信被围，向朝廷请求援救。在接到韩王信的求救后，刘邦亲率三十二万大军出击匈奴。

刘邦在洛阳周边调配大军，驱兵分路救援马邑和云中郡。

由于马邑距离中原地区太远，增援大军到达所需时日就多。冒顿单于当然不会给韩王信等待援军的时间。韩王信就只得采取与匈奴求和的缓兵之计来待援。然而，刘邦不问缘由就派使者责备韩王信。韩王信害怕刘邦事后追责被问斩，就假戏真做地投降了匈奴。

韩王信投降匈奴之后，率军南下迎战刘邦，而冒顿单于自己则率军进攻代郡（河北蔚县）。

汉七年（前201年）冬十月，刘邦的进军比较顺利，连连取胜。在铜鞮（今山西沁县南）刘邦与韩王信遭遇并大战，大获全胜。韩王信的军队遭到重创，韩王信部下大将王喜战死，韩王信败逃。

韩王信败退至晋阳（今山西太原），据城坚守。韩王信与部将曼丘臣、王黄共立原赵国的后裔赵利为赵王，收集败逃的散兵，抵抗汉军。

在两路汉军的联合进攻之下，韩王信继续向北逃亡。

周勃率军为前锋，刘邦率汉军大部队继续乘胜追击。在途中，汉军多次击败韩王信与匈奴联军。汉军一路追击，一直追到了楼烦（今山西朔州）。

冒顿单于得知消息，放弃对代郡的围攻，急忙撤军回救。

时值寒冬，天天下大雪，地冷天寒，汉军士卒十人中就有两三个人被冻掉了手指头。担任前哨探军的刘敬，劝阻刘邦停止追击，由于此前汉军一直获得大胜，刘邦从思想上轻视了敌军，不顾刘敬的劝阻，犯了轻敌冒进的错误，继续追击一直到平城（今山西大同）。

实际上，刘敬所料不错，匈奴军回撤正是冒顿单于的诱兵之计，因此刘邦轻敌冒进的结果就是中了敌军的诱军之计。

担任前锋的周勃军最先在平城追上匈奴人，随后刘邦率大军赶到。

冒顿单于见汉军已经进入他所设的陷阱中，就利用匈奴军熟悉地形的特点，进一步将汉军引诱到白登山中，派兵实施对汉军的围困。

在白登山（今山西大同东北），匈奴三十余万骑兵利用熟悉地形的优势，将汉军紧紧围困起来。整整七天七夜，汉军的先头部队和外面的主力完全失去了联系，而刘邦正好在先头部队中。被围困的汉军粮食已经基本见底，天气又正值寒冬，汉军士卒饥寒交迫。

汉军已经身陷绝境，危在旦夕，一度十分危险。正当刘邦感到绝望之时，跟在刘邦身边的谋士陈平想到了一个计谋。

陈平得知冒顿单于十分宠爱他的妻子阏氏,就向刘邦献计说:"臣观察到冒顿单于十分喜爱妻子阏氏,天天朝夕不离,还经常一起骑马出入,十分恩爱,陛下可派遣使者趁大雾天下山,给冒顿单于的妻子阏氏献上了大量的金银珠宝,也许阏氏能劝说冒顿单于撤退。"

刘邦听了陈平的计谋,问:"你有把握能成功吗?"

陈平回道:"这是臣的突发奇想,说实话臣也不能确定能否成功,只是觉得阏氏是汉军能逃离白登山的一个机会,权且是死马当活马医了。"

刘邦采纳了陈平的计谋,令人带着大量的金银珠宝去贿赂冒顿单于的妻子阏氏。阏氏收到大量金钱后十分高兴,就对冒顿单于说:"汉军有几十万的大军来支援,打算拼命救出刘邦。"

此时,冒顿单于正在担心着一件事,这就是本来与韩王信的部下王黄和赵王赵利约期会师,但是时间已到,他们却没有来,害怕韩王信又与汉军勾结将自己反包围,因此冒顿单于采纳了妻子阏氏的意见,打开了包围汉军的一个角,放汉军安全离去。

在被困七天七夜之后,刘邦才得以脱险,这就是历史上有名的"白登之围"。

汉七年(前201年)十二月,刘邦班师还朝,留下樊哙率一部分人马继续平定代地。

当刘邦从平城返京经过赵国时,赵王张敖[①]脱去外衣,戴上袖套,从早到晚亲自侍奉刘邦的饮食起居,态度很谦卑,颇有一些

[①] 张敖,张耳之子。秦末随父参加陈胜、吴广起义,曾封成都君。汉五年(前202年)嗣爵为赵王,娶汉高祖刘邦长女鲁元公主。

为人子婿的礼节。然而刘邦却随意地席地而坐，像簸箕一样，伸开两脚不断地责骂，对赵王张敖非常傲慢无礼。

六十多岁的赵国国相贯高、赵午等人，原是赵王张耳的宾客，他们的性格生平豪爽、易于冲动，见此愤愤不平地说："我们的国王是懦弱的国王啊！"

贯高等人进一步规劝赵王张敖说："当初天下豪杰并起，有才能的先立为王。如今您侍奉高祖那么恭敬，而高祖对您却粗暴无礼，请让我们替您杀掉他！"

张敖听了，便将手指咬出血来，说："先父亡了国，是依赖皇帝才能够复国，皇帝恩德泽及张氏子孙，这次念你们一心为本王，就不再追究，但希望你们以后不要再说这样的话。"

贯高、赵午等人商议说："都是我们的不对。我们的王有仁厚长者的风范，不肯背负恩德。我们怨恨皇帝侮辱我们的王，所以才要杀掉皇帝，但我们不能玷污了我们的王。如果事情成功了，功劳归王所有，失败了，我们自己承担罪责！"

在刘邦率大军离开代地返京的同时，匈奴又继续进攻代国。只知务农胆小怕事的代王刘喜（刘仲），一见匈奴来攻，立即弃国逃回洛阳。刘邦赦免了次兄刘仲，将其降为合阳侯。

汉七年（前201年）十二月二十八日，刘邦重新将年仅五岁的儿子刘如意封为代王。由于代王年幼，刘邦任命陈豨[①]为代国的丞相，统领精兵据守代地，防范匈奴。

---

① 陈豨，宛朐县（今山东菏泽西南）人。西汉开国将领之一，早年随同刘邦征战天下，平定赵、代时曾受韩信指挥。汉六年（前201年）正月，被封为阳夏侯。白登之围后，先后任代丞相、赵相国，统领天下精兵据守赵代两地边疆，防范匈奴。

5. 何治宫室

刘邦平定天下之后，论功行赏，认为萧何的功劳最大，把萧何封为酂侯，并封给很多食邑。

其他功臣们都说："我们披坚执锐作战，多的达一百多仗，少的也历经几十次战斗，攻城略地，战功无数。萧何从不上战场，没有立过任何战功，只是舞文弄墨，发发议论，却反而位居我们之上，这是为什么呢？"

刘邦问："诸位懂得打猎吗？"

群臣说："我们都是战将，当然懂得打猎。"

刘邦又问："你们知道猎狗的作用吗？"

群臣答道："当然知道。"

刘邦接着说："打猎时，追赶猎物的是猎狗，但是发现猎物踪迹并向猎狗发出命令的却是猎人。你们诸位能在战场上杀敌，只是有功的猎狗。至于萧何，他能发现踪迹，指示方向，是有功的猎人。况且，你们只是个人追随朕，而萧何不仅自身最早支持和跟随朕，而且萧氏全族几十人都一直跟随在朕的左右。萧何的功劳是朕不能忘记的。"

闻听刘邦之言，群臣都不敢再说什么了。

列侯受封完毕，等到排列位次的时候，群臣都说："平阳侯曹参身受七十处创伤，攻城略地，功劳最大，应该位居第一。"

在刘邦的心中，位居第一的人选是萧何，然而一时找不到理由来驳斥群臣的意见。

这时，关内侯鄂君进言道："群臣的议论是错误的。曹参的野战杀敌之功，只是一时的事情。陛下与项王相峙五年，经常因为战败使士卒逃散而丧失军队。每次都是不等陛下征招兵员的诏令，萧何就能从关中派遣几万士卒来到陛下的身边来补充前线的军队。前线的军队缺少粮食补给，也是萧何从关中水陆转运，从不匮乏。萧何一直为陛下保全了关中这个根基，这是万世不朽的功劳。如今的大汉朝，少一百个曹参不是大损失，但是少一个萧何，损失就大了。因此，排列位次，应该是萧何第一，曹参第二。"

刘邦高兴地说："说得好！"

于是，刘邦下令萧何在功臣中位居第一，赐给萧何特殊的礼遇：可以带剑穿履上殿，入朝拜见时不必同其他大臣一样小步快走。

在这一天，刘邦对萧何的父子兄弟共十多人全部给予封赏，使他们都有食邑。另外，刘邦又给萧何加封食邑二千户，为的是回报当年服徭役时，萧何比别人多送的两个大钱。同时，刘邦也将进言有功的鄂君，按照原来所享关内侯的食邑，封为安平侯。

刘邦在定陶称帝三个月后，娄敬提出了迁都长安的建议。娄敬认为如果能够建都关中，即使华山以东纷乱，秦国的故地仍然可以保全。

娄敬的话，说到了刘邦的心坎儿上。因为华山以东，正是刘邦最担心的地方。华山以东属于关东之地，自古关东是富庶之地，周朝的首都洛阳便在这里。刘邦的大臣们，很多人就是在这里起家的。

大汉政权刚刚建立，定都的事关系到王朝的基业，以韩信和彭越为首的武将拥兵自重，甚至和刘邦订立有约定，这使刘邦很是忧愁。因此娄敬的一番肺腑之言，让刘邦不得不重新思考定都的事情。

虽然大臣们都反对，但在得到张良的认可之后，刘邦立即动身亲自赴咸阳附近的长安进行实地考察，并决定迁都长安，随后修建宫殿就摆上了议事日程，而负责监督修建宫殿的任务就落在了丞相萧何的身上。

咸阳是古关中之地，函谷关、武关等四个关塞，分布在咸阳的四面，使咸阳形成固若金汤之势。长安，位于咸阳的长安县，在渭河南岸，与秦代都城咸阳隔河相对。秦代的丽宫兴乐宫就在这里，刘邦便将秦代的兴乐宫改建为长乐宫，同时命丞相萧何在长乐宫的西面兴建皇宫未央宫①。

汉七年（前200年）二月，刘邦从平城经过赵地、洛阳，到达了长安，此时长乐宫已经建成，丞相以下已经迁到了新都长安。

刘邦口述的诏书曰："大谒者襄章受诏于长乐宫。"

刘邦还下令说："请群臣商议一下天子的服饰，用以安治天下。"

丞相萧何、御史大夫周昌与将军王陵、太子太傅叔孙通等人商议称："天子在春夏秋冬四季的穿着，应该效法天地的运数，切中人事协和。上自天子王侯等有封地的君主，下到万千百姓，能够效法天地，顺应四时，就能安定国家，身体没有祸患灾害，长远地延年益寿，这是敬奉宗庙安定天下的大礼，臣等请愿效法

---

① 根据考古发掘，未央宫是在汉高祖刘邦时建成，从汉惠帝开始成为西汉皇帝的皇宫。未央宫周长8800米，面积5平方千米，是明清故宫的六倍大，也是中国古代规模最大的宫城。历经两千年，未央宫如今已成为一片荒野废墟，它的城墙在地面上已经看不到遗迹。

它。"

萧何正在筹建未央宫，在未央宫设置了东阙、北阙、前殿、武库、大仓。

有一天，刘邦被萧何引领到修建得已经初具规模的未央宫前，见到未央宫宫阙极为宏伟壮观，就很生气地对萧何说："天下喧扰不安，劳苦多年，成败还不知道，为什么把宫室建得如此豪华奢侈呢？"

萧何躬身回禀道："正因为天下还没有完全太平，所以才要建造宫室。况且陛下以四海为家，如果不宏伟壮观就不能加重声威，只要让后世不要超过这种宏伟壮观就行了。"

刘邦听萧何如此说，才转怒为喜。

于是，刘邦从栎阳正式迁都长安，设置宗正官以谱序九族。

汉七年（前200年）夏四月，刘邦又前往洛阳。

汉八年（前200年）冬，刘邦率军在东垣追击韩王信的残部。

刘邦率大军从东垣返回时，又路经赵国。因为刘邦此前从平城返回京师，路经赵国时没有礼待赵王张敖，赵国的相国贯高感到耻辱，因此就密谋刺杀刘邦。

当时刘邦本来是想留宿，不知道为什么突然心中一动，就问："此地叫什么名？"

刘邦身边的一位大臣回答道："柏人。"

刘邦暗自嘀咕："柏人者，迫于人也。"想至此，刘邦转身就走，离开了该县，因此于不经意间却也躲过了一场危机。

汉八年（前200年）十一月，刘邦下令为从军作战而死的士卒作小棺，送归本县。县里再给制衣衾棺椁葬具，用羊祭祀，由长吏监督下葬诸事宜。

汉八年（前200年）十二月，刘邦从东垣返回京师。

6. 孰与仲多

汉八年（前199年）春三月，刘邦前往洛阳，下令让从军去平城平叛的官兵及守城邑的士卒都终身免除赋役。又规定：爵位不在公乘以上的，不得戴刘氏冠。商人不得穿锦、绣、绮、縠、绹制的衣服、携带兵器、乘车骑马。

汉八年（前199年）秋八月，刘邦下诏，赦免了虽然有罪，但还没有发觉的那些官吏们无罪。

汉八年（前199年）九月，刘邦又从洛阳返回京师长安。淮南王黥布、梁王彭越、赵王张敖、楚王刘交等人都跟随而来。

汉九年（前199年）冬十月，未央宫建成完工。未央宫的未央，正是取未尽之意，眼前的未央宫，金碧辉煌，一望无际，在刘邦的眼里，它象征着皇权永不衰落。

这一日，淮南王黥布、梁王彭越、赵王张敖、楚王刘交等人，在未央宫朝见刘邦。朝见完毕后，刘邦就在长安未央宫前殿设宴，一是为庆祝未央宫竣工，二是为太上皇祝寿。

席间，刘邦举杯对太上皇说："当年大人常说朕无赖，不能治产业，不如刘仲勤快。今天朕所取得的成就与事业和刘仲相比谁的多呢？"

刘邦此言说得太上皇老脸一红，随即笑呵呵地只是频频点头，却不发一言。殿上群臣见此都高呼万岁，大笑为乐。

当年，在刘太公这位父亲的眼里，年轻的三儿子刘季游手好闲，到处借钱喝酒，还经常喝醉卧在路边，当然不如二儿子刘仲踏实肯干。然而，如今不被父亲看好的三儿子已经做了皇帝，而二儿子连一个代王的地位都保不住。谁比谁强，一目了然，已经因三儿子而成了太上皇的刘太公，自然就无话可说了。

刘邦对于原六国的贵族后裔，没有掉以轻心，接受刘敬"强干弱枝"的建议，将关东六国的强宗大族、豪杰名家和名门望族共计十几万人全部迁到关中居住，将他们置于中央的控制之下，以消除后顾之忧。

汉九年（前199年）十一月，刘邦下诏令，将原齐楚的大族昭氏、屈氏、景氏、怀氏、田氏五姓举家迁徙到关中，给予很好的田宅，让他们繁衍生息、生活富足。

汉九年（前199年）十二月，赵相贯高等人曾密谋刺杀刘邦的事被仇人告发而败露，赵王、贯高等人同时被逮捕。

十多人都要争相刎颈自杀，只有相国贯高愤怒地骂道："谁允许你们自杀的？这件事情，我们的大王确实没有参与，却一起被逮捕，如果你们都死了，谁替大王辩白洗冤呢！"

于是，十多人停止了自杀行为，和赵王一起被囚禁在栅槛密布而又坚固的囚车里押送到长安。

与此同时，刘邦下诏曰："敢有跟随赵王到长安的人，罪及三族。"

然而，赵国的郎中田叔、孟舒等人却甘愿冒着被诛三族之罪，自己剃掉头发，用铁圈锁住脖子，装扮成赵王的家奴，都跟随赵王张敖一起入京受审。

贯高出庭受审时说："是我们这些人自己密谋的，赵王确实不知。"

官吏在审讯贯高时，对他严刑鞭打几千下，并用烧红的铁条去烙，使得贯高的身上没有一处是完好的，然而贯高始终再没说一句话。

吕后多次对刘邦说："因为鲁元公主的缘故，张敖不会做这种事。"

刘邦愤怒地说："如果让张敖占据了天下，难道他还会考虑鲁元是你的女儿吗？"刘邦没有听从吕后的劝告。

廷尉把审理贯高的情形和供词如实地向刘邦禀告。

听了汇报，刘邦仍然将信将疑地对群臣说："难道贯高真是壮士吗？有谁了解他，私下里去问问他。"

中大夫泄公说："微臣与贯高是同乡，一向很了解他。他本来就是一个重名声讲道义、不肯背弃承诺的人。"

于是，刘邦派泄公拿着符节到舆床前探听情况。贯高仰起头看看问："是泄公吗？"

泄公像平常一样和贯高寒暄了几句之后，就问赵王张敖到底有没有参与到这个计谋。贯高说："人是有感情的，有哪一个人不爱父母妻儿呢？如今我全族都因为这件事被判处死罪，难道我会用亲人的性命去换赵王吗？但是，赵王确实没有反叛，只是我们这些人参与了密谋之事。"

贯高详细地道出了之所以要谋杀刘邦的本意，以及赵王不知内情的情状。随后，泄公进宫把了解的情况详细地作了禀告。刘邦这一回完全地放心了，便赦免了张敖。

刘邦认为贯高是讲信义的人，就派泄公再次去把赦免赵王张敖的事情告诉贯高。

泄公对贯高说:"赵王已从囚禁中释放出去了。陛下也赦免了你。"

贯高高兴地问:"我们赵王确实被释放了吗?"

泄公回答道:"是。"

泄公又说:"陛下称赞您是讲信义之人,所以赦免了您。"

贯高说:"我被打得体无完肤而不死的原因,是为了辩白赵王确实没有谋反,如今既然赵王已被释放,我的失误已得到补救,死了也不遗憾。况且为人臣子有了篡杀的名声,还有什么脸面再侍奉陛下呢!纵然是陛下不杀我,我的内心不惭愧吗?"说完,贯高仰起头来,自己卡断咽喉而死。

汉九年(前198年)春正月,张敖被释放不久,因为娶鲁元公主的缘故,刘邦没有斩杀张敖,只是废了张敖的赵王之位而将其改为宣平侯。

另外,改徙代王刘如意为赵王,统治赵国。

汉九年(前198年)正月初三,刘邦将死罪以下的罪犯都赦免了。

汉九年(前198年)二月,刘邦从洛阳回到京师长安。

刘邦称赞张敖的宾客,认为赵臣田叔、孟舒等十多人是贤德之人,在汉朝廷的大臣中,如果论忠君和贤德,没有人能超过田叔他们。于是,刘邦就召见田叔等人并与他们谈话。

谈话之后,刘邦越发地高兴,不仅赦免田叔等人无罪,而且还将凡是以钳奴身份跟随张敖入关的田叔等人全部封为郡守、诸侯、卿相。一直到孝惠、高后、文帝、孝景时,张敖宾客的子孙们都做到二千石俸禄的高官。

汉十年(前198年)冬十月,淮南王、燕王、荆王、梁王、齐王、长沙王都来到长安觐见刘邦。

汉十年（前197年）夏五月，太上皇后驾崩。

汉十年（前197年）秋七月初十，太上皇驾崩，葬在了万年县。为此，刘邦还赦免了栎阳死罪以下的囚犯。

汉十年（前197年）八月，刘邦下诏，令诸侯王都要在各自的国都建立太上皇庙。

第八章　大风起兮，威加海内

十二年，十月，高祖已击布军会甄，布走，令别将追之。

高祖还归，过沛，留。置酒沛宫，悉召故人父老子弟纵酒，发沛中儿得百二十人，教之歌。酒酣，高祖击筑，自为歌诗曰："大风起兮云飞扬，威加海内兮归故乡，安得猛士兮守四方！"令儿皆和习之。

——《史记卷八·高祖本纪第八》

1. 亲征陈豨

被封为淮阴侯的韩信经常称病不去朝见和随从刘邦出行。

韩信在家里闷闷不乐，感觉与周勃、灌婴这些自己原来的手下处于同等地位而羞耻。

有一次，韩信去拜访将军樊哙。樊哙用跪拜之礼恭迎恭送韩信，说话时也自称为臣。樊哙说："大王竟然能光临寒舍，真是臣下的无上荣光。"

然而，当韩信出门时竟然无奈地暗笑自己："没想到我这一辈子，竟然沦落到与樊哙这些人处于同等地位。"

刘邦经常与韩信交流诸将的才能高下，韩信对每个人的评论各有不同。

有一天，刘邦问韩信："如朕这样的能够统率多少兵？"

韩信也不客气，实话实说："陛下只能率领十万兵。"

刘邦也没生气，反问："那你能率领多少人呢？"

韩信回答道："我多多益善。"

刘邦大笑着说："你既然多多益善，那为什么还会被朕抓住了呢？"

韩信说："陛下虽然不善于率兵打仗，但是却善于驾驭将领，这就是我之所以被陛下抓获的原因。况且陛下的权力是上天所授，不是人力所能达到的。"

事实上，韩信由齐王被降为淮阴侯，还差点儿丢掉性命，因此不仅不甘心与众人为伍，而且还怀恨在心，一直谋划着反叛汉朝廷。

韩信很快就想出了一个调虎离山之计。

此计的第一步，就是他先游说代相陈豨在代地反叛，迫使刘邦亲征去平叛，然后下一步，韩信就借机去偷袭留守在都城长安的皇太子刘盈和皇后吕雉。

陈豨被封为巨鹿郡守，上任之前，陈豨前来向淮阴侯韩信辞行。

韩信拉着陈豨的手，避开了左右随从在庭院中散步。走着走着，只见淮阴侯韩信仰天长叹说："你可以和我谈谈吗？我有些话想和你说。"

陈豨说："将军您只管吩咐。"

韩信便语重心长地说:"你所管辖的地方是天下精兵聚集之处,而你是陛下亲信得宠的臣子。如果有人污蔑你反叛,陛下一定不会相信。然而,如果再有人去告你,陛下就会对你产生怀疑。如果再有第三个人去陛下那儿告你,陛下就一定会发怒并且会亲自率兵去讨伐你。我就是前车之鉴。"

陈豨吓了一跳,赶紧问:"那我应该怎么办呢?"

韩信不紧不忙地说:"到了那时,只有先下手为强,起兵反叛,不能坐以待毙。而我为你在长安起兵响应,我们里应外合,前后呼应,一定可以夺得天下。"

陈豨向来对韩信的才能是崇拜的,也相信韩信的计谋,于是陈豨说:"一定听从将军您的指教。"

汉十年(前197年)八月,代相陈豨在韩信现身说法的鼓动下,起兵反叛。

得知陈豨反叛,刘邦很是感慨地对群臣说:"陈豨曾做过朕的使臣,是一位很讲信用的人。代地,是当时朕迫切地想要获得之地,因此在朕的心中,代地极为重要。封陈豨为列侯,并让他以相国的身份镇守代地,正是看中了陈豨的人品。没想到现如今他竟然与王黄等人劫掠代地!罢了,罢了,代地的官吏百姓没有罪,能离开陈豨和王黄叛军归降的人,全部赦免。"

汉十年(前197年)九月,刘邦御驾亲征,去平叛陈豨之乱。

当到达邯郸时,刘邦高兴地说:"陈豨不在南据守邯郸却防御漳水,朕就知道他不能有什么作为。"

赵相周昌[①]上奏说:"启禀陛下,常山二十五城现已经丢失了二十城,微臣请示陛下,是否杀了郡守和郡尉?"

刘邦问:"常山郡守和郡尉反叛了没有?"

周昌回答道:"没反叛。"

刘邦说:"那是因为兵力不足才丢失了城池,常山郡守和郡尉无罪。"

刘邦又令周昌在赵地挑选出可以带兵打仗的壮士。周昌领命而去,不多时就选出了四位壮士。刘邦立即召见四人。

刘邦谩骂道:"小子们能当将军吗?"

这四人吓得赶紧羞愧地伏在地上不敢抬头也不敢回答。刘邦说道:"你们四人各封千户,任职为将军。"

趴伏在地上的四人以为自己听错了,因为这完全是他们万万没想到的。

也不仅仅是四壮士没想到,朝臣们也没想到刘邦会如此,于是朝臣们纷纷劝阻:"那些跟从入蜀郡、汉中郡、伐楚的功臣们还没有封赏完毕,今天封的这四个人,他们有什么功劳?"

刘邦说:"这不是你们所能了解的。陈豨反叛,赵、代地都被陈豨占据。朕也曾檄文征天下之兵,然而却没有来应征的。现在看来,只能依靠邯郸的兵来平叛,朕又岂能舍不得四千户用来慰劳赵地子弟呢!"

一番话说得众朝臣心服口服,都说:"很好。"

刘邦又问:"陈豨手下的将领们都是什么样的人?"

---

① 周昌,沛郡人,秦时为泗水卒史,随刘邦入关破秦,任御史大夫,封汾阴侯。此时为赵王刘如意的相国。

有人答道:"回陛下,大部分都是旧时的商人。"

刘邦说:"好,朕知道怎么办了。"

随后,刘邦令人多用黄金收买陈豨的将领。陈豨手下那些以旧商人为主的将领们有很多投降了。

刘邦又令人寻找大将乐毅的后代。一番寻找之后,乐毅的孙子乐叔被找到。刘邦封乐叔为华成君,封地就在乐氏的故乡。

汉十一年(前197年)冬十月,陈豨手下的将领侯敞率领万余人游动行军,王黄率领千余骑兵驻扎在曲逆县,张春率领万余人渡过了黄河进攻聊城。

此时,刘邦在邯郸,令汉将军郭蒙与齐地的将领迎击张春所率领的叛军,大破张春军。

与此同时,太尉周勃取道太原进入代地,攻到马邑时,一时没有攻克,马邑不投降。后来,周勃便领军继续强攻城池。城破后,周勃入城并进行了屠杀。

陈豨的将领赵利守东垣,刘邦亲自率军攻击东垣,一时没有攻下。

一个多月后,赵利手下有一位士兵在城上不停地辱骂刘邦。刘邦大怒,加紧攻城,并一举攻下东垣。东垣城破,守军投降,刘邦令人斩首了那位辱骂自己的士兵,而对其他人进行了宽恕。

刘邦下诏曰:各县坚守城池,不投降陈豨的,免除三年的租赋。

经过一年多的平叛,周勃平定了代地,斩陈豨于当城。

第八章 大风起兮,威加海内

2. 败也萧何

刘邦亲自带兵前去讨伐陈豨，韩信称病没有跟随出征。韩信偷偷派人到陈豨的住处，转告说："你只管起兵，我在长安协助你。"

汉十一年（前196年）春正月，淮阴侯韩信借刘邦亲征平叛陈豨之机，在长安谋反。

韩信和家臣谋划，乘黑夜假传诏书，准备赦免在官府服劳役的罪人和奴隶，发动这些人去袭击吕后和太子刘盈。

韩信部署完毕，就专心等待陈豨那方面的消息。

然而，韩信的谋划只成功了一半，因为他虽然成功地引开了刘邦去代地平叛，但是他偷袭都城长安的事情还是败露了。

原来，韩信的一位门客得罪了韩信，韩信就把这位门客关了起来，准备空下手来就将门客杀掉。

没想到这位门客的兄弟也知道韩信的密谋，见兄长被关，肯定是凶多吉少，于是这位门客的兄弟就上书吕后，告发了韩信准备反叛的情况。

吕后闻报着实吓了一跳，本能地想到把韩信召进宫来抓住，然而又害怕韩信不肯就范，于是吕后就找来丞相萧何商议。

吕后与萧何商议的结果是决定将计就计。

这一天，一位从北方快马加鞭赶来的使者，来向吕后报喜："叛军已败，陈豨已死。"当然，使者传来的是吕后特意安排的假消息。

北方传回捷报的消息一经传出，丞相萧何就出面去邀请韩信进宫向吕后贺喜。

韩信对捷报的消息将信将疑，本来是不想去的，但是萧何欺骗韩信说："虽然你身体有病，但还是应该勉强去应付祝贺一下为好。"

可以说，如果没有萧何的极力举荐和月下苦追，韩信根本就不会被当年的汉王刘邦所赏识，因此萧何可以说是韩信的恩人和伯乐。

多年来，萧何与韩信一向过从甚密。韩信根本没有想到萧何会算计自己并且还是主谋，因此韩信就勉强与萧何一起进宫去面见吕后。

结果，韩信刚入宫门，就被事先埋伏好的武士一拥而上，不由分说地捆绑起来。吕后命人将一代名将韩信带至长乐宫钟室，立即问斩。

韩信临死前说："我后悔没有采纳蒯通的计谋，竟然被妇人小子所欺骗，这难道是天意吗？"

韩信因为萧何的举荐而成名，又因萧何的计谋而被抓捕，最后被斩于长乐宫钟室，并被诛杀了三族。

由此，后世便有了"成也萧何，败也萧何"的说法。

刘邦在邯郸闻报韩信又反叛并已经被斩杀的消息后，当然也知道了丞相萧何在平叛中所起的作用，因此派使者返回长安传诏，拜丞相萧何为相国，增封食邑五千户，派一名都尉率五百士兵为相国卫队。

每个人都向萧何表示祝贺，只有一个叫召平①的人例外地向萧何表示哀悼。萧何不明白召平为什么会如此，就面见召平询问理由。

---

① 召平，原为秦王朝的东陵侯。秦王朝灭亡之后，成了平民百姓，因为家贫而在长安城东种瓜，又因为瓜甜美而被世人誉为"东陵瓜"。

召平对萧何说:"丞相您的祸患从此开始了。陛下在外面日晒露宿,而丞相您却留守朝中,没有战场上生死伤残的危险,却被加封并且还被派有卫队。淮阴侯刚刚在朝中谋反,陛下如此做的原因这是对您也产生怀疑了。陛下设卫队护卫您,并非是恩宠您。希望丞相您不仅要谢绝封赏,而且还要把全部家财献出资助军费。"

萧何听从了召平的计策,一一照办,刘邦为此十分高兴。

从平定陈豨的前线回来之后,得知韩信已经死了,刘邦是又高兴又怜惜,问道:"韩信死时说了些什么?"

吕后说:"韩信说他后悔没有采纳蒯通的计策。这蒯通是什么人?"

刘邦说:"此人是齐国的辩士。来人,立即拟诏,缉拿蒯通。"

蒯通被抓来了。刘邦说:"是你教唆淮阴侯反叛的吗?"

蒯通毫不隐瞒地说:"是的,的确是我极力教他反叛,可惜那小子没用我的计策,所以才自取灭亡,落得如此下场。如果那小子采纳我的计策,陛下又怎么能杀得了他呢!"

刘邦一听蒯通之言,大怒道:"大胆,信不信现在朕就烹杀了你?"

蒯通故作夸张地说:"哎呀!陛下烹杀我,我可是冤枉啊!"

刘邦说:"你教唆淮阴侯反叛,有什么可冤枉的呢?"

蒯通说:"当秦王朝法度废弛之时,山东六国大乱,各诸侯国纷纷自立为王,英雄豪杰们纷纷聚集。秦王朝灭亡,天下人都来追逐帝位,然而只有才能高、行动快的人才能抢先得到。那时我只知道韩信,并不知道陛下,况且和陛下做同一样事的人很多,只是他们力所不及罢了。难道陛下能把他们都烹杀了吗?"

蒯通的一席话说完,刘邦拍案而起,把强装镇定的蒯通吓得一哆嗦，然后又听到刘邦哈哈大笑地说道："饶了你了。"

于是，蒯通紧绷着的身体松软，一下子就趴伏在地上，叩头如鸡食米一般。

3. 平定梁淮

在平定了陈豨之乱后，刘邦回到洛阳，下诏曰："代地位于常山以北，与夷狄族的边界接壤。赵的国境从山的南面开始，距代地很远，代地常有胡人入侵，难以保全国土。割取山南太原之地增属代国，在代地的云中以西设云中郡，代受到的边寇骚扰就减少了。在王、相国、通侯、二千石官吏中选择一位可以立为代王的人。"

燕王卢绾、相国萧何等三十三人都提议说："皇子刘恒贤惠、聪明、温和、善良，请立刘恒为代王，都晋阳。"

刘邦对群臣如此的反应感觉很满意，于是准奏，大赦天下。

汉十一年（前196年）二月，刘邦又下诏曰："朕一直以来很想减轻赋敛，但是直到如今对于献赋也没有定出规章，有的官吏将多收的赋税当作献赋，而诸侯王们征收的赋税就更多，致使百姓十分疾苦。今令诸侯王、通侯都要在十月朝见时缴纳献费，郡国都要各自以人口实际数计算，每个人头每年缴纳献费六十三钱。"

刘邦又对朝臣们说："朕听说帝王没有高于周文王的，霸主没有高于齐桓公的，都是以贤德而成名。难道只在古人中能找到贤者智者吗？在今人中没有出现贤者，原因就是如今的人主都不去结交贤者，使得贤者不知道如何觐见，从而贤者没有涌现出来。今天朕凭借上天赐予的神灵以及贤士大夫们的相助夺取天下，一统为刘氏江山，朕想让它长久传下去，世世代代祭祀宗庙不断绝。贤者已经与朕一道平定天下了，而不与朕共安定同享受，可以吗？贤士大夫有肯继续跟随朕的，朕就能够让他位尊名显。立即布告天下，让所有人都明白朕的心意。御史大夫周昌低于相国，相国酇侯萧何低于诸侯王，御史中执法下郡守，凡是诚意推举贤德者，郡守必须亲自前去劝勉，为其驾车，送到相国府登记品行、仪表、年龄等。如果有贤明之人而没有报送，一经发现，立即免职。当然，已经年老多病的贤者，就不要送来了。"

当刘邦前往代地平定陈豨之乱时，也征调梁王彭越率军前往。然而，彭越以生病为由进行了推托，只是派手下的将领率兵到了邯郸。

刘邦为此十分恼怒，派人去责备梁王彭越。彭越很害怕，打算亲自去邯郸向刘邦谢罪。

这时，彭越手下的将领扈辄对彭越说："大王您刚开始不亲自去，现在因为受到了责罚再去，到了那里肯定会被就地捉拿。不如乘机发兵造反。"

此时的梁王彭越确实并无反心，因此既没有听从扈辄的劝说，也没有前往邯郸请罪，只是继续在家装病。

汉十一年（前196年）三月，梁王彭越的太仆因事触怒了彭越，彭越要杀死太仆，太仆便逃奔到邯郸，向刘邦告发梁王和扈辄要造反。

刘邦正受着陈豨反叛的困扰，梁王彭越又不听调遣，因此对于太仆告发梁王彭越要造反的事深信不疑。

刘邦立即秘密派人去逮捕梁王彭越。彭越没有察觉,遭到逮捕并被囚禁在洛阳。

彭越当然不服。后来,交由司法官员进行审理,司法官员审理后认定谋反证据确凿,请求按法律治罪。

刘邦法外开恩,对彭越特加赦免,只是取消梁王封号,废为平民,送往蜀地青衣县居住。

被贬为平民的彭越西行去往居住地,当来到郑县时,正好迎面遇到吕后的车队。吕后是从长安出来要前往洛阳而去。

彭越见到吕后,泪流满面地哭诉自己无罪,并表示请求不去青衣县,而是愿意回老家昌邑居住。吕后同意了彭越的要求,并把彭越又带回了洛阳。

吕后将彭越带回了洛阳,刘邦为此很不高兴,于是吕后就对刘邦说:"彭越是一条壮烈的汉子,把他迁往蜀地,无异于放虎归山,留下后患,不如把他杀掉,因此才将他带回洛阳。"

刘邦这才转怒为喜,心照不宣地允许吕后全权处理。

吕后便授意彭越的舍人告发彭越又要谋反。廷尉王恬开奏请诛灭彭越的三族,刘邦便立即批准,于是彭越的宗族都被杀戮,梁国也立即废除。

于是,刘邦对众朝臣说:"众爱卿,大家来推举出可以立为梁王和淮阳王的人选。"

燕王卢绾、相国萧何等奏请:"臣等请立皇子刘恢为梁王,皇子刘友为淮阳王。"

刘邦很高兴,下诏曰:"立刘恢为梁王,立刘友为淮阳王。撤销东郡建置,扩增为梁国封地,撤销颍川郡建置,扩增为淮阳国封地。"

汉十一年（前196年）夏四月，刘邦从洛阳返回京师长安。下诏曰："凡是丰邑人，愿意迁徙到关中的，都终身免除赋役。"

汉十一年（前196年）五月，刘邦又下诏曰："越人的风俗喜好互相械斗，以前秦朝时迁徙中原百姓到南方的桂林、象郡、南海三郡，使得中原人与百越人杂居。当天下群雄反秦之时，南海尉赵佗担任南方官长，治理当地很有条理章法。中原人没有减少，而越人喜欢互相械斗的风俗有进一步制止，这些都是赵佗的功劳，今立赵佗为南越王。"

刘邦派陆贾前去授予玺绶。赵佗感动得叩头称臣，受封为南越王。

汉十一年（前196年）六月，刘邦又下令，所有从军入蜀郡、汉中郡、关中的人，全部都免除终身赋役。

汉十一年（前196年）秋七月，淮南王黥布谋反。

刘邦召集众将议事，问："黥布本来就是一位英勇善战的将领，现在军势又很盛，怎么办？"

滕公夏侯婴举荐说："原楚国的令尹薛公有平叛的计谋。"

刘邦说："快快宣薛公觐见。"

薛公见到刘邦，陈述了黥布所处的形势，并献上了平定黥布之乱的计谋。

听了薛公的分析，刘邦立即拍手称赞道："此计妙啊！"

随后，刘邦封薛公为千户。

刘邦下诏曰："请各诸侯王、相国举荐可以立为淮南王的人选。"

群臣奏请立皇子刘长为淮南王。

刘邦立即恩准，并征发上郡、北地、陇西车骑士、巴郡、蜀郡材官士及中尉卒三万人为皇太子的卫士，驻扎在灞上。

淮南王黥布果然如薛公所预言的那样，反叛后东进击杀荆王刘贾，并胁迫刘贾的兵力，渡过淮河攻击楚国。楚王刘交不敌，逃入薛城。

早有准备的刘邦，大赦天下死罪以下的罪犯，令他们全都从军。与此同时，刘邦又诏令征调诸侯兵增援，然后，刘邦抱病御驾亲征，统领集结起来的各路人马全力攻击黥布。

汉十二年（前196年）冬十月，刘邦在会缶击溃了黥布军。

黥布逃走，刘邦令别将追击。汉别将领命追击黥布残军，在洮水南北追上并大败黥布军。

黥布又继续逃到番阳，被汉别将追上斩杀。

与此同时，刘邦召集众大臣商议说："吴，古代所建之国，从前荆王兼有其地，今王已死且无后，朕欲再立吴王，应该议一议谁可以为吴王。"

长沙王吴芮等大臣们都说："沛侯刘濞稳重厚道，请立为吴王。"

刘邦同意立刘濞为吴王。

当刘濞拜为吴王之后，刘邦召见了刘濞，拊其背说："你相貌有反相。汉以后五十年东南有乱，难道是你吗？然而毕竟你也姓刘，天下同姓是一家，你要谨慎，不要造反。"

刘邦一番话说出，吓得刘濞急忙叩头说："不敢！"

4. 欲改太子

汉十年（前197年），汉王朝上层出现了一场新的危机。因为刘邦有改易太子之意。

此时的刘邦宠爱戚夫人，并察知吕后有异心，有取代刘氏而自己当王的迹象。因此，刘邦想废掉吕后所生的太子刘盈，改立戚夫人所生的儿子赵王刘如意为太子从而成为国储。

一时间，满朝文武大臣群起劝谏抗争，然而却丝毫没有动摇刘邦改立太子的意图。

眼看着儿子刘盈的太子之位就要被剥夺，吕后恐慌，不知道如何是好。

有人对吕后说："留侯善于出谋划策，很得陛下的信任。现在只有留侯能让陛下改变想法了。"

于是，吕后就派建成侯吕泽去向有"智囊"之称的留侯张良求救。

吕泽对张良说："你曾是陛下的谋臣，现在陛下打算更换太子，你怎么能袖手旁观呢？"

张良素来体弱多病。当刘邦入都关中，天下初定，张良便托词多病，闭门不出一年有余。随着刘邦皇位的逐步稳固，张良也逐步从"帝者师"退居"帝者宾"的地位，遵循着可有可无、时进时止的处事原则。

此时吕泽强求，张良便说："当初陛下曾多次处于困境危急之中，侥幸采用了我的计谋。现在天下安定了，由于偏爱的原因想更换太子，这是骨肉之间的事情，纵然有臣下一百多人劝谏都没有起作用，我又能怎么样呢？"

吕泽坚持恳求道："一定要为我出谋划策。"

吕泽的话，使张良陷入了沉思之中。张良想到了大儒叔孙通说的话："太子天下本，本一摇天下振动。"

于是，张良考虑到太子之位事关重大，不可轻易更立，同时天下初定，汉王朝统治根基还未稳固，各项制度还正在健全，只有顺其现状，无为而治，才能安定天下，稳保江山。

因此从大局出发，张良为吕后献上了一计，说："口舌相争难保太子。天下有四个年纪很大的人，这四个老人①陛下一直想得到，然而却不能招来使用。他们都是因为陛下轻视侮辱人，才逃避藏匿在深山中。虽然他们坚守节操，不做汉朝臣子，然而陛下却很尊重这四个老人。如今如果想保太子之位，必须不能吝啬金玉璧帛，让太子言辞卑躬地写一封信，再用安适的车子，派能言善辩的人去诚恳邀请，那么他们应当会出山。他们来了以后，太子出入宫廷以这四个老人相随，陛下一定会问，然后陛下就知道了这四个老人跟随了太子，那么太子的地位就可以稳固了。"

吕后听了张良之言，让吕泽派人送去了太子的信，用谦卑的言辞、丰厚的礼物迎接这四个老人出山。

这四个老人出山来到长安，客居在建成侯吕泽的家中。

汉十一年（前196年），黥布反叛时，因为刘邦年老多病，亲征有些力不从心了，因此就想派太子领兵前去攻击叛军。

---

① 四人为东园公、甪里先生、绮里季和夏黄公，他们都有八十余岁，节义清高，不接受汉王朝封的爵位，匿亡山林，汉高祖刘邦敦聘不至，但仍然高义，因此号称为"四皓"。

这时，四个老人互相商量说："我们来到这里是为了保全太子，如果太子率兵出征，事情就危险了。"

于是，四个老人就对建成侯吕泽说："太子率兵出征打仗，有了功劳地位也不会再提高了，然而如果战败了，那么就会受到牵连，从而地位不保。况且，和太子一起出征的众将领，都是曾经和陛下一起平定天下的猛将，太子去统率他们，无异于羊统率狼，如果众将领都不肯为太子效力，那么太子不能立功是必定的了。"

吕泽一听就着急了，问："那应该怎么办呢？"

四个老人接着说："母亲有受宠爱，儿子常被抱，如今戚夫人日夜陪侍陛下，赵王如意常常被陛下抱在胸前，另外，陛下又曾说过'终究不能让不肖之子居于爱子之上'的话，因此，这就显而易见，赵王如意取代太子地位是必定的了。为今之计，只有赶紧请吕后去向陛下哭诉说'黥布是天下的猛将，而且善于用兵，如今众将领都是陛下过去的同辈人，让太子去统率这些猛将无异于羊统率狼，没有人能听命于太子，如果让黥布了解了这个情况，就会向西进军。陛下虽然生病，但只要能乘车，即使躺着统领军队，诸将领就不敢不效力。陛下虽然辛苦，但为了妻子儿女也要努力坚持啊！'"

听了四个老人的计策，建成侯吕泽当夜就立即去见吕后。

吕后按照四个老人的方法，寻机去向刘邦哭诉了一番。

刘邦听到吕后的哭诉，只得无奈地说："朕原本就想到了这小子不足以担当大任，好了，老子自己去吧！"

汉十一年（前196年）秋，刘邦抱病亲征去平定黥布的反叛。

刘邦率兵向东进发，留守的大臣们都送到了灞上，留侯张良也抱病起身送到了曲邮。张良拜见刘邦说："我本应当随从陛下您一起去，但身体不听从我的了。楚人黥布勇猛敏捷，希望陛下不要和他硬拼。"

刘邦说："子房，朕何尝不知道你的心意啊！每当朕处于危难之时，有子房你在，朕就心安啊！"

张良趁机劝说道："陛下出征，就让太子为将军，监领关中的军队吧！"

刘邦说："子房你虽然身体有病，但也要勉力躺着辅佐太子啊，这样朕也才会安心。"

此时，叔孙通为太傅，留侯张良兼任少傅的事务。

汉十二年（前195年），刘邦击败黥布之后回到长安，病情更加严重了，也更加想改立太子。

留侯张良又去进谏，但没有被刘邦采用，因此张良也就称病不再管太子之位的事了。

太傅叔孙通引古论今地拼死为保全太子之位力争。刘邦虽然假装答应了叔孙通，但仍然打算改立太子。

有一天，刘邦设置酒宴，太子在刘邦身旁侍奉。有四个人随从在太子左右，年龄都在八十开外，胡子眉毛已经雪白，衣冠非常奇特。太子这四个随从立即引起了刘邦的注意。

刘邦奇怪地问道："他们是干什么的？"

太子身边的四个人就依次上前回话，各自报告姓名，分别叫东园公、甪里先生、绮里季、夏黄公。

刘邦大吃一惊，说："朕寻了你们多年，你们竟然一直躲避朕。如今你们为什么和朕的儿子交往呢？"

四个人都说："陛下轻待士人又喜欢骂人，我们守义不愿意受辱，又害怕被责罚，就逃亡躲藏起来。听说太子为人仁厚孝顺，又恭敬爱士，天下人都伸长脖子想为太子而死，所以我们就出山了。"

刘邦闻听此言，沉吟良久，然后一声叹息，说："麻烦诸位善始善终，好好地照应太子吧！"

四个人拜见完毕，就小步急走离去。

刘邦指着四个人离去的背影，对戚夫人说："朕想改立太子，那四个人却辅佐他，羽翼已成，难以变动了。吕后真的要做你的主人了。"

戚夫人闻言痛哭流涕。

刘邦只得安慰戚夫人说："你为朕跳一支楚舞，朕为你唱一支楚歌吧！"

于是，刘邦唱道："鸿鹄高高飞，一举腾千里。羽翼已丰满，横越绝四海。横越绝四海，还有何办法？虽然有弓矢，还往哪里用？"

在戚夫人的失声痛哭中，刘邦起身离去，酒宴也随之结束。

事情果然如留侯张良所言，当刘邦得知伴随在太子身边的四个人，就是自己数次邀请也没有请来的四位高人隐士后，明白太子的羽翼已丰，翅膀也硬实了，已经奈何不得了，从此再也就不再提改立太子一事了。

太子终得嗣位，吕后为此对留侯张良也更加敬重了。

5. 削弱相权

汉十一年（前197年）秋，当淮南王黥布反叛时，刘邦亲率大军去征讨淮南王。由于对相国萧何不放心，便多次派使者回京探听相国萧何的动作。

使者回报说："由于陛下在军中，所以相国在京安抚劝勉百姓，并拿出私人财产补充军需，就与陛下平定陈豨时一样。"

刘邦暂时安心了。

这时，有一位客卿又来劝说相国萧何说："相国您离灭族之祸不远了。"

萧何心里一哆嗦，急忙求问："愿闻其详。"

客卿接着说道："您任职相国，功劳天下第一，已经到了无以复加的地步。然而从当初入关开始，您就已经深得民心，如今十多年了，天下百姓都已经敬佩您，但您还在孜孜不倦地为百姓办事求得爱戴，所受到的爱戴甚至超过了皇帝陛下。现在皇帝陛下已经多次询问您的情况，这是害怕您控制关中动摇汉室江山了。"

萧何听至此处，用手擦了一下额头冒出的冷汗问道："以先生之见，我应该怎么办呢？"

客卿说："如今您为什么不多买田地，然后以低息借贷的形式来玷污自己的名声呢？这样一来，您的名声坏了，皇帝陛下对您就放心了。"

于是，萧何听从了客卿之计，开始自污其名。

汉十二年（前196年）冬十月，刘邦撤回讨伐黥布的大军回到都城长安。百姓拦路向刘邦上书，状告相国萧何强制低价购买百姓的田宅。刘邦一了解，才得知萧何低价购买的百姓田宅之事，已涉及数千人。

刘邦回到朝中，相国萧何立即前来拜见。

刘邦笑着说："今天这事，相国也是为民谋利吗？"

然后，刘邦把百姓上书全都交给萧何，说："你自己去向百姓谢罪吧！"

萧何低眉顺眼地接过百姓上书，说："臣领罪。谢陛下没有降罪于臣。臣立即就去向百姓谢罪。"

望着萧何似乎矮了几分的背影，刘邦的心情喜悦了起来。

又有一天，相国萧何前来觐见刘邦，提议说："启禀陛下，长安地面狭窄，但是上林苑中却有许多空地。上林苑基本上处于闲置状态，已经荒芜了。上林苑那么好的土地，不应该只是作为圈养野兽来供皇家狩猎的地方，任其荒芜。臣建议开放上林苑，让百姓去耕种，不收取禾秆、麦秸，还可以做禽兽的食料。这样一来，也不影响皇家去狩猎。"

刘邦一听就恼怒了，说："大胆萧何，你是拿了商人的贿赂，所以才替他们说话的吧？你这是借百姓之名在为商人牟利。"

不由分说，刘邦就令廷尉将萧何拿下，戴上镣铐关进了监狱。

过了几天，有一位姓王的卫尉来侍奉刘邦，直言问道："陛下，萧相国犯了什么罪？"

刘邦说："原先李斯做秦国的丞相时，凡是有功劳都归始皇帝，不好的事都由自己承担，然而萧相国却接受了商人的贿赂，替他们求朕开放上林苑去收买人心。因此朕要治他的罪，戴铐关押他。"

王卫尉说："身负职责，因为有利于百姓而请命，才是相国分内应该做的事。陛下怎么能怀疑相国是贪图商人的金钱呢！况且，陛下以前抗拒楚军数年，又出征去平定陈豨、黥布的反叛，那时相国守关中，可以说是一呼百应，只要他想，一跺脚关西就不归陛下所有了。相国不在那时谋大利，难道现在还贪图商人的几个小钱吗？"

刘邦听得有些心中不快，但也没有发怒，王卫尉便继续说道："秦始皇是因为听不到自己的过失才失去天下的，李斯的那种分担过错的做法，又有什么值得效法的呢！陛下何至于将相国看得如此浅薄呢！"

王卫尉说完，刘邦一言不发，脸上没有任何表情，眼神飘向了窗外，陷入了沉思中。

过了几天，刘邦的使者带着放人凭证将萧何从监狱中放出来。

一向对刘邦十分恭谨的萧何，随即便赤脚上朝谢罪。

刘邦说："相国不必太过自责了。相国为百姓着想请求开放上林苑，朕不准。朕就成了桀、纣一样的君主了，而相国是位贤相。事实上，朕是故意关押相国，目的是想让百姓听到朕的过失。"

刘邦尽管善待了萧何，但也通过打击元老功臣萧何这一举动，在朝堂上立威，也在削弱相权的同时将皇帝的权力提高了。

6. 回归故里

汉十二年（前196年）冬十月，刘邦击溃了淮南王黥布的反叛，在得胜还军途中，顺路回了一次自己的故乡——沛县（今属江苏徐州）。

刘邦在沛宫留住并设酒宴，将昔日的朋友、尊长、父老子弟全部召来，共同欢饮十数日。期间还招来沛县的儿童一百二十人，教他们唱歌。

有一天酒喝得正酣，刘邦一边击筑、一边唱起了即兴创作的一首《大风歌》："大风起兮云飞扬，威加海内兮归故乡，安得猛士兮守四方！"

然后刘邦让一百二十名儿童和他一同习唱。

返回到了故乡的刘邦起舞，慷慨悲歌，泪水一行一行流下来。

那一刻，在刘邦的心里一定是浮想联翩。他想到了新建的汉王朝相继经历了燕王臧荼、韩信、韩王信、陈豨等的叛乱，如今虽然黥布的造反渐趋平定，但是北面的匈奴仍然虎视眈眈，而国内反叛势力也伺机而动，整个国家依然摇摇欲坠。他想起了前半生的坎坷才换来了如今的荣华富贵，然而各方势力又时刻想把这个他亲手打造的汉帝国推向深渊。

刘邦怀着一股被悲凉掩盖着的豪气吟唱完这首《大风歌》，然后对沛县的乡亲们说："游子悲故乡，朕虽然定都关中，死后朕的魂魄还是思念故乡沛县的，况且朕自称沛公开始诛讨暴逆，然后才有天下，今天以沛县为朕的汤沐邑，免除沛县百姓的赋役，世世代代都不用缴纳租税。"

刘邦和沛县的父老乡亲整日畅饮欢乐，每日以讲故旧往事为乐，可以说，这是刘邦人生中最快乐的时光。

十余天后，刘邦不得不离去了，沛县父老乡亲坚持请求他再多留住几日，刘邦笑着说："朕手下的人众多，你们管不起饭吃啊！"

刘邦真要离开了，整个沛县万人空巷，所有人都去了城西献酒送行。见此，刘邦只得停了下来，与沛县父老乡亲又畅饮三日。

沛县父老乡亲皆叩头说："沛县有幸得到免赋役的恩赐，但丰邑未得到，只求陛下哀怜。"

刘邦说："丰邑是朕的生长之地，本来是最不能忘的。朕是因为他们曾经为雍齿而背叛朕去降魏的缘故，才记恨他们。"

沛县父老乡亲坚持请求，刘邦才答应与沛县一样免除丰邑百姓的赋役。

汉十二年（前196年）十一月，刘邦率征讨黥布的军队回到长安。

汉十二年（前196年）十二月，刘邦说："秦始皇帝、楚隐王陈涉、魏安釐王、齐缗王、赵悼襄王都绝嗣无后，分别给予十户人家看守坟墓，秦始皇帝二十家，魏公子无忌五家。"

刘邦还下诏曰："代地的官吏和百姓被陈豨、赵利所胁迫的全部赦免。"

这时，原陈豨手下的一位降将招供说："当初陈豨谋反时，燕王卢绾曾派人去陈豨的住所暗中谋议。"

燕王卢绾是刘邦从小一起长大的发小儿，关系非同一般，因此对待涉及卢绾的事，刘邦还是比较谨慎的。

刘邦绝不相信卢绾会背叛他，因此便派辟阳侯审食其去迎接卢绾来觐见。然而，卢绾竟然称病没有来见。审食其没有接来卢绾，只得向刘邦禀报说卢绾有谋反的端倪。

于是，刘邦是真伤心，甚至是愠怒了。他怎么也没有想到卢绾竟然真的有了背叛他之心。

汉十二年（前195年）春二月，刘邦决定派樊哙、周勃率军攻击燕王卢绾。卢绾只得暂时弃国逃走。

刘邦下诏曰："燕王卢绾与朕是老朋友，爱之如子，听说他与陈豨有密谋,朕认为他没有,因此才派人去迎接他。他托病不来,谋反之心已明。燕国的吏民没有罪,官吏在六百石以上级别的赐爵位各一级。原与卢绾居住在一起而离开卢绾回来的人,不仅赦免,而且爵位也加一级。"

与此同时,刘邦又和群臣商议立燕王的人选。

汉初所封的异姓诸侯王中唯一的幸存者长沙王吴芮等人,又请立皇子刘建为燕王。

实际上,刘邦对待从小一起长大的卢绾是信任的,而被封为燕王的卢绾对刘邦也是忠诚的。

逃走的卢绾得知刘邦病重,带领数千名骑兵就停留在边塞等待着,期待着刘邦病好之后,卢绾要亲自去向刘邦谢罪。

然而,几个月之后,卢绾却等来了刘邦驾崩的消息。

随后,伤心欲绝的卢绾再没有任何留恋,又怕被吕后等人陷害,于是他洒泪逃入了匈奴。

第九章　剑取天下，命乃在天

　　高祖击布时，为流矢所中，行道病。病甚，吕后迎良医，医入见，高祖问医，医曰："病可治。"于是高祖嫚骂之曰："吾以布衣提三尺剑取天下，此非天命乎？命乃在天，虽扁鹊何益！"遂不使治病，赐金五十斤罢之。

——《史记卷八·高祖本纪第八》

1. 善待功臣

　　西汉王朝建立初年，诸侯国占据大汉江山的多半疆土，如同先秦列国割据状态，异姓诸侯王在封国内部军政独立、尾大不掉，给中央集权的统治带来了极大的不稳定因素。

　　刘邦称帝之后，有意削除异姓诸侯王。

　　韩王信叛逃匈奴被带兵诛杀；赵王张敖因部下谋反而被废为侯；梁王彭越、淮阴侯韩信被废后皆遭诛杀；随后淮南王黥布起兵，刘邦亲征才平定了他；与刘邦从小一起长大的燕王卢绾本想亲自入长安向刘邦解释，后来却因为刘邦驾崩又畏惧吕后，不得不逃往匈奴。

各大封国全部转入刘氏子孙手中，只有长沙王吴芮的长沙国幸免。

刘邦虽然诛杀了臧荼、韩信、韩王信、陈豨、彭越、黥布等人，但实际上他所平定的是威胁中央统治的"王"而非"臣"。

对于跟随自己打天下的开国功臣，以及始终对自己忠诚的大臣们，汉高祖刘邦一直是善待的。

真正被刘邦诛除的有功之臣仅只陈豨一个人，而陈豨还是因为刘邦放权给他守卫边疆，但他却放任部下违法乱纪，继而被煽动拥兵造反、自立称王的，这才最后被刘邦带兵消灭。

其他追随刘邦打天下而没有异心的一百多名功臣宿将，如曹参、周勃、灌婴、夏侯婴、张良、陈平等人，甚至是曾经背叛的雍齿、项它都得到了善待。

以灌婴为例。

秦朝时期，灌婴在睢阳以贩卖丝织品为营生。刘邦在刚刚起兵反秦、自立为沛公的时候率军回到砀郡，灌婴以中涓的身份跟随沛公刘邦，在成武县打败了东郡郡尉的军队，在扛里打败了驻守的秦军，因为杀敌英勇，被赐予七大夫的爵位。

灌婴跟随沛公刘邦在亳南（睢阳南）、开封、曲遇（中牟东）一带与秦军交战，因奋力拼杀，被赐予执帛的爵位，号为宣陵君。

灌婴又跟随沛公刘邦在阳武县以西至洛阳一带与秦军交战，在尸乡以北地区击败秦军，再向北切断了黄河渡口，然后又领兵南下，在南阳以东打垮了南阳郡郡守的军队，这样就平定了南阳郡。再往西进入武关，在蓝田与秦军交战，因为英勇奋战，一直打到灞上，被赐予执珪的爵位，号为昌文君。

刘邦被封为汉王之后，拜灌婴为郎中之职。

灌婴跟从汉王刘邦进军汉中，十月间，又被任命为中谒者。跟从刘邦还师平定了"三秦"，攻取了栎阳，降服了塞王司马欣。回军又把章邯围在了废丘，但未能攻克。后又跟随汉王刘邦东出临晋关，降服了殷王董翳，平定了他所统辖的地区。在定陶以南地区与项羽的部下龙且、魏国丞相项它的军队交战，经过激烈的拼搏，最后击败敌军。因功被赐予列侯的爵位，号为昌文侯，杜县的平乡被封作灌婴的食邑。

此后，灌婴又以中谒者的身份跟随汉王刘邦拿下砀县，进军彭城。项羽带领军队出击，把汉王刘邦打得大败。刘邦向西逃跑，灌婴随刘邦撤退到雍丘驻扎。王武、魏公、申徒谋反，灌婴随从刘邦出击，并打垮了他们。攻克了外黄，再向西招募士卒，在荥阳驻扎。

汉王刘邦组建"郎中骑兵"，灌婴年龄虽然不大，但在多次战斗中都能勇猛拼杀，所以被任命为中大夫统领"郎中骑兵"。

灌婴奉汉王刘邦命令单独率领军队袭击楚军的后方，断绝了楚军从阳武到襄邑的粮食供应线。在鲁国一带，打败了项羽将领项冠的军队。在白马附近，大破王武的别将桓婴。又带领骑兵南渡黄河，护送刘邦到达洛阳，然后刘邦又派遣灌婴到邯郸去迎接相国韩信的部队。回来到敖仓时，灌婴被升任为御史大夫。

汉三年（前204年）时，灌婴以列侯的爵位得到了杜县的食邑平乡。其后，灌婴以御史大夫的身份率领郎中骑兵，隶属于相国韩信。

齐地平定之后，韩信自立为齐王，派遣灌婴单独率军去鲁北攻打楚将公杲的军队，获得全胜。

灌婴挥师南下，打败了薛郡郡守所率领的军队，亲自俘虏骑将一人。接着又进攻傅阳，进军到达下相东南的僮城，取虑和徐城一带。

渡过淮河，全部降服了淮南的城邑，然后到达广陵。灌婴渡过淮河北上，在下邳击败了项声、郯公，并将薛公斩首，拿下下邳。

在平阳击败了楚军骑兵，接着就降服了彭城，俘获了楚国的柱国项它，降服了留、薛、沛、酂、萧、相等县。

在颐乡和汉王刘邦会师，之后跟随刘邦在陈县一带击败项羽的军队。汉王刘邦给灌婴增加食邑二千五百户。

汉五年（前202年），灌婴跟随汉王刘邦击项羽于垓下，追羽至东城，破之，率将吏破吴郡，得吴守，定豫章、会稽郡，还定淮河北部，凡五十二县。

刘邦称帝之后，又给灌婴加封食邑三千户。

汉五年（前202年）秋，灌婴以车骑将军之职跟从刘邦击败燕王臧荼的军队。

汉六年（前201年），灌婴跟从刘邦到达陈县，逮捕了楚王韩信。回朝之后，刘邦剖符为信，使其世世代代不绝，把颍阴的两千五百户封给灌婴作为食邑，号为颍阴侯。

此后，灌婴又作为车骑将军随从刘邦到代地去讨伐谋反的韩王信。到马邑的时候，灌婴奉刘邦命令率军降服了楼烦以北的六个县，斩了代国的左丞相，在武泉以北击败了匈奴骑兵。又跟随刘邦在晋阳一带袭击隶属于韩王信的匈奴骑兵，所统率的士卒斩杀匈奴白题将一人。

随后，灌婴又奉刘邦命令一并率领燕赵、齐、梁、楚等国的车骑部队，在硰石打败了匈奴的骑兵。到平城的时候，被匈奴大军团团围住，灌婴跟随刘邦回军到东垣。

灌婴在跟随刘邦攻打陈豨的时候，受命单独在曲逆一带攻击陈豨丞相侯敞的军队，大败敌军，所率领的士卒杀死了侯敞和特将五人，降服了曲逆、卢奴、上曲阳，安国、安平等地，攻克了东垣。

黥布造反的时候，灌婴以车骑将军之职率军先行出征，在相县，大败黥布别将的军队，斩杀亚将、楼烦将共三人。又进军攻打黥布上柱国的军队和大司马的军队。又进军击破黥布别将肥诛的军队，灌婴亲手活捉左司马一人，追击败将残兵一直到淮河沿岸。因此，刘邦又给灌婴增加食邑二千五百户。

讨平黥布之后，刘邦还朝，确定灌婴在颍阴的食邑共五千户，撤销以前所封的食邑。

在历次大战中，灌婴总计俘获二千石的官吏二人，另外自己率部击破敌军十六支，降服城池四十六座，平定了一个诸侯国、两个郡、五十二个县，俘获将军二人，柱国、相国各一人，二千石的官吏十人。

另外，特别值得一提的人是纪信。

早在楚汉荥阳之战中，汉将纪信假扮成汉王刘邦，解救刘邦出围，致被项羽烧死。

刘邦称帝后，立即厚赏、追封纪信，并赐黄袍加身，选择在长安上林苑（今王曲镇）修建大型庙堂并祭祀。每年农历二月初八为祭祀日，之后，慢慢演变成了庙会。

后来据传说，汉文、景二帝时期，为了顺应民心、强化统治，于是将庙堂中供奉的纪信封为长安城的保护神。

刘邦下诏曰:"南武侯织也是粤人之后,立他为南海王。"

汉十二年(前195年)三月,刘邦下诏曰:"朕立为天子,称帝于天下,至今十二年了。朕与天下的豪杰之士贤大夫共同平定天下,举国上下安定和睦。所有人功高的封王,次的封侯,再下的还有食邑。重臣之亲者,有的封列侯,都允许他们设置官吏、征收赋税、女子称公主。列侯有食邑的,都给佩有印,赏赐大宅第。二千石一级的官吏,迁徙到都城长安,赏赐小宅第。入巴蜀、汉中定三秦而有功者,全部都世世免除赋役。朕自认为对于天下的贤士没有亏待他们了。如果再有不义之人想背叛天子擅自起兵者,一定与天下共讨伐诛杀之。此诏布告天下,使人们明知朕的心意。"

2. 剑取天下

汉十二年(前195年)春二月,刘邦在平定了黥布之乱后,率军一路慢行回到了长安。

此时又听到了燕王卢绾阴谋叛乱的消息。刘邦在平定黥布叛乱时中了箭伤,在行军途中病情已经发作,因此,无论如何,刘邦已经无力亲征了。

于是,刘邦决定派樊哙率军攻击燕王卢绾,并且特别给樊哙增加了相国的称号去领兵。

然而,当樊哙领兵出发之后,又有人到刘邦的病榻前说:"樊哙拥兵在外,就只等着陛下您百年之后,尽诛赵王如意等人。"

刘邦便大怒说:"大胆樊哙,见朕生病,竟然就盼望朕死。"

按理来说，刘邦是不应该怀疑樊哙的。因为樊哙是早在刘邦亡命芒砀山时就追随的人，在鸿门宴时，樊哙可以说对于刘邦还有救命之恩，并且在刘邦建立大汉王朝的各个时期，樊哙都立下了汗马功劳。

然而，因为诸侯王的接连背叛让刘邦已经草木皆兵，又因为此时的刘邦已经病入膏肓，开始患得患失，因此躺在病榻上的刘邦心想：就连从小一起长大的卢绾都背叛他了，樊哙的背叛也是极有可能的。

于是，刘邦命人传旨让护军中尉陈平到病榻前觐见。

从刘邦为汉王开始，陈平就追随左右，到平定天下之后，陈平经常以护军中尉的职衔跟随在刘邦身侧，特别是在讨平陈豨和黥布的叛乱中，陈平前后出过六次奇计，每次都立功而增加了封地。

这一次，陈平在初步了解了事情的原委后献计说："启禀陛下，为今之计，因为传言真假难辨，只有派绛侯周勃先去替换樊哙去领兵征讨了。"

刘邦依陈平的计策，召绛侯周勃马上到病榻前接受命令。

周勃是沛郡丰县人，祖籍卷县，与刘邦是同乡。周勃以编织养蚕的器具为生，经常为有丧事的人家做吹鼓手，后来又做了拉强弓的勇士。

周勃自幼习武，弓马娴熟，孔武有力。

刘邦在做沛公刚刚起兵的时候，周勃以中涓的身份跟随刘邦攻打胡陵，取下方与。方与反叛，刘邦和他们交战，又进攻丰县，在砀县东边攻打秦军，而后回军到达留县和萧县，又进攻并攻克了砀县。

在夺取下邑时，周勃最先登城，被赐予五大夫爵位。在汉军攻打蒙邑、虞县以及袭击章邯的战车骑兵时，周勃都立下了战功。接着平定了魏地，又攻取了爰戚、东缗县、栗县。汉军攻打啮桑，周勃最先登上城池，在东阿打败秦军之后，又追赶到濮阳，夺取甄城。

汉军在夜间袭取临济，攻打寿张，前进到卷县，在雍丘城下进击李由军队，又攻打开封，在汉军的一系列军事行动中，周勃所率领的军队先到城下的最多。

在刘邦被楚怀王封为武安侯，任命为砀郡郡长之时，周勃被拜为虎贲令，并以虎贲令的身份跟随刘邦平定魏地。

在跟随西路军主帅刘邦由汉中进取关中时，击赵贲，败章平，围章邯，屡立战功。

项羽到达咸阳，刘邦被封为汉王。刘邦赐周勃为威武侯。

周勃跟随汉王刘邦进入汉中，刘邦拜周勃为将军。

汉王刘邦回军平定"三秦"并到达秦地后，把怀德赐给周勃作食邑。汉军攻打槐里、好畤时，周勃立了上等功。汉军在咸阳进击赵贲、内史保，周勃又立了上等功。汉军北去攻打漆县，进击章平、姚卬的军队，往西平定汧县，回军取下郿、频阳，在废丘围攻章邯，攻破西县县丞的军队，进击盗巴军队，打败敌军，攻打上邽，东守峣关，进击项羽，攻打曲逆，周勃立了上等功。

之后，周勃回军把守敖仓，追击项羽。在项羽死后，周勃率汉军乘势往东平定楚地泗水和东海郡，共得二十二个县。

周勃回军把守雒阳、栎阳。刘邦把钟离县赐给周勃和颍阴侯灌婴，作为他们共有的食邑。

周勃又以将军身份跟随刘邦讨伐反叛者燕王臧荼，在易县城下打败了叛军。周勃率领士兵在驰道上阻击叛军，功劳最多。

汉六年（前201年）时，刘邦赐给周勃列侯的爵位，分剖信符，让周勃的爵位世世代代不断绝，并把绛县八千一百八十户作为周勃的食邑，号称绛侯。

周勃以将军身份跟随刘邦攻打反叛的韩王信于代地，降服了霍人县，向前进军到达武泉，攻打胡人骑兵，在武泉北边打败胡人骑兵，又在铜千攻打韩信的军队，并打败了他们。

此后周勃回军降服了太原的六座城池，在晋阳城下攻打韩信的军队和胡人骑兵，夺取晋阳，在硰石进攻韩信军队，打败了他们，往北追击八十里，回师攻打楼烦的三座城，乘机进击胡人骑军于平城之下，周勃率领的士卒在驰道阻击敌军，功劳最多。因此，周勃被升为太尉。

陈豨叛乱，周勃率汉军在马邑屠城。此后，周勃所率领的士卒斩杀了陈豨的将军乘马絺，在楼烦打败了韩信、陈豨、赵利的军队。周勃还俘获了陈豨的将领宋最、雁门守将圂，转攻并俘获云中的守将遬、丞相箕肆、将领勋，平定雁门郡十七个县，云中郡十二个县。周勃又乘势率军进击陈豨于灵丘，打败敌军，斩首陈豨，俘获陈豨的丞相程纵、将军陈武、都尉高肆，平定代郡九个县。

当燕王卢绾反叛并又有传言樊哙也有反叛之心时，病榻上的刘邦召见了曾经屡立战功的周勃。

此时，当周勃来到了刘邦的病榻前之后，刘邦当着周勃的面对陈平说："朕命你立即乘传车，把太尉周勃送去代替樊哙统率军队，你们到了军中以后，马上将樊哙斩首！"

陈平和周勃领诏命而出，立即乘传车动身追赶樊哙所率领的前去平叛大军。

途中陈平与周勃两人商议此事。

陈平说:"樊哙是陛下的老朋友,功劳很多也很大,况且樊哙又是吕后妹妹吕媭的夫君,可以说,樊哙既是皇亲地位又很显贵,陛下因为一时愤怒想要将樊哙斩首,恐怕将来会后悔。我们应该先把樊哙囚禁起来交给陛下,让陛下自己去处决,这样比较稳妥。绛侯意下如何?"

周勃点头说道:"樊哙与陛下的关系非同一般,况且此事涉及吕后,我们理应慎重从事。为今之计,就按你说的办吧!"

陈平与周勃追上了樊哙所率大军,他们没有直接进入樊哙军营,而是在军营之外堆土筑坛,然后给樊哙送去节诏,令其前来接受诏书。

樊哙前来,陈平与周勃如实将情况向樊哙讲明。樊哙知道多说无意,也自认为并无反意,因此接受了诏令。

随后,陈平就命人将樊哙反绑起来装上了囚车,直接送往都城长安。同时,周勃接替了樊哙的相国之职统率军队,去平定燕国的反叛。

汉十二年(前 195 年)三月,此时的刘邦已经六十二岁了。本来年龄就大,身体多病,再加上平黥布之乱时受到了箭伤,因此病情就更加严重了。

吕后令人找来一位著名的医官进宫给刘邦看病。

刘邦问医官自己的病情,说:"朕的箭伤能治不能治?"

医官吞吞吐吐地回答道:"可……可治。"

刘邦一听医官的口气,就知道自己不会好了,气得大骂医官,说:"朕以布衣之身提三尺剑取天下,这不是天命吗?命乃在天,虽然扁鹊在世又有什么益处?"

吓得医官匍匐在地瑟瑟发抖,再不敢多说一言。

刘邦就令人赏赐给医官上黄金五十斤打发他走了，从此停止治疗。

3. 白马之盟

早在楚汉战争时期，时任汉王的刘邦为了网罗各股军事力量，与楚军争夺王位，曾分封了一批异姓王。

这些异姓王在汉军大旗之下，使刘邦终于建立了大汉王朝。

在刘邦心中始终认为，异姓王终不可信，仅能利用。因此刘邦先后以种种借口除掉了异姓王。

刘邦在清灭异姓诸侯王的过程中，发现大汉王朝的控制力还只能停留在关中地区，在边疆地区却显得鞭长莫及，因此大封同姓诸侯王，实行郡国制，以确保刘氏江山的稳固。

早在汉六年（前201年）春正月十三日，刘邦将原东阳郡、鄣郡、吴郡五十三县封给刘贾为荆王；将砀郡、薛郡、郯郡三十六县封给文信君刘交（刘邦的弟弟）为楚王。

汉六年（前201年）春正月十九日，刘邦下诏：封次兄宜信侯刘仲（又名刘喜）为代王，封地为云中、雁门、代郡五十三县；封长子刘肥为齐王，封地为胶东、胶西、临淄、济北、博阳、城阳郡七十三县。

汉七年（前201年）十二月二十八日，刘邦重新将年仅五岁的儿子刘如意封为代王。

汉九年（前198年）春正月，刘邦没有斩杀张敖，只是废了张敖的赵王之位而将其改为宣平侯，改徙代王刘如意为赵王。

在平定了陈豨之乱后，刘邦回到洛阳，下诏在王、相国、通侯、二千石官吏中选择一位可以立为代王的人。经燕王卢绾、相国萧何等三十三人提议，刘邦立皇子刘恒为代王，都晋阳。

汉十一年（前196年）三月，在平定了彭越之乱后，刘邦下诏立皇子刘恢为梁王，立皇子刘友为淮阳王。

汉十一年（前196年），在平定了黥布之乱后，刘邦又下诏立皇子刘长为淮南王。

汉十二年（前196年）冬十月，刘邦召集众大臣商议说："吴，古代所建之国，从前荆王兼有其地，今王已死且无后，朕欲再立吴王，应该议一议谁可以为吴王。"长沙王吴芮等大臣们都说："沛侯刘濞稳重厚道，请立为吴王。"

于是刘邦同意立同姓的刘濞为吴王。

可以说，为了大汉王朝刘氏皇权的巩固，刘邦真可谓是费尽了心机。

到了晚年，刘邦因为宠爱戚姬及其子赵王如意，而疏远了吕后，他几次想废黜吕后所生的太子刘盈而立刘如意，然而由于大臣们都极力反对等种种原因，也只好作罢。

然而随着吕后势力的日渐增大，刘邦始终担忧刘氏的汉室江山会被吕氏夺去。因此他就想在有生之年完成一件大事，于是，立下了"白马之盟"。

汉十二年（前195年）三月，刘邦知道自己来日不多了，便令人准备好了一匹白马并布置好了祭坛。

这一天，阳光明媚，刘邦感觉自己精神状态又恢复了，身体也少有的轻松，于是他便离开床榻，来到朝堂之上，召集文臣武将前来议事。

群臣见刘邦精神状态很好,都十分高兴,心下略安。

这时,刘邦令人杀白马取血,然后率先来到布置好的祭坛前,用手指蘸血涂在嘴上,发出誓言:"国以永存,施及苗裔。非刘氏而王者,天下共击之。若无功上所不置而侯者,天下共诛之。"

随后众文臣武将也依刘邦之举依次盟誓。

以杀白马方式订立盟约,这是古代盟誓的方式之一,方式是要杀牲取血,并用手指蘸血来涂在嘴上,以示恪守盟约。

而刘邦与群臣定下的"白马之盟",盟约的内容是:第一,只要汉帝国存在,大臣们及其子孙就永远有酒喝有肉吃;第二,非皇族成员不得封王,如没有军功者不得封侯。

刘邦立下"非刘氏不王"的誓约,是为确保只有刘姓者可为王,是作为巩固中央政权的辅助手段,以策万全。

刘邦驾崩后,吕后要立诸吕为王,右丞相王陵以此加以反对,但是左丞相陈平、绛侯周勃认为吕后此举并无不可,结果吕后大封诸吕为王,吕氏的诸侯王直至吕后死后才被废。

在西汉末年,王莽以外戚身份弄权,被封为假皇帝,最后篡汉,将此盟约撕毁。其后汉光武帝重建汉朝,此盟约再被重提。直至东汉末年曹操称魏王,其后其子曹丕继任魏王并篡汉称帝后,"白马之盟"才被彻底撕毁。

终汉之世"非刘氏不王"这个祖训除了在上述的三个时期以外,都被严格地遵守,因此可见此盟约对汉代皇帝的影响力还是比较大的。

"白马之盟"的本意是巩固汉家天下,却反而因为过于依赖同姓王而使其坐大。

第九章 剑取天下,命乃在天

汉文帝时，先后发生了济北王和淮南王的叛乱；而汉景帝时更发生了七国之乱。但最终这些叛乱皆被平定，而景帝亦乘胜收回封国的官吏任免权，削弱了封国的实力。

在汉武帝时，颁行"推恩令"，同姓王的实力被大幅削弱，变成一种虚衔。结果刘邦"白马之盟"的原意消失，只作为训言留下。

无论如何，刘邦制定的"白马之盟"，奠定了大汉王朝四百年的根基。

4. 病榻问相

对于刘邦来说，他最担心的就是汉王朝不要重蹈秦王朝只传了二世的覆辙。本来刘邦认为儿子刘盈性格懦弱，怕他压不住阵，因此总想撤掉刘盈的太子之位。后来他感觉自己已经搬不动刘盈的太子之位的时候，就立即转变了态度，准备将皇位传给刘盈，这样一来，强势的吕后成为太后，就会弥补刘盈的不足。

刘邦知道自己来日不多了，就向吕后交代自己身后之事。

汉十二年（前195年）三月，一天，吕后看着停止治疗的刘邦，便问他对后事的安排："陛下百年之后，萧相国死了，由谁来接替呢？"

刘邦说："曹参。"

吕后又问："曹参之后是谁？"

刘邦说："王陵可以在曹参之后接任，但是王陵智谋不足，可以由陈平辅佐。然而陈平虽然有智谋，却不能独断大事。周勃虽然不擅言谈，但为人忠厚，日后安定刘氏江山的人肯定是周勃，任用周勃为太尉吧。"

吕后又追问："以后怎么办呢？"

刘邦有气无力地说："这以后的事你也不会知道了。"

刘邦将第二任相国的人选锁定在曹参身上，也是有原因的。

平阳侯曹参，也是沛人，早年为秦朝沛县狱掾。可以说，当时萧何是曹参的上司，而时任亭长的刘邦是曹参的下属。

沛公刘邦开始起事时，曹参就以中涓的身份跟随。

此后曹参一路追随在刘邦左右，几乎见证了所有的大小阵仗。

曹参的功绩：总共打下了两个诸侯国，一百二十二个县；俘获诸侯王二人，诸侯国丞相三人，将军六人，郡守、司马、军候、御史各一人。

当汉六年（前201年）时，项羽已死，天下平定，分封列侯的爵位。朝廷与诸侯剖符为凭，使被分封者的爵位世代相传而不断绝。把平阳的一万零六百三十户封给曹参作为食邑，封号叫平阳侯，收回以前所封的食邑。

刘邦将长子刘肥封为齐王时，因为齐王年轻，刘邦又任命曹参为齐国相佐助齐王刘肥。

此间，曹参以齐国相的身份领兵攻打陈豨的部将张春的军队，打败了叛军。

当黥布反叛，曹参又以齐国相国的身份跟从齐王刘肥率领十二万人马，与刘邦合力攻打黥布的军队，大败黥布军。

此后，曹参率军向南一直打到蕲县，又回军平定了竹邑、相县、萧县、留县等地。

汉孝惠帝元年（前194年），废除了诸侯国设相国的法令，改命曹参为齐国丞相。

曹参做齐国丞相时，齐国有七十座城邑。

当时天下刚刚平定，齐王年纪很轻，曹参把老年人、读书人都召来，询问安抚百姓的办法。

然而齐国原有的那些读书人数以百计，众说纷纭，曹参不知如何决定。

曹参听说胶西有位盖公，精研黄老学说，就派人带着厚礼把他请来。

见到盖公后，盖公对曹参说："治理国家的办法贵在清静无为，让百姓们自行安定。以此类推，把这方面的道理都讲了。"

曹参于是让出自己办公的正厅，让盖公住在里面。

曹参当齐国丞相九年，齐国安定，人们大大地称赞他是贤明的丞相。

曹参始为沛吏时，与萧何相交甚厚。及起事后，曹参常领兵出征，而萧何为丞相镇守关中，两人一为将，一为相，之间产生隔阂。及分封时定功臣名次，将相始生嫌隙。即使如此，两人仍相知甚深。

汉孝惠帝二年（前193年），到萧何临终前，萧何向孝惠皇帝刘盈推荐的贤臣只有曹参。

曹参听到萧何去世消息后，告诉门客赶快整理行装，说："我将要入朝当相国去了。"

不久，朝廷果然派人来召曹参。

曹参离开时，嘱咐后任齐国丞相说："要保留齐国百姓私下做生意'狱市'，要慎重对待，不要轻易干涉。"

后任丞相说："治理国家没有比这件事更重要的吗？"

曹参说:"不是这样。狱市这些行为,是善恶并容的,如果您严加干涉,坏人在哪里容身呢?我因此把这件事摆在前面。"

曹参入朝成为相国,一切皆遵萧何之法而无所变更,并且从各郡和诸侯国中挑选一些质朴而不善文辞的厚道人,立即召来任命为丞相的属官。对官吏中那些言语文字苛求细枝末节,想一味追求声誉的人,就斥退撵走他们。

曹参见别人有细小的过失,总是隐瞒遮盖,因此相府中平安无事。

曹参做汉朝相国,前后有三年时间。汉惠帝六年(前189年),曹参去世。曹参死了以后,被谥为懿侯。曹参之子曹窋接替了他父亲的侯位。

百姓们歌颂曹参的事迹说:"萧何制定法令,明确划一;曹参接替萧何为相,遵守萧何制定的法度而不改变。曹参施行他那清静无为的做法,百姓因而安宁不乱。"

曹参在汉史上与萧何齐名,"萧规曹随"一词成为历史上的一段佳话。

5. 庙号太祖

汉十二年四月二十五日(前195年6月1日),刘邦在长乐宫驾崩。享年六十二岁。葬于长陵(今陕西咸阳)。谥号高皇帝,庙号太祖。

汉十二年(前195年)五月,年仅十七岁的太子刘盈继位登基,是为汉惠帝。由于汉惠帝年少，再加上性格本就懦弱，因此登基以后，汉王朝的军政大权实际上便落入了皇太后吕雉的手中，而此时的太后吕雉也真正成了有权无名的一代女皇。

汉高祖刘邦在病重昏聩时听信他人的谗言，以为樊哙要谋反，更担心樊哙会帮助吕氏作乱危及刘氏江山，然而由于陈平的保护，樊哙幸免于难。樊哙到了长安，当即被赦免无罪并恢复了原来的爵位和封地。

陈平在押送樊哙回京途中听说刘邦驾崩的消息，陈平害怕吕媭在太后吕雉面前进谗言会迁怒于他，便乘传车急驰而回。然而在路上陈平就碰到了携诏命的使者。

刘邦遗诏令陈平和灌婴领兵驻扎在荥阳。

陈平接了诏令立刻乘车赶回长安，在刘邦的灵堂前哀声痛哭。然后，就在刘邦的灵堂里，陈平向太后吕雉奏明处理樊哙事件的经过。

陈平此举，等于是用不杀樊哙的方法向太后吕雉纳下了"投名状"。

太后吕雉听了陈平的陈述之后，深深地盯视了陈平许久，随后释然了，并用怜悯的语气对陈平说："你辛苦了，去好好休息吧！"

陈平害怕吕媭再进谗言，就向太后吕雉请求留宿在宫中守灵。太后吕雉同意了，并任命陈平为郎中令。

太后吕雉对陈平说："请你好好辅助教导新皇吧！"

刘邦驾崩时八个儿子均已封王，太后吕雉最怨恨戚夫人和她的儿子赵王刘如意。因为在刘邦晚年就是戚夫人争宠，差点儿让嫡长子刘盈失去太子之位。因此在刘邦驾崩之后，太后吕雉就下令将戚夫人囚禁在永巷，又召赵王刘如意来都城。

传诏的使者往返多次，赵国的相国建平侯周昌对使者说："高皇帝将赵王托付给我，赵王年龄还小。听说太后怨恨戚夫人，赵王进宫就一定会死，我不敢遣送赵王。况且赵王真的病了，不能奉诏前往。"

太后吕雉大怒，就派人召周昌来都城。周昌当然没有理由不奉诏。周昌到了长安以后，太后吕雉再派去召赵王，赵王就来了。

汉惠帝为人仁慈，害怕皇太后会加害赵王，就亲自到灞上迎接赵王，然后汉惠帝与赵王一起回到宫里，此后更是同寝同食，使皇太后一直找不到机会加害赵王刘如意。

汉惠帝元年（前195年）十二月，汉惠帝早起去射猎，赵王因年龄小不能早起就单独一个人留在宫中。太后吕雉就乘机派人拿着毒酒让赵王喝下。当汉惠帝打猎回宫时，赵王刘如意已经毒发身亡。

汉惠帝元年（前194年）夏，太后吕雉命人砍断了戚夫人的手脚，挖掉她的眼睛，用火熏烧她的耳朵，又给她喝了哑药，让她住在猪圈里，名为"人彘"。

太后吕雉将"人彘"让汉惠帝看，汉惠帝得知这是戚夫人后，放声大哭，说："这不是人做的事情，朕作为太后的儿子，虽然不能说什么，但不能再治理天下。"从此汉惠帝天天饮酒作乐，不理朝政。朝政大权更加集中在太后吕雉手中。

汉惠帝六年（前189年），相国曹参去世后，刘盈取消相国而设立左、右丞相，以右为尊。王陵担任右丞相、陈平担任左丞相。

汉惠帝七年（前188年）八月十二日，汉惠帝刘盈驾崩。

为汉惠帝发丧时，太后吕雉哭了，却没有眼泪。

这时，留侯张良十五岁的儿子张辟强任侍中，他对左右丞相说："太后只有陛下一个儿子，现在驾崩了，她哭得并不伤心，你们知道其中的缘故吗？"

右丞相王陵问："是什么缘故？"

张辟强说："陛下没有成年的儿子，太后惧怕你们这些大臣。如果现在你们请求拜吕台、吕产、吕禄为将军，统率南北军，等到吕氏一帮人都进入朝廷并掌握实权，你们这些大臣才能摆脱灾难。"

左丞相陈平按照张辟强的计策去做了。太后吕雉很高兴，哭声才哀痛起来。

吕氏的权势从此开始崛起。

汉惠帝七年（前188年）九月五日，安葬了汉惠帝之后，汉惠帝与一个宫女所生的儿子刘恭即位做了皇帝，成为太皇太后的吕雉更是把持了朝廷的全部号令。

吕雉打算封吕氏子弟为王，朝议时先咨询右丞相王陵的意见，遭到王陵的强力反对。

王陵说："高皇帝杀白马而立下誓约'不是刘氏子孙而称王的，天下人要共同起来讨伐他'。现在封吕氏子弟为王，是违背盟约的！"

吕雉当然不高兴了，再问左丞相陈平、绛侯周勃等人，他们说："高皇帝平定天下，封了家里的子弟为王；现在太后称制，想要封兄弟和诸吕亲族为王，也不是不可以的。"

吕雉听了当然非常开心。

罢朝之后，右丞相王陵指责左丞相陈平、绛侯周勃说："当初和高皇帝歃血为盟，诸君难道不在场吗？现在高皇帝驾崩了，

— 264 —

太后以女人主政，打算封吕氏为王，诸君不加克制地迎合太后的意愿而违背当初的誓约，那么你们有什么面目去见高皇帝于地下啊！"

左丞相陈平和绛侯周勃回答道："今天在朝堂上当着太后的面斥责和当廷力争等方面，我们确实比不上您，但是说到保全国家社稷，维护刘氏后人的君王地位，您却真的不如我们了。"

右丞相王陵无言以对。

汉高后元年（前187年），为了封诸吕为王，吕后决定绕过王陵，于是假意将王陵调任为太傅，实际是为了夺去他的右丞相实权。王陵大怒，以生病为由请辞，从此闭门在家拒不上朝。

随后，吕雉以陈平为右丞相，以辟阳侯审食其为左丞相。

汉高后二年（前186年），右丞相陈平依照吕雉意愿，就列侯排序的问题与王陵、周勃、郦商、灌婴等大臣商议，最终决定按照功劳大小列定功臣列侯的位次。

然后右丞相陈平奏请说："臣与绛侯周勃、曲周侯郦商、颍阴侯灌婴、安国侯王陵等郑重地商议，列侯有幸得赐餐钱封邑，这是皇帝所加的恩惠，并以功劳大小确定了朝位，臣请求藏于高皇帝庙堂。"

右丞相陈平此奏议得到了准可。

于是，汉高后二年（前186年）春，下诏说："高皇帝平定匡正天下，凡是有功之臣皆封为列侯，领有封地，万民大安，没有不受到美好恩德的。朕想到将来以至于更长远的时候，如果列侯的功名不著录记载下来，就不可能尊其大义，施恩于后世。现在想依照列侯功劳大小，以确定在朝廷的位次，藏于高帝庙中，世世代代不断绝，使其子嗣各继承其功劳爵位。这件事可以与列侯商定之后上报。"

6. 江山归刘

刘邦临死前曾预言："安刘氏天下者必勃也。"

绛侯周勃在平定了燕国以后率军返回，当周勃回到长安时，刘邦已经驾崩，于是周勃便以绛侯身份侍奉汉惠帝刘盈。

汉惠帝六年（前189年），汉惠帝设置太尉官职，周勃被任命为太尉。

刘邦死后，太后吕雉专权。吕雉追封已故的大哥吕泽为悼武王，吕释之为赵昭王，以此作为封立诸吕为王的开端。

汉高后元年（前187年），吕雉封侄子吕台为吕王，吕产为梁王，吕禄为赵王，侄孙吕通为燕王，追尊父吕文为吕宣王，封女儿鲁元公主的儿子张偃为鲁王，将吕禄的女儿嫁给刘章，封刘章为朱虚侯，封吕释之的儿子吕种为沛侯，封外甥吕平为扶柳侯。

汉高后二年（前186年），吕台去世，谥号肃王，又封吕台儿子吕嘉为吕王。

汉高后四年（前184年），又封其妹吕嬃为临光侯，侄子吕他为俞侯，吕更始为赘其侯，吕忿为吕城侯。

总之，吕雉先后分封吕氏家族十几人为王为侯。

少帝刘恭略微懂事时，偶然听说自己的生身母亲已死，自己并不是皇后亲生，于是就口出怨言，说："太后怎么能杀死朕的母亲，却把朕说成是皇后的儿子呢？朕现在还小，等长大后朕就要造反。"

吕雉听到这件事以后很担心，害怕少帝刘恭将来作乱，于是废了刘恭的帝位，并暗中杀了他，改立常山王刘义为皇帝，改名叫刘弘，史称为后少帝。

汉高后八年（前180年），吕雉病重，临终前仍没有忘记巩固吕氏天下。在病危之时，太后吕雉仍然下令，任命侄子赵王吕禄为上将军，统领北军，吕产统领南军，并告诫他们说："高皇帝在平定天下以后，与大臣订立'不是刘氏宗族称王的，天下共诛之'的盟约。现在吕氏称王，刘氏和大臣愤愤不平，我死后，皇帝年幼，大臣们可能发生兵变。所以你们要牢牢掌握军队，守卫宫殿，千万不要离开皇宫为我送葬，不要被人挟制。"

汉高后八年（前180年）八月一日，吕雉病死，终年六十二岁，与汉高祖刘邦合葬长陵。

吕雉遗诏：赐给各诸侯王黄金千斤，将、相、列侯、郎、吏等也都按官阶赐给黄金。大赦天下。让吕王吕产担任相国，让吕禄的女儿做皇后。

由于吕雉在为政时期培植起一个吕氏外戚集团，加剧了汉统治阶级内部的矛盾，因此在吕雉死后，马上就酿成了刘氏皇族集团与吕氏外戚集团的流血斗争。

吕雉去世以后，吕禄以赵王的身份担任上将军，吕产以吕王的身份担任相国，把持汉朝大权，驻军长安，妄图发动叛乱，消灭刘氏自立为皇帝。

此时绛侯周勃是太尉，却不得进入军营之门，而陈平是右丞相，却不能够处理政务。

然而虽然吕氏一伙人专权用事，想要作乱，但是他们也畏惧绛侯周勃、灌婴等人，因此一直没敢发动叛乱。

朱虚侯刘章和东牟侯刘兴居住在长安，他们二人都是齐王刘襄的弟弟，而刘章的妻子是吕禄的女儿，因此刘章得知了吕氏想自立为帝的阴谋后，害怕被杀害，于是就私下里将吕氏的阴谋告诉了兄长齐哀王刘襄，并计划和刘襄里应外合，诛除吕氏子弟而自立为皇帝。

齐王刘襄得知此事以后，杀了不肯相从的丞相，发兵西进向京城长安而来，并且写信给各诸侯王说："吕氏一伙人擅自尊崇自己的职位，聚集军队以壮威严，胁迫列侯忠臣，并假借诏命号令天下，刘氏宗庙倾危。本王率领军队到朝廷去杀死那些不应该为王的人。"

上将军吕禄和相国吕产等人听说之后，就派遣颍阴侯灌婴为大将，带领军队前去阻击齐王刘襄。

颍阴侯灌婴当年在打败了黥布回到京城时，汉高祖刘邦已经驾崩了。于是十余年来，灌婴就以列侯之职侍奉汉惠帝和太后吕雉。

此时灌婴虽然奉吕氏之命领兵而出，但是来到荥阳后立即和绛侯周勃等人商议，说："吕氏一伙人在关中控制了军队，想要消灭刘氏而自立为皇帝。如果我现在打垮齐国的军队回去复命，就更加壮大了吕氏的势力。"

于是，灌婴决定大军暂时在荥阳驻扎，并派使者向齐王刘襄及各国诸侯，暗示要同他们联合在一起，等待吕氏叛乱，然后共同诛杀吕氏。

齐王刘襄得知这个消息后，就把齐兵撤回到齐国的西部边界屯兵不前，等待消息，按约行事。

赵王吕禄和梁王吕产各自统兵驻扎在南北军，他们要想在关中发动叛乱，但也内怕绛侯周勃、朱虚侯刘章等人，外惧齐国、楚国的军队，同时又担心颍阴侯灌婴叛变，因此一直犹豫不决地等待着灌婴与齐军交兵后再行发动叛乱。

这样一来，刘氏皇族集团与吕氏外戚集团都在静观其变，却也是箭在弦上。

这时，名义上是少帝弟弟的济川王刘太、淮阳王刘武、常山王刘朝、吕后外孙鲁元王等，都因为年幼没有就国住在长安，住在长安的列侯和群臣人人自危。

绛侯周勃身为太尉，却不能进入军营掌握兵权，因此周勃就与丞相陈平商量计策。此时，曲周侯郦商已年老多病，郦商的儿子郦寄和吕禄关系很好。因此，周勃和陈平就商议首先派人劫持郦寄去欺骗吕禄。

郦寄虽然与吕禄交好，但毕竟是郦商的儿子，在大是大非面前能够认清形势，因此很配合地去欺骗吕禄说："高皇帝与太后共同平定天下，刘氏被封九个王，吕氏被封三个王，这已经是议定妥当的事情。如今太后薨逝，陛下年幼，而你佩戴赵王印绶，不赶紧回国守卫国土，却身为上将军率领军队留在长安，这就会被大臣和诸侯们所猜疑。你为何不把将军印绶交还给太尉呢？同时，你也请梁王归还相国印绶。再和大臣们订立盟约，之后你们前往自己的封国。这样，齐王必然息兵，大臣们也能够安定，而你们也可以高枕无忧地称王千里，子孙万代。"

吕禄很相信郦寄的建议，准备依言而行并派人告诉吕产和吕氏宗族的人，吕氏族人有的认为妥当，有的说不妥当，因此一直没有决定下来。

汉高后八年（前180年）八月十日，代行御史大夫的平阳侯曹窋拜见吕产商量一些事情。正好赶上郎中令贾寿从齐国出使回来，指责吕产说："你不早些去自己的封国还等什么呢？现在估计你想走都走不了了。"然后，贾寿把灌婴与齐、楚联合起来，准备诛杀吕氏宗族的事情全部告诉了吕产，并催促吕产急速入宫。

平阳侯曹窋闻听此事，就骑马赶紧将这一变故报告给了丞相陈平和太尉绛侯周勃。

事不宜迟，太尉周勃必须要立即进入北军。

周勃先让郦寄和典客刘揭去北军再一次劝告吕禄，说："陛下已经派太尉周勃统率北军，而令你自己去封国，你还是赶快交出印绶离开这里，不然就要大祸临头了。"

与此同时，周勃想到襄平侯纪通主管符节，于是就让纪通持符节假传诏令，使周勃能够进入北军。

吕禄一直相信郦寄的话，就将印绶交给刘揭匆匆离开北军。

太尉周勃来到北军时，吕禄已经离开。周勃接过印绶掌握了兵权后进入军门，在军中下令说："拥护吕氏的袒露右臂，拥护刘氏的袒露左臂。"军中士卒都袒露左臂，拥护刘氏。

与此同时，丞相陈平找来朱虚侯刘章协助太尉周勃。周勃让朱虚侯刘章监守营门，并让平阳侯曹窋告诉守门的卫尉："不要让相国吕产进入陛下的寝殿门。"

这样，吕产进入未央宫，却无法进入殿门，又不知道吕禄已经离开北军，因此吕产停在殿外来回徘徊。

平阳侯曹窋没有把握制服吕产，就骑马跑去向太尉周勃汇报这边的情况。太尉周勃也担心战胜不了吕产一伙人，因此没有公开宣言诛灭吕氏，而是暗中派遣朱虚侯刘章说："赶快入宫保护陛下。"

朱虚侯刘章请求带一些兵力，太尉周勃就拨了一千多人跟随朱虚侯刘章进入未央宫。

在黄昏时分，朱虚侯刘章一入未央宫大门就看见了吕产，于是刘章率一千多人向吕产进击。此时天空刮起了大风，吕产的随从们一片混乱，不敢抵抗，吕产只得趁乱逃走了。刘章追赶吕产，并在郎中令贾寿官府的厕所里将吕产杀死。

后少帝刘弘派谒者持节慰劳朱虚侯刘章。朱虚侯刘章想要把节信夺过来，谒者不答应。刘章只得与谒者一起乘车，利用节信杀了长乐宫卫尉吕更始。

随后，刘章驱车进入北军，将杀死吕产的情况汇报给太尉周勃。

太尉周勃起身向朱虚侯刘章拜贺，说："我们所担心的只是吕产，如今你已经把吕产杀死，天下大局已定了。"

太尉周勃随即派人分别将吕氏一族男女"无少长皆斩之"。

汉高后八年（前180年）九月十八日，迁徙济川王为梁王，立赵幽王的儿子刘遂为赵王。

与此同时，由朱虚侯刘章将铲除吕氏的消息告诉齐王刘襄，于是刘襄便收兵回到封地。灌婴也收兵从荥阳回到京城。

至此，刘氏皇族集团与吕氏外戚集团的一场流血斗争，以刘氏皇族集团的胜利而告终。

诛灭吕氏势力后，周勃、陈平等大臣们认为，后少帝刘弘和梁王、淮阳王、常山王都不是汉惠帝刘盈的亲生儿子，而是太后吕雉为加强吕氏力量所立的。如今吕氏宗族已灭，如果让吕氏所立的人当皇帝，那么等少帝长大掌权后，大臣们无疑就要被杀戮了。

于是大臣们决定先废后杀少帝刘弘，然后再在刘姓皇族中选择一位贤明的皇位继承人。

有人提议说："齐悼惠王是高皇帝的长子，他的嫡子是齐王刘襄，从亲疏嫡庶方面来讲，齐王刘襄是高皇帝的嫡长孙，可以立为皇帝。"

然而大臣们都说："吕氏以外戚的身份作恶，几乎使刘氏宗庙倾倒又摧残功臣。齐王刘襄的母亲娘家的驷钧是个坏人，如果立齐王刘襄为皇帝，恐怕会再出现一个吕氏。"

有人想立淮南王，大臣们又一致认为淮南王年轻，并且母亲的娘家也很凶恶。

最后大臣们将目标一致锁定在代王刘恒身上。大家都说："代王刘恒是高皇帝如今在世的儿子之一，行次最长，并且为人仁孝宽厚，母亲薄氏家族也谨慎善良。况且立行次最长者本来就名正言顺，因此立为皇帝最为妥当。"

目标选定之后，大臣们一起暗中派人召代王刘恒来长安。代王刘恒派人辞谢。使者第二次去迎接，刘恒才乘着六匹马拉着的传车开始启程。

汉高后八年（前180年）闰九月月底己酉这一天，代王刘恒到达长安住进代王官邸。周勃、陈平等大臣们都前往拜见并献上天子印玺，一致尊立代王为天子。

代王刘恒一再推辞，在大臣们的恳求下，刘恒终于答应了。

于是，周勃、陈平等大臣们迎立代王刘恒继承帝位，是为汉文帝。

汉文帝元年（前180年）十月二日，刘恒登基即皇帝位，拜谒高庙。他在位二十三年，谥号为孝文皇帝。

自汉文帝开始，汉高祖刘邦所开创的大汉王朝，又真正掌握在刘氏手中。虽然此后大汉王朝也历经风风雨雨，但刘氏江山延续了四百年的基业。